이 책에 쏟아진 찬사

★★★★★

창업한 CEO들과 기업의 경영자들이 처음에는 만만하게 보지만 이후 어려움을 느끼고 기업 성장에서 가장 큰 도전으로 여기는 영역이 무엇일까? 바로 HR 영역이다. HR 영역은 누구라도 한마디씩 할 수 있다. 그래서 오히려 공부하지 않고 상식과 통념으로 접근하다가 실패한다. 게다가 지금은 팬데믹, 근무 시간과 형태의 변화, 디지털 트랜스포메이션 가속화, MZ세대의 출현 등으로 과거의 전통적 동기유발, 평가, 보상 등의 HR 모델 또한 한계를 보이고 있다. 이러한 시대에 HR은 더더욱 기업 성장을 좌우하는 핵심 경영 어젠다가 되고 있다.

저자는 글로벌 기업뿐 아니라 스타트업에서 HR 일을 하며 쌓은 경험을 기반으로 조직문화, 인재관리, 성과관리, 보상관리, 리더십 HR 전 영역에서의 기본 철학과 원리뿐 아니라 변화하는 환경에 적합한 최신의 HR 실행방안들을 제시한다. 마치 HR의 최신 교과서 같은 느낌이다. HR 종사자들뿐 아니라 CEO, 경영자, 리더들이 반드시 읽어야 할 책이다. 이 책을 통해 경영자들이 변화하는 시대 HR을 보는 관점을 새롭게 바꾸고 기업의 성장엔진으로서 활용하길 희망한다.

– 신수정, KT 엔터프라이즈 부문장·『일의 격』 저자

밤새 반복해서 읽었다. 코로나19는 일하는 방식과 조직문화에 큰 변화를 가져왔다. 이 책은 이러한 변화를 예측하고 인사의 전 과정과 경영에 대한 새로운 기준을 제시하고 있다. 이 책에서 보이는 새로운 관점과 내공은 저자가 사람과 조직에 대한 전문가를 넘어 끊임없이 진화해 온 증거일 것이다. 환경 변화에 어떻게 대응할지 고심하는 경영자들에게 새로운 시각에서의 접근법을 알려주는 안내서와 지침서가 될 것이다. 인사담당자, 기업을 경영하는 경영자, HR 경력에 관심이 있는 구직자, 대학의 채용관계자, 정부에서 노동정책을 결정하는 사람들에게까지 매우 의미가 큰 책이다.
- 김종원, HLB그룹 피플팀 총괄 사장·전 HLB글로벌 대표·소프트뱅크·메릴린치 부사장

CEO 포럼에서 인사와 조직문화에 대한 저자의 강연이 끝난 후 잠시 조언을 구한 적이 있다. 명쾌하고 현실감 있는 답변이 매우 인상적이었다. 저자는 사업에서 HR의 역할이 무엇인지를 정확하게 이해하고 있다. 이 책에 기업을 경영하면서 조직문화, 직원의 성과관리, 보상제도의 방향 등 그동안 부딪혔던 많은 인사 문제에 대한 솔루션이 들어 있다. 저자의 강연을 다시 듣는 느낌이다. 경영인들에게 적극적인 일독을 권한다.
- 김영철, 바인그룹 회장·CEO

인사 대전환의 시대이다. MZ세대의 전면 등장, 재택근무의 본격화, 디지털 트랜스포메이션, 조직에서의 수평적 커뮤니케이션에 대한 요구 등이 화두가 되고 있다. 저자는 30년 동안 외국계 유명기업과 국내의 선두적인 스타트업 기업에서 최고인사책임자를 지낸 경험과 통찰을 담아 일목요연하게 미래의 인사 패러다임을 설명하고 있다. 특히 기업이 성장하면서 인사관리와 조직문화 정착에 어려움을 겪는 스타트업 CEO에게 꼭 일독을 권한다.
- 이금룡, 코글로닷컴 회장·옥션 창업자

조직에서 HR이 차지하는 역할이나 위상은 시간이 갈수록 높아지고 있다. 그런데도 HR에 대한 체계적인 교육이나 훈련을 위한 지침서는 많지 않다. 이런 상황에서 HR 업무를 담당하는 사람들을 위한 좋은 지침서가 출간됐다. 저자는 국내외 유명기업에서 이미 충분한 현장경험을 쌓은 현장 전문가이다. 또한 관련한 학회 활동도 왕성하게 하는 이론가이기도 하다. HR의 교과서로서도 손색이 없다. 현장과 이론에 해박한 지식을 갖춘 저자의 책이 HR을 업으로 하는 많은 사람과 기업을 경영하는 사람들에게 좋은 나침반의 역할을 할 것이라고 믿는다.
- 신경수, SGI 지속성장연구소장·조직심리학 박사

HR 담당자는 수시로 자신에게 질문을 해야 한다. '우리가 세상을 바꿀 수는 없더라도 적어도 우리가 하는 일이 기업과 구성원과 사회를 위하여 옳은 일인가?' 에필로그의 마지막 물음은 저자의 HR에 대한 소명을 보여준다. 그리고 'HR은 과학이기도 하지만 예술이기도 하다.'라는 저자의 결론도 'HR 마스터'의 직업적 철학으로 읽힌다. 이 책은 저자의 현장경험, 전문적 지식, 그리고 HR에 대한 통찰로 엮어진 HR의 바이블이다. 강력하게 추천한다.
- **엄준하**, 한국HRD협회 회장·『월간HRD』 발행인

역시 최고의 HR 전문가답다. 『The HR』이라는 제목에서부터 범상치 않다는 느낌이 든다. 공부하고 연구하고 자신이 직접 경험한 HR을 바탕으로 미래의 방향을 제시하고 있다. 현실적인 대안과 지침을 집대성한 것이다. CEO를 비롯해 HR 부서장, HR 담당자 등 조직에 몸담고 있는 모든 사람이 한 번은 읽어야 할 책이다. 특히 기업의 리더인 부서장이나 팀장에게는 필독서이다. 기업이 지속적인 성장을 하기 위해서는 일하는 사람들이 행복해야 하고 자발적인 몰입을 통해서 성과를 창출하는 조직문화를 만들어야 하기 때문이다. 이 책을 통해서 이에 대한 통찰을 얻을 수 있다. 기술이 아무리 발전해도 HR은 존속할 것이다.
이 책에서 우리는 사람 냄새를 맡을 수 있다. 이 책에 실린 지혜가 널리 펴졌으면 하는 바람이다.
- **구건서**, 노무법인 더휴먼 회장·법학박사·공인노무사

HR 관련 서적과 전문지를 출판하고 HR 관련 교육사업을 하면서 많은 책을 접하지만 이 책은 단연 돋보인다. 기존의 HR 도서에서 느낄 수 없는 특별함이 있다. 요즘은 경계와 영역의 구분이 허물어지고 변화의 속도가 더없이 빠르다. 경영학박사이기도 한 저자는 HR 실무는 물론 탄탄한 이론적 바탕을 갖추고 현장에서 부딪히는 문제에 대한 해결책을 분명하게 제시한다. 경영자와 HR 담당자를 비롯해 '어떻게 하면 기업과 조직이 더 발전할 수 있을까?'라고 고민하는 모든 사람에게 이 책을 권하고 싶다.

- 김남진, 중앙경제 대표·『HR인사이트』 발행인

우리는 팬데믹을 겪으면서 기존의 전통적인 일하는 방식에서 벗어나 새로운 근무 방식을 적용해 왔고 이러한 과정에서 많은 시행착오를 겪고 있다. 이 책에서는 급변하고 있는 다양한 HR 환경에 대해 자세히 설명해 주고 있다. 특히 디지털 트랜스포메이션과 같은 기술의 변화는 사업의 변화를 촉진했고 결국 이러한 사업을 영위하기 위한 일의 변화도 요구하고 있다. 이에 따라 필요한 디지털 역량이 무엇인지 우리 사회에 어떠한 영향이 예상되는지 등에 대해 자세히 다루고 있다. 관련하여 저자가 실무에서 느꼈던 갈증을 칼럼 형식으로 구성하여 주제에 대한 이슈와 시사점을 제시한다. 이 책은 HR을 담당하고 있는 실무자는 꼭 읽어야 할 필독서이다. 더불어 CEO 등 조직을 운영하는 리더들에게도 꼭 필요한 책이다.

- 황규만, 머서코리아 대표

이 책은 다양한 산업에서 기업의 성장단계에 따라 맞닥뜨리는 인사 문제의 해결법부터 CEO가 고민하는 당면한 사업상 인사전략까지 제목 그대로 성장하는 기업에 필요한 HR을 위한 올인원 가이드이다. 인사가 만사라는 저자의 철학과 원칙, 그 사이에 공존하는 유연함, 이론과 실제를 겸비한 노하우와 인사이트를 배울 수 있다. 마치 인사 관련 컨설팅을 받거나 훌륭한 멘토에게 일대일 강의를 듣는 듯 구체적인 해결책을 찾는 데 도움이 될 만한 책이다.
- **유선미**, 마이크로소프트 아시아 태평양 지역 인재관리 담당 임원

기업의 성장을 견인하는 데 있어 HR의 중요성이 점점 더 커지고 있다. HR 경력을 쌓아가면서 평소 HR의 구루로 생각하는 저자에게 여러 가지 조언을 구하고 있다. 그때마다 저자의 인재관리 철학과 HR인으로서의 사명감에 대해 감탄한다. 저자의 혜안이 이 책을 통해 많은 사람에게 인사이트를 주리라 생각한다. 저자는 다양한 산업에서 쌓은 오랜 HR 경력을 바탕으로 조직문화, 인사제도 그리고 HR의 패러다임이 바뀐 포스트 코로나 시대에서 나아가야 할 방향을 구체적이고 실용적인 대안들과 함께 제시한다. 특히 HR 분야 종사자는 꼭 읽어야 할 책이다.
- **김민석**, 쿠팡 HR전략기획팀 상무

저자는 지난 30년간 국내외 기업에서 체화한 HR 관련 다채로운 경험과 고뇌의 결정체를 종합 정리하여 쉬운 언어로 세상에 소개했다. 이를 통해 기업을 경영하는 기업가와 HR 분야 담당자들에게

밀도 높은 조언을 전한다. 결국 HR을 조직성장의 중추로 놓고 좋은 기업의 DNA를 어떻게 구축할 것인지, 성장의 모세혈관인 구성원의 자발적 몰입과 동기유발을 어떻게 유발하는지, 그리고 인재를 어떻게 리더로 탄생시킬 것인지 실천 경험을 중심으로 자세하게 설명하고 있다. 현재 기업을 경영하고 있는 경영자에게는 당장 적용할 수 있는 가이드이자 현재의 HR 담당자와 앞으로 HR 경력을 시작할 미래의 HR 전문가들에게는 경력 지침서 역할도 할 것이라고 확신한다.

- **전상길**, 한양대학교 ERICA캠퍼스 경영학부 교수·조직과학혁신센터장

이 책은 국내외 기업에서 풍부한 HR 경험과 지식을 보유한 저자의 식견과 통찰력이 돋보인다. 현장 HR의 주요 이슈와 트렌드를 현실감 있게 전달하고 있다. 기업의 흥망성쇠를 함께 하는 HR의 역할과 미래 경영의 경쟁우위 요소로서 HR의 도전을 생동감 있게 제시하며 HR 리더의 사명 의식을 일깨워준다. 기업경영의 본질을 HR 관점에서 이해하고 새로운 변화 방향을 제시하는 HR 지침서가 될 것이다. 기업의 경영자와 HR 담당자에게 꼭 필요한 책이다.

- **이상호**, 숭실대학교 경영학부 교수·전 경영대학장·경영대학원장

이 책은 저자인 변연배 박사의 인생이 농축된 걸작이다. 평생 HR 업무를 업으로 알고 살아온 그가 최고의 결실을 남겼다. 책 그 자체가 HRD다. 하이 퀄리티 콘텐츠 High-quality content 와 글로벌 선도 기업 등에서 경험한 다양한 사례들을 알기 쉬운 예시와 함께 풀어

내고 있다. 계시적 통찰Revelatory insight, 코로나 팬데믹 이후 급변하는 환경 변화에 대응할 수 있도록 새로운 것을 알게 하는 통찰력을 제시하고 있다. 상세한 지도Detailed guidance, 저자의 풍부한 경험과 전문적인 HR 지식을 바탕으로 구체적인 전략과 실무적인 노하우를 전달한다. 독자들이 실제 현장에서 적용할 수 있는 실용적인 내용들이 풍부하게 담겨 있다. 이 책을 통하여 기업의 HR 업무가 더욱 발전할 것으로 확신하며 공공 분야에서 인사와 노동정책을 담당하는 분들에게도 일독을 권한다.

- 이성기, 한국기술대학교 총장·전 고용노동부 차관

The HR

성장하는 기업에는 성공하는 HR이 있다

변연배 지음

프롤로그

HR은 기업의 성장에 어떤 역할을 하는가

성장하는 기업에는 성공하는 HR이 있다

100년이 넘는 현대 기업의 역사를 보면 세상에 파란을 일으키며 등장했지만 지금은 이름조차 기억하기 힘든 기업이 많다. 반면 100년을 훌쩍 넘어 아직도 우량기업으로 존속하는 기업들도 있다.

미국은 애플, 구글, 페이스북, 아마존, 테슬라와 같은 거대 IT 기업이 선두에서 주도하고 있다. 하지만 듀폰, IBM, P&G, 엑손모빌, JP모건, 화이자 같은 기업은 100년의 역사를 가지고 여전히 해당 산업계의 선두에 있다. 미국은 이러한 기업이 1만 2,780개다.

다소 다른 경제적 배경을 가진 일본에서는 조그마한 점포로 시작해서 현대 기업으로 발전한 경우가 많다. 그리고 이렇게 시작하여 무려 1,000년을 넘긴 기업도 10개가 넘고 200년이 넘는 소위 시니세라고 하는 '노포老舗' 기업만 현재 7,217개고 100년을 넘긴 100

년 기업은 3만 3,079개나 된다. 독일도 100년 기업이 1만 개를 넘는다.

반면 우리나라는 산업발전의 역사가 길지 않아 100년을 넘는 기업이 10개뿐이다. 기업의 평균 존속기간도 17년 정도로 짧다. 매출액이 100억 이상 되는 기업을 모두 합쳐도 50년 이상 된 회사가 600여 개에 불과하다. 최근 플랫폼 비즈니스가 부상함에 따라 네이버, 우아한형제들, 카카오, 쿠팡, 당근마켓, 토스와 같이 창업된 지 10년 내외에 급속히 성장하여 이미 데카콘이 된 기업도 속속 등장하고 있다. 수시로 변화하는 사업환경에서 기업이 경쟁력을 확보하고 지속가능한 성장을 하는 데 기술혁신, 제품의 우수한 품질, 뛰어난 마케팅 전략, 탁월한 서비스가 필수적인 성공 요건이다. 현재 존속하는 장수기업들 대부분은 여전히 이러한 경쟁우위의 요소를 유지하고 있다.

이와 더불어 오래된 우량기업이 공통으로 갖는 요소 중 가장 눈에 띄는 것은 단연 사람 관리다. 사람은 기업을 성장시키는 자원이다. 그래서 인적자원이라 부른다. 기업의 성장 초기에는 인적자원을 잘 관리하는 것이 상대적으로 덜 중요해 보이기도 하지만 결국 모든 것이 사람으로 귀결된다. 기업활동은 사람이 하기 때문이다. 사람을 소홀히 하거나 다른 것으로 대체할 수 없다. 특히 지속적인 성장을 위해서는 더욱 그렇다. 기업은 초기의 성공에 도취되어 인적자원관리의 중요성을 경시하다가는 결국에는 사람 때문에 위기를 맞는다.

장수기업은 대부분 사람을 존중하는 조직문화가 일상적인 사업 운영 과정에 스며 있다. 공유된 기업가치를 바탕으로 리더로서 훈련된 역량을 가진 일선 관리자가 기업의 합리적인 인사제도를 통해 효과적으로 뒷받침한다. 이를 인적자원관리Human Resources Management라 하며 담당하는 부서를 통상 HR로 부른다. HR을 Human Capital이나 Human Asset 등 다른 용어로 표현하기도 한다. 하지만 아직은 HR이 가장 보편적이다. 고유명사나 다름없다. 이것이 책의 제목을 『The HR』로 한 이유이다.

HR의 성공에는 바람직한 조직문화, 합리적인 인사제도, 조직 구성원의 적극적인 참여, 경영층을 비롯한 관리자의 리더십 역량, 최고경영자의 철학이 중요한 역할을 한다. 그중에서도 최고경영자의 경영철학은 HR의 성공을 결정하는 가장 핵심적인 요소다. 그리고 HR은 최고경영자의 이러한 경영철학이 기업 운영에서 효과적으로 구현되도록 전문적이면서 기술적으로 지원한다.

나는 글로벌 IT 기업인 IBM에서 처음 HR 일을 시작하여 30년이 넘는 세월 동안 나이키, 모토로라, DHL 등 다양한 분야를 오가며 국내외에서 HR을 담당했다. 그중 HR 임원 역할만 20년 넘게 했다. HR 기능을 중시하는 선도적인 글로벌 기업에서 HR을 할 수 있었던 것은 커다란 행운이었다. 그리고 HR 전문 컨설팅 회사를 경영하면서 다양한 기업의 인사제도를 연구하고 자문에 응하는 기회도 있었다. 대부분을 아시아 태평양 지역 나라를 비롯해 글로벌 사업환경에서 경력을 쌓았다. 근래에는 우리나라의 대표적인 스타트업에서 HR 일을 했다. 다른 어느 회사보다도 HR에 대한 요구가 큰 곳이다. 빠르게 성장하는 역동적인 회사에서 HR 일을 한다는 것은 정말로 보람 있고 가슴 뛰는 일이다.

한편으론 국가의 각종 위원회에도 참석하면서 미력이나마 힘을 보태고 있다. HR의 변화하는 추세와 학문적인 동향도 놓치지 않으려 노력한다. 오랫동안 공부하고 있지만 항상 새로움을 느낀다. HR 관련 강연이나 기고를 비롯해 각종 포럼 등 HR 커뮤니티에서의 네트워크 활동도 꾸준히 참여하고 있다. 평생 HR과 관련된 일을 하고 있는 셈이다. 이제는 회사의 CEO로서 경영자 역할을 하고 있지만 역시 HR이 중요하긴 마찬가지다.

조직문화, 인사제도, 인재라는 3가지 요소는 성공적인 HR을 위한 핵심 요소이다. 이 책에서는 최근의 변화하는 사업환경에서 HR에게 요구되는 역할, 코로나19 이후 보편화된 재택근무의 효과적인 운영, 그리고 기업의 성장단계에 따른 HR의 기능을 우선으로 살펴보았다. 그리고 조직문화, 인재관리, 성과 및 보상관리, 리더십 부분으로 좀 더 세분화했다. HR의 일상적인 운영보다는 전략적인 방향과 철학에 보다 중점을 두고 기술했다. 많은 학문적 연구나 이론이 실제 현장에서도 효과적으로 작동하는 것도 확인했다. 이러한 연구와 조사보고서는 그 근거를 따로 표시했다. 마지막 부분에서는 HR 업무에 직접 종사하는 사람들과 HR 부서의 역할에 대해 생각해보았다. 그동안 여러 매체에 발표했던 글들도 다듬어서 보탰다.

글에 등장하는 여러 사례는 대부분 현장에서 일상적으로 일어나는 일이기도 하고 실제로 경험하고 부딪쳤던 내용이다. HR 일을 하는 동안 훌륭한 상사들을 만나 영감을 받았고 열정적인 동료와 비즈니스 리더들과 헌신적인 팀원들을 만나 많은 도움을 받았던 것도 행운이었다. 이 기회를 빌려 다시 한번 감사드린다. 지금도 그분들과 국내외 다양한 곳에서 네트워킹을 유지하고 있다. 경영 컨설턴트 톰 피터스는 HR 담당자는 창업가 정신을 가져야 한다고 했다. 또 HR을 기술이라 말하기도 한다. 뭐라고 지칭하든 HR은 기본적으로 사람에 대한 배려가 바탕이 되어야 한다. HR이 과학인지 예술인지에 대한 질문도 있다. 이에 대한 내 생각은 마지막 페이지에 적었다. 이 책이 기업의 경영자들과 HR 업무에 종사하는 후배들에게 HR에 대한 공감대를 넓히는 계기가 되었으면 한다.

끝으로 이 책이 나오기까지 여러 가지로 도와주신 클라우드나인의 편집진에게 감사드린다. 그리고 이 책을 끝까지 독촉하고 격려하여 마무리를 짓게 해준 가족에게 바친다.

2023년 4월
따스한 햇볕이 비치는 서재에서

목차

프롤로그 HR은 기업의 성장에 어떤 역할을 하는가 • 5

1부
HR의 패러다임이 바뀌다 • 15

1장 팬데믹 이후 HR도 바뀌고 있다 • 17
1. 코로나19가 일하는 방식을 바꾸었다 • 19
2. 디지털 트랜스포메이션이 가속화됐다 • 27
3. 더 많은 긱 근로자가 탄생할 것이다 • 35

2장 일하는 장소와 시간과 방식이 바뀐다 • 39
1. 재택근무가 일상화되다 • 41
2. 재택근무는 계속될 것인가 • 50
3. 유연근무제의 방식도 다양하다 • 55
4. 하이브리드 워크가 일반화되다 • 61

2부
HR은 점점 더 중요하다 · 71

1장 HR은 기업 성장의 엔진이다 · 73
1. 단계별로 다르게 설계해야 한다 · 75
2. 글로벌 스탠더드 기준으로 해야 한다 · 86

2장 기업의 DNA인 조직문화가 중요하다 · 91
1. 조직문화가 좋아야 조직성과가 나온다 · 93
2. 좋은 조직문화를 어떻게 구축할 것인가 · 103
3. 조직 활성화로 조직역량을 높여야 한다 · 111
4. 조직문화가 창의적이면 성과가 높다 · 121
5. 조직은 나비처럼 가볍고 민첩해야 한다 · 129
6. 다양성을 포용해야 조직이 지속성장한다 · 137
7. 변화에 적응하지 못하는 조직은 도태한다 · 144

3장 구성원의 자발적 몰입을 끌어내야 한다 · 153
1. 성공하는 조직은 자발적 동기 유발자가 많다 · 155
2. 신뢰에 대한 배신은 비싼 대가를 요구한다 · 162
3. 규율을 바탕으로 자율과 책임을 확대하라 · 168
4. 일과 삶의 균형으로 효율성을 극대화하라 · 181
5. 구성원의 행복이 조직의 행복이다 · 191

3부
HR도 사람이 전부다 · 201

1장 인재를 어떻게 선발할 것인가 · 203
1. 전략적으로 인재를 확보해야 한다 · 205
2. 인재를 적시적재적소에 채용해야 한다 · 210

2장 인재를 어떻게 육성할 것인가 · 227
1. 인재는 탁월한 성과를 만드는 사람이다 · 229
2. 인재를 전략적으로 육성하고 관리하라 · 237

3장 인재를 어떻게 리더로 만들 것인가 · 251
1. 인재에서 리더로 키운다 · 253
2. 리더십은 권력이 아니다 · 262
3. 조직이 위대한 리더십을 만든다 · 267
4. 리더를 알아보고 적시에 발탁하라 · 273
5. 공사의 구분이 조직의 명운을 가른다 · 281

4장 인재를 어떻게 평가하고 보상할 것인가 · 289
1. 성과관리를 어떻게 할 것인가 · 291
2. 보상체계를 어떻게 만들 것인가 · 303
3. 저성과자를 어떻게 관리할 것인가 · 317
4. 윤리기준을 어떻게 만들 것인가 · 330

4부
HR을 하는 사람들 • 339

1장 인재가 인재를 키운다 • 341
  1. HR 담당자의 필수 역량은 무엇인가 • 343
  2. HR은 직업으로서 어떤 매력이 있을까 • 347

2장 HR 부서의 역량 강화가 최우선 과제다 • 351
  1. HR은 어떻게 탄생하고 발전했는가 • 353
  2. 우리나라의 HR과 세계화는 어떠한가 • 360

3장 HR 부서를 효과적으로 운영해야 한다 • 373
  1. HR 부서를 어떻게 운영할 것인가 • 375
  2. HR의 전략을 위해 무엇을 할 것인가 • 379
  3. 위기 상황에서 HR의 역할은 무엇인가 • 386

에필로그   HR의 원칙과 타협 사이 • 396
미주 • 400

1부

HR의 패러다임이 바뀌다

1장

**팬데믹 이후 HR도
바뀌고 있다**

1. 코로나19가 일하는 방식을 바꾸었다

변화를 위한 새로운 기회

코로나19가 세계적인 팬데믹이 된 지도 3년이 되었다. 전 세계적으로 감염자는 7억 명에 달하고 우리나라에서도 3,000만 명이 넘었다. 아직 코로나19가 종식된 것은 아니지만 일상생활이나 경제활동이 서서히 정상화 단계로 진입하고 있다. 인류가 관리할 수 있는 수준으로 종결될 것으로 보인다. 하지만 그동안 코로나19가 바꾸어 놓은 전 지구적인 변화는 결코 원래의 자리로 되돌아가지 않을 것이다. 지난 몇 년 사이 일어나고 있는 일련의 흐름이 팬데믹 때문에 갑자기 나타난 것은 아니지만 팬데믹이 시간을 압축하여 변화를 가속화한 점은 분명하다.

세계대전이나 전염병의 대유행 같은 인류 전체에 대한 재앙적인 사건이 한편으론 역사의 흐름을 바꾸고 인류의 발전을 촉진하는 변곡점 역할을 하기도 한다. 14세기에 발생한 흑사병으로 그 당시 세계 인구의 절반이 줄어들어 극심한 노동력 부족이 발생하면서 임금이 10배까지 뛰기도 했다. 소작농을 구하지 못한 영주는 파산했고 그로 인해 시장과 화폐경제가 활성화되면서 경제구조가 급격히 재편되었다. 농민들은 자유민의 지위를 얻었고 유럽의 봉건주의가 무너졌다.

1918~1920년에 유행한 스페인 독감은 세계적으로 5,000만에서 1억 명이 사망한 20세기 최악의 팬데믹이었다. 세계 경제의 판도마저 바꾸어 놓아 영국과 프랑스가 몰락하고 미국이 신흥 경제대국으로 부상하는 계기가 되었다. 그리고 20세기에 일어난 제1, 2차 세계대전은 기술의 발전과 중공업의 도약을 가져와 세계 산업 생산력이 비약적으로 향상했다. 아울러 여성의 사회 참여와 지위가 향상하는 계기가 되기도 했다. 코로나 팬데믹도 마찬가지로 인류는 많은 고통과 대가를 치르고 있다. 이 역시 극복하고 한 단계 더 도약할 것이다. 또한 변화를 위한 새로운 기회이기도 하다.

이번 팬데믹이 가져온 가장 대표적인 변화는 사람들이 일하는 장소와 방식이다. 조직의 관점에서는 일하는 장소와 사람을 관리하는 HR에서 일어난 변화라고 할 수 있다. 이로 인해 현재 HR에서 일어나고 있거나 향후 일어날 주요한 변화를 짚어보자. 우선 재택근무의 급속한 확산과 보편화를 들 수 있다. 이미 많은 세계적인 기업들이 팬데믹 이후에도 재택근무를 계속하겠다고 발표했다. 국내 100대 기업을 대상으로 한 한국경영자총협회의 2021년 조사[1]에도 44%가 코로나19가 끝난 이후에도 어떤 형태로든 재택근무를 계속하겠다고 대답했다.

일하는 방식의 변화

지역과 국가를 불문하고 전 세계 근로자들은 재택근무를 압도적으로 선호하는 것으로 나타난다. 하버드대학교 비즈니스 스쿨의 연구[2]를 보면 그들은 재택근무를 근무 형태의 하나가 아니라 직무를 수행하는 데 필요한 중요한 복리후생제도의 하나로 인식하고 있다. 그리고 재택근무와 함께 특히 자녀를 양육하는 구성원에 대한 회사의 배려와 자녀 돌봄 관련 제도의 도입도 주목받고 있다.

또 다른 중요한 변화는 웰빙에 대한 관심의 증대다. 이전에도 웰빙은 복리후생제도를 구성하는 한 축이었지만 이제는 단순한 복리후생을 넘어 구성원들의 개인생활과 가족 전체를 포함하는 넓은 범위의 지원으로 개념이 확대되고 있다. 그리고 그 범위도 육체적인 웰빙을 넘어 정서적, 재정적, 사회적인 웰빙 지원과 구성원의 경력관리까지 포괄한다. 더 나아가 직무 재조정, 구성원 자녀를 위한 홈스쿨링, 다양한 가족 지원 프로그램을 시행하는 기업들도 나타나고 있다.

이 기업들은 최근 HR에서 자주 언급되는 '직원 경험EX, Employee Experience'[3]을 넘어 '가족 경험Family Life Experience'[4]이라는 용어를 사용한다. 기업들이 이렇게 가족까지 배려하는 것은 팬데믹 이후 재택근무가 보편화하면서 가족이라는 변수가 인재의 유치, 유지,

나아가 업무 성과에 직접적인 영향을 미치기 때문이다. 미국 근로자를 대상으로 한 조사를 보면 응답자의 62%가 회사의 웰빙 제도를 보고 이직 여부를 결정하겠다고 대답했다. 그중 특히 MZ세대 근로자의 67%가 이직 시 가장 우선적인 고려 요소로 웰빙 복리후생을 꼽았다. 재정적인 웰빙으로는 현재 회사에 근무하면서도 예전에는 주로 은퇴자에게 제공된 개인적인 예산 계획, 재정 관리, 재테크 관련 조언 등을 원했다. 즉 모든 구성원을 대상으로 한 보편적인 복리후생제도가 이제는 구성원 개개인의 요구를 바탕으로 좀 더 개별화된 방향으로 바뀌고 있다. HR이 해야 할 일이 추가로 늘어난 셈이다.

구성원들과 경영진 사이에서 상호 기대치에 대한 인식차이를 줄이는 것도 향후 HR에서 중요한 과제가 될 전망이다. 미국 글로벌 컨설팅 회사 블루 비욘드의 조사[5]를 보면 팬데믹 이후 구성원들과 경영진이 각각 인식하는 기대치에는 상당한 차이가 있는 것으로 나타났다. 특히 급여 공정성 부분에서 인식 차이가 가장 컸다. 그리고 이러한 성향은 MZ세대에서 더 두드러졌다. 또한 반이 넘는 구성원들이 개인 가치와 회사의 핵심가치가 맞지 않으면 회사를 그만두겠다고 대답했고 네 명 중 한 명은 입사를 포기하겠다고 대답했다. 근래 국내 몇몇 대기업에서 MZ세대를 중심으로 보상기준이나 상여금 지급 등 급여 공정성 문제로 사회적인 관심이 집중된 것도 비슷한 배경으로 보인다.

코로나19 상황을 겪으면서 나타난 이러한 현상은 이른바 '대 사직 시대'[6]로 불리는 대량 이직 사태로 번져나갔다. 이는 2021년부터 미국을 중심으로 뚜렷한 하나의 현상이 되고 있다. 경력과 장기적 목표에 대한 구성원들의 인식 변화, 생활비 상승, 경제적 자유에 대한 고민, 장기근속에 따른 직무 불만족, 재택근무와 같은 근로조건, 건강과 안전에 대한 우려 등이 그 배경으로 지목된다. 산업별로는 고객 대면 업무가 많은 요식 및 호텔 산업과 소매업에서, 세대별로는 MZ세대에서 두드러졌다. 미국 헬스케어 산업의 경우 팬데믹이 발생한 후부터 2021년까지 5명 중 1명이 회사를 그만두었다.

미국 산업 전체를 보더라도 2021년 9월 한 달간 자발적 퇴직자 수는 440만 명으로 지난 20년 이래 가장 많았다. 2021년 4월의 220만 명과 비교해도 2배나 증가한 수치다. 링크드인에 따르면 전 세계 가입자 8억 명 중 팬데믹 기간에 프로필의 회사 소속을 바꾼 가입자가 54%에 달했다.[7] 하지만 이는 대부분 근로조건이 나은 직무로 이직을 하기 위한 것으로 은퇴와는 구별된다. 이러한 의미에서 '대 사직'을 '대 이직' '대 개편' '대 재협상'으로 설명하기도 한다.

'대 사직'이라는 용어는 텍사스 A&M대학교 메이즈경영대학원의 앤서니 클로츠Anthony Klotz 교수가 2021년 5월 대량 이직 현상을 예측하면서 처음 사용했다.[8] 『워싱턴포스트』는 2021년 11월 8일 기사에서 이를 '대 파업'[9, 10]으로 표현하기도 했다. 그런데 대 사직 트렌드에 따라 사직한 근로자 중에서 코로나 감염, 후유증, 실직 근로자에 대한 정부 지원 등으로 재취업하지 않고 조기 은퇴한 50~60대의 중장년층이 늘어났다. 이들 중 4분의 1이 아직 은퇴 시기가 10년 이상 남은 생산가능인구다. 2021년 한 해 동안 4,700만 명이 이직

했으나 그중 상당수가 재취업을 하지 않으면서 구인 일자리 대비 구직자 비율이 2대 1이나 된다. 2022년 하반기 들어 미국의 실업률은 3.7%로 완전고용 수준임에도 노동력 부족이 심각하다. 이에 따라 미국 전체 산업에서 구인 전쟁이 벌어지고 있다. 뉴욕에선 베이비시터 시급이 1년 전 15~20달러 수준에서 현재 35~50달러로 2배 이상 뛰었고 미국 50개 주 중 27곳이 최저시급을 10% 이상 인상했다. 2022년에 미국 기업의 92%가 임금을 올렸다.

2022년 5월 전 세계 근로자 5만 2,000명을 대상으로 한 프라이스 워터하우스 쿠퍼스PwC의 연구[11]에서도 근로자의 71%가 직무를 전환하는 첫째 요인으로 급여를 꼽았다. 2021년 마이크로소프트의 보고서 「워크트렌드 인덱스 2021」[12]을 보면 글로벌 근로자의 40% 이상이 이직을 고려한다고 대답했다. 그리고 2021년 딜로이트 보고서[13]는 『포춘』 1,000대 기업의 CEO 중 73%가 향후 1년 이내에 회사가 인력 부족을 겪을 것으로 예측했다. 그리고 57%는 앞으로 이러한 문제가 회사의 가장 큰 과제가 될 것으로 생각했다. 이에 따라 35%의 CEO는 직원의 이탈을 막기 위해 복리후생제도를 확대했다.

이러한 현상은 미국뿐만 아니라 전 세계에서 공통으로 일어나고 있다. 우리나라에도 비슷한 현상이 나타나고 있다. 2021년 3분기의 자발적 이직자 수는 약 87만 명으로 2분기와 비교해 17.7%가 늘었다.[14] 비교적 안정적인 대기업과 금융업계에서 디지털화가 빠르게 진행되는 정보통신업계와 스타트업과 같은 산업군으로 이직하는 현상이 눈에 띄게 늘어나는 것도 같은 흐름으로 보인다. 그

과정에서 개발인력을 중심으로 급여 인상과 함께 새로운 복리후생 제도 도입에 대한 요구가 뒤따랐다. 하지만 급여의 급격한 인상은 거시경제가 불황의 사이클로 접어들자 기업의 또 다른 부담으로 돌아오고 있다. 이에 따라 정리해고 등 구조조정을 하는 기업이 늘고 있는 현상도 보인다.

팬데믹과 HR 환경의 변화

코로나 팬데믹 속에서 디지털 트랜스포메이션은 디지털 기술의 적용 범위를 사업의 여러 분야로 급속히 확장했다. 이러한 변화는 HR에도 큰 영향을 미칠 것이다. 직무의 목적, 구성원, 근무장소에 대한 재설계가 필수적인 과제다. 이에 따라 여러 가지 직무가 HR에 새로이 생겨나고 있다. HR 데이터 분석업무의 보편화에 따른 빅데이터 관리와 검증 업무, HR 관련 알고리즘의 오류 교정 업무, 재택근무 퍼실리테이터 업무, 사람과 인공지능의 협업 담당 업무, 웰빙 전문 업무, 메타버스 퍼실리테이터 업무, 일의 미래 담당 업무 등은 앞으로 새롭게 생겨날 가능성이 크다.

채용에서는 지원자의 학위보다는 업무에 바로 적용 가능한 실제적인 스킬, 경험, 문제해결 역량, 코로나19를 겪으면서 경험한 회복탄력성이 더 강조될 것이다. 그리고 기술의 발전과 함께 구성원들의 직무 재배치가 늘어나고 정년이 연장됨에 따라 직무역량 재교육이 주요 과제로 떠오를 것이다. 이커머스 기업 아마존은 물류센터에 로봇을 도입하면서 12억 달러의 예산을 배정했고 이미 10만 명이 넘는 근로자를 재교육하여 다른 직무에 배치했다. 재교육에 대한 요구는 HR 구성원에게도 예외가 아니다. 그럼에도 불구하고 전통적인 HR의 역할인 구성원과 직접 접촉하면서 정서를 돌보는 것은 지속될 것이다.

또 팬데믹으로 인한 모바일 플랫폼 비즈니스의 확장으로 자유롭게 활동하는 '긱 근로자Gig Worker'가 급속히 증가했다. 그들은 새로운 영역에서 새로운 형태의 서비스를 창출하고 있다. 이와 관련한 근로자 이슈 등은 HR이 앞으로 마주할 새로운 과제다. 그리고 회사의 '핵심인재'와 함께 이를테면 생산설비의 가동과 같은 회사의 기본적인 운영에 필수적인 '핵심역할'도 중요하다는 인식이 새로이 자리잡았다. 그리고 조직의 의사결정은 주로 데이터 기반 중심이 될 것이며 인공지능, 로보틱스 기반 프로세스 자동화RPA, 화상회의, 메타버스, 확장현실XR의 활용은 더욱 가속화될 것이다.

팬데믹을 겪으면서 HR 부서와 최고인사책임자CHRO의 역할이 더 긍정적으로 재평가되는 점도 눈에 띈다. 최근 소비재 관련 다국적 기업인 유니레버의 최고인사책임자 출신이 샤넬의 CEO로 선임된 것도 상당히 시사적이다. HR은 미래에 사라질 가능성이 낮은 직무 중의 하나로 평가받는다. 하지만 학습하지 않는 구성원은 사라질 가능성이 크다. 학습민첩성은 코로나19 이후에도 가장 필요한 HR 역량이다.

2.
디지털 트랜스포메이션이
가속화됐다

디지털 트랜스포메이션과 HR

　디지털 트랜스포메이션Digital Transformation이란 아날로그식 프로세스에 바탕을 둔 사업을 디지털 기술로 전환하는 것을 의미한다. 전환의 범위는 사업운영이나 구성원 관리와 같은 내부적인 기능부터 고객관계관리와 같은 대외적인 업무까지 사업의 모든 기능적인 측면을 아우른다.
　여기서 전환을 뜻하는 트랜스포메이션이 의미하는 것은 디지털라이제이션Digitalization, 즉 디지털화의 결과이지 디지털화 자체를 의미하는 것은 아니다. 디지털화는 비즈니스 모델의 변화를 위해 디지털 기술을 사용하는 것을 의미한다. 그럼으로써 기업은 새로운 부가가치와 사업 기회를 창출한다. 한마디로 하나의 프로젝트가 아니라 디지털 사업으로 옮겨가는 일련의 과정이다. 반면 아날로그 문서를 단순히 디지털 정보로 변환하는 것은 디지타이제이션 Digitization, 즉 정보화 또는 전산화라고 한다. 디지타이제이션은 디지털화의 예비 단계이다. 이것만 가지고는 디지털화를 완성할 수 없다.

1단계는 디지타이제이션이고 2단계는 디지털라이제이션으로 ERP, SCM, 클라우드 컴퓨팅과 같은 업무 프로세스와 주문과 생산 방식의 디지털화다. 3단계는 디지털 트랜스포메이션으로 1단계를 바탕으로 공유·중개 플랫폼 같은 인공지능과 가상화 기술 등을 활용하여 소셜미디어나 모바일 기기로 매체를 다변화해 비즈니스 모델을 창출하고 운영하는 것이다. 우아한형제들, 쿠팡, 당근마켓, 토스, 도미노피자, 월마트, 아마존, 테슬라 등의 '디지털화 기업'이 해당된다. 도미노피자는 기존의 전통적인 사업모델을 디지털 트랜스포메이션해 아마존, 구글, 애플 같은 정보통신기술ICT 기업의 성장률을 크게 상회할 정도로 큰 성공을 거두었다.

이미 디지털 트랜스포메이션의 추세는 빠르게 진행되고 있었는데 코로나19가 더욱 가속화했다. 시장조사 업체 IDCInternational Data Corporation의 2021년 조사[15]를 보면 응답 기업의 75%가 2023년까지 회사의 포괄적인 디지털 트랜스포메이션 로드맵을 수립할 계획이라고 했다. 디지털 트랜스포메이션의 흐름에서 인공지능이 차지하는 비중도 빠르게 늘고 있다. 정보통신정책연구원의 2021년 6월 자료[16]에 따르면 경제적 파급효과가 큰 제조, 교통·물류, 금융, 공공·안전, 의료 분야의 5대 산업 368개 기업체 중 14.7%가 인공지능을 업무 과정에 도입하는 것으로 나타났다. 2022년 한국은행이 인공지능 도입 기업 100곳을 대상으로 한 조사에 따르면 우리나라에서 인공지능이 수행하는 업무는 근로자 업무 보조가 56%, 근로자가 수행하지 못하는 업무 투입이 40%, 인건비 절감을 위한 대체 목적이 29%였다. 최근에 선보인 대화형 인공지능 서비스 챗GPT는 이러한 변화에 기름을 부어 사회 곳곳에서 인공지능에 대한 긍정적, 부정적 영향에 대한 논란을 촉발시키고 있다.

디지털 트랜스포메이션의 추세는 구성원과의 접촉을 기본으로 하는 HR이라고 해서 예외가 아니다. 기존의 인사정보시스템HRIS과 프로세스 자동화를 넘어 성과관리, 보상관리, 인재관리, HR 서비스 등 모든 프로세스에 HR 관련 디지털 데이터를 활용하여 통합적으로 경영 의사결정을 신속하게 내리는 방향으로 전환하는 것을 의미한다. HR 디지털 트랜스포메이션의 궁극적인 목표는 HR 관련 디지털 데이터를 활용하여 사업 기회를 창조하는 것이다.

HR 데이터 분석 업무는 이러한 배경에서 새로이 탄생한 HR 직무의 한 사례다. 이와 함께 기대되는 HR 운영의 효율화는 좀 더 전략적이고 컨설팅적인 역할에 집중하게 하면서 구성원의 회사에 대한 애착, 이른바 '구성원 경험'과 업무성과를 함께 높이는 '구성원 몰입'을 향상하는 토대가 된다. 프로세스 자동화, 빅데이터 활용, HR 데이터 분석, HR 챗봇, 인공지능 기반 채용, 온보딩 프로그램, 온디맨드 학습, 비디오와 메타버스를 활용한 교육과 회의, 구성원 간 새로운 협업 모델, 의사소통 방식과 채널의 변화 등은 HR 디지털 트랜스포메이션을 위한 바탕이 된다.

이와 함께 HR은 조직 전체의 디지털 트랜스포메이션을 위해 필요한 비즈니스 모델 전환, 전략, 프로세스, 시스템, 사물인터넷, 디지털 마케팅, 고객경험CX, Customer Experience, 사업 생태계, 정보보안, 조직문화의 변화를 지원하는 변화관리자의 역할도 해야 한다. 조직민첩성과 협업적인 조직문화도 필수적이다. 이 과정에서 세일즈포스닷컴 CEO 마크 베니오프Marc Benioff의 "모든 디지털 트랜스포메이션은 고객으로부터 시작해서 고객으로 끝난다."라는 말은 HR에도 여전히 유용하다. HR의 주요 고객은 구성원들과 경영진을 포함한 관리자와 내외부 사업 파트너들이다. 디지털 트랜스포메이션 과정에서는 아래와 같은 사항들이 고려되어야 한다.

- 변화에 대한 보다 민첩한 대응능력
- 서비스와 비즈니스 모델에 대한 재정립
- IT 보안과 기계 안전 문제
- 인공지능의 활용 범위와 기준 설정 문제
- 제품 라이프사이클
- 산업별 가치사슬
- 사라지거나 부상할 직업과 직무에 대한 이해
- 근로자 교육과 역량개발 문제
- 기타 사회, 경제 문제

디지털 트랜스포메이션에 요구되는 구성원의 역량

디지털 트랜스포메이션은 기업이나 노동조합의 기능과 역할에도 급격한 변화를 요구하고 있다. 산업의 디지털화로 인한 가장 큰 혜택은 시장의 세계화다. 이러한 시장환경에서 기업의 성공을 위한 핵심적인 조직역량은 민첩성이다. 조직 민첩성은 혁신적이고 창조적인 기업에 유리한 환경을 제공하며 기업의 사업영역을 하나에 국한하지 않고 전체 산업으로 확대하는 기회를 제공한다. 산업별, 사업별로 경계가 희미해지고 생각지도 않은 곳에서 경쟁자가 출몰하기도 한다. 기업의 규모는 더는 성공을 위한 필수요소가 아니다. 오직 변화하는 세계에 민첩하게 대응하는 속도, 적응력, 혁신을 기꺼이 수용하는 조직문화가 성공을 위한 필수요소가 된다.

직업과 직무에도 근본적인 변화가 불가피하여 많은 직업과 직무가 사라지거나 대체된다. 영국 시사경제 주간지 『이코노미스트』에 따르면 텔레마케터, 회계사, 소매영업사원, 부동산 중개인, 기계수리공, 택시 운전사, 비행기 조종사 등이 20년 이내에 로봇이나 인공지능으로 대체될 직업이다. 인공지능 상사가 업무를 지시하는 상황도 흔해질 것이다. 이는 근로자의 고용형태와 필요한 역량의 변화로 이어진다. 세계경제포럼은 2016년 발간한 「일의 미래 리포트」[17]에서 2020년에 요구될 역량과 2015년에 요구된 역량 10가지를 다음과 같이 비교하여 제시했다. 지금 봐도 설득력이 있다.

2020년에 요구될 역량	2015년에 요구된 역량
1. 복잡한 문제에 대한 해결능력	1. 복잡한 문제에 대한 해결능력
2. 비판적 사고	2. 다른 사람과의 협조
3. 창의성	3. 사람 관리
4. 사람 관리	4. 비판적 사고
5. 다른 사람과의 협조	5. 협상력
6. 감성 지능	6. 품질관리
7. 판단 및 의사결정력	7. 서비스 중심
8. 서비스 중심	8. 판단 및 의사결정력
9. 협상력	9. 적극적 경청
10. 인지적 융통성	10. 창의성

오토데스크의 CEO 칼 바스Carl Bass는 이렇게 말했다. "미래의 공장에는 단 두 명의 근로자만 필요할 것이다. 사람 한 명과 개 한 마리가 필요한 근로자다. 사람이 필요한 이유는 개에게 먹이를 주기 위함이고 개가 필요한 이유는 사람이 기계를 건드리지 못하게 감시하기 위함이다." 미래의 노동 현장에 필요한 인간의 역량에 대해 생각해볼 수 있는 매우 함축적인 농담이다.

2013년에 옥스퍼드대학교에서 702개의 직업을 대상으로 연구한 예측 모델링Future of Employment[18]에 따르면 그중 47%가 대체 가능하며 전반적으로 대인관계나 창의성을 크게 필요로 하지 않은 일상적인 직업이 자동화될 가능성이 가장 크다고 보았다. 대만 제조업체 폭스콘은 2016년에 이미 6만 명의 근로자를 로봇으로 대체했고 2018년에는 2023년까지 근로자의 80%를 로봇으로 대체할 것이라 발표했다.

디지털 트랜스포메이션이 가져오는 사회적 변화

디지털 트랜스포메이션은 새로운 에너지 공급 기술의 개발, 고령사회 문제, 개인의 프라이버시 보호에 대한 고객의 우려, 인간과 기계와의 관계, 일의 성격과 인간의 정체성에 대한 고민, 기계가 내리는 의사결정에 대한 책임과 윤리적인 딜레마 등 풀어야 할 과제도 제기한다. 노동시장과 노동의 성격도 구조적으로 바꿀 것이다. 그리고 각종 법제, 소득 수준, 소득 분포와 같은 거시경제적인 요소에도 연쇄적인 변화를 가져올 것이다.

이러한 변화에 대응하기 위해 정부, 기업, 그리고 개인은 민첩하고도 통합적인 준비를 할 필요가 있다. 기업은 새롭게 요구되는 역량에 맞게 직업·직무 관련 교육과 훈련을 조정해야 한다. 구성원들의 일하는 방식과 근무장소의 변화 등 유연한 근무환경의 조성, 경제 주체로서 여성인력의 활용 등도 고려해야 할 중요한 요소다. 그러기 위해 HR은 HR 구성원들의 현재 역량을 점검하고 내부 구성원을 육성하거나 외부에서 인재를 찾는 등의 준비가 필요하다.

세대의 특성에 따라 고려해야 할 점도 있다. 이제는 직장에서 주역으로 자리잡은 MZ세대가 대표적이다. MZ세대는 1980년대 초반에서 2000년대 초반에 출생한 20대 초반에서 40대 초반의 젊은 세대를 일컫는다. 2019년 기준 1,800만 명으로 우리나라 전체

인구의 35%를 차지하고 그중 60% 정도가 경제에 종사하고 있다. MZ세대는 인터넷과 모바일 등 디지털 환경에 능숙하여 독립적이고 자율적인 근무환경을 선호한다. 그들에게 대기업 취업은 더 이상 최고의 경력 목표가 아니다. 그들은 직장에 대한 소속감도 낮고 직장을 선택할 때도 개인 가치를 중요하게 여긴다.

딜로이트 컨설팅이 우리나라를 포함하여 전 세계 46개국, 2만 3,220명의 MZ세대를 대상으로 한 조사[19]를 보면 Z세대는 이직할 직장이 없어도 2년 이내에 기업을 떠나겠다는 비율이 40%에 달했다. 그들에게 경직된 목표를 주고 타율적으로 관리하는 방식으로는 업무에 대한 몰입을 끌어내기 어렵다. 더군다나 코로나19로 재택근무를 하게 되면서 더욱 심화됐다. 그들의 몰입을 돕기 위해서는 회사에 대한 신뢰와 공정성을 높일 필요가 있다. 그러기 위해서는 투명하고 솔직하며 일상적인 피드백과 의사소통이 가능한 제도적 환경을 조성할 필요가 있다. 예컨대 관리자의 역할도 구성원의 일거수일투족을 관리하기보다 자율성을 최대한 보장할 수 있도록 위임한 후 코치하고 지원하는 방향으로 바뀌어야 한다.

3.
더 많은 긱 근로자가 탄생할 것이다

배달 산업이 급속히 팽창하면서 국내외 노동시장도 본격적으로 긱 경제 시대를 맞이하게 되었다. 긱 경제란 전통적인 방식의 정규직으로 특정한 회사에 소속되지 않는 대신 회사와 파트타임 혹은 풀타임의 독립적이고 임시적인 서비스 제공 계약을 맺고 일하고 싶을 때만 일하는 보다 유연한 업무방식을 기반으로 한 경제 형태를 의미한다. 이렇게 일하는 사람을 긱 근로자Gig Worker라고 한다. 이 용어는 원래 1920년대 미국에서 정규 밴드에 소속되지 않고 재즈 공연장을 돌아다니면서 잠깐씩 공연에 참가하던 연주자를 지칭한 데서 유래했다. 현재 대부분의 긱 근로자가 플랫폼 사업에서 일하고 있어서 '플랫폼 노동자'라고도 한다. 긱 근로자는 다음과 같은 4가지 유형이 대표적이다.

첫 번째 유형은 노동시장에 등록한 후 그때그때 서비스를 제공하는 '휴먼 클라우드Human Cloud' 형태의 근로자이다. 두 번째는 우리나라의 택배 기사, 음식 배달원, 학습지 교사와 같이 개인사업자 형태로 서비스를 제공하는 특수 고용직 근로자가 있다. 세 번째는 작업지시서SOW, Statement of Work에 따라 독립적으로 일하는 근로자로 IT 업계의 소프트웨어 개발 업무 종사자가 사례이다. 네 번째는 서비스 제공업체에서 업무의 범위나 기간에 제한 없이 서비스를 제공하는 전통적인 프리랜서 형태의 근로자이다.

회사와 직접 근로계약을 맺는 임시직 근로자나 파견근로자도 큰 틀에서 긱 근로자로 보기도 한다. 세부적인 직군별로 보면 음식이나 상품 배달 근로자, 우버 같은 공유 차량 기사, 에어비앤비 임대인, 라이브 방송 판매자, 아티스트, 계절적 근로자, 여러 직업을 동시에 가진 복수직업 종사자를 꼽을 수 있다. 현재 미국에만 복수직업 종사자를 포함하여 전체 근로자의 36%에 해당하는 5,700만 명의 긱 근로자가 있다. 2027년에는 8,700만 명 정도로 늘어날 것으로 예상한다.

세계 경제에서 차지하는 긱 경제의 비중도 빠르게 늘어나고 있다. 2021년 기준 글로벌 긱 경제 규모는 3,550억 달러로 추산되고 있고 연간 성장률도 16.2%나 된다. 이 추세대로면 2027년에는 그 규모가 8,730억 달러에 달할 전망이다.[20] 글로벌 긱 근로자의 약 60%는 독립적으로 테크 기업에 종사한다. 글로벌 긱 근로자의 평균 시급은 21달러(2만 5,000만 원)로 상당히 높은 편이다. 그런데 그들은 1,000달러(120만 원) 이상의 예기치 않은 지출에는 부담을 느낀다. 이는 불안정한 수입 구조 탓으로 보인다. 하지만 풀타임 긱 근로자의 79%는 전통적인 형태의 직업과 비교해 만족한다고 답했다.

우리나라도 코로나19 상황을 거치면서 전업 긱 근로자 수만 200만 명에 달하는 것으로 추산한다. 그중에서도 약 30%는 배달업에 종사한다. 그들을 비롯해 학습지 교사와 골프장 캐디 등 개인 사업자 등록을 하고 독립적인 계약에 따라 노동하는 형태의 노동자를 특수 고용직이라고 부른다. 그들은 현재 근로기준법상 근로자는 아니지만 근로자로서 단체교섭 등 노동삼권을 행사할 수 있는 노동조합법상 근로자 지위를 인정받고 있다. 하지만 근로기준법상 근로자로 인정받기에는 여러 가지 난제의 해결과 함께 사회적 협의가 필요해 보인다. 반면 산재보험이나 고용보험의 가입 등 절충적인 개선책은 하나씩 마련되고 있다.

2020년에는 우아한형제들이 국내 업계 최초로 배달 대행 특수 고용직의 노동조합법상 권리를 인정하고 단체협약을 맺는 새로운 장을 열었다. 다른 직업을 가지고 있으면서 여가시간에 고정된 사업장이 아닌 임의의 장소에서 파트타임으로 배달 업무를 하는 새로운 형태의 근로자도 출현했다. 현재 그들은 한 회사에만 수십만 명이 등록하고 있을 정도로 규모가 엄청나다. 몇 년 전 내가 이커머스 회사에 근무할 때 미국의 아마존 플렉스를 벤치마킹해 국내에 최초로 도입한 인연이 있다.

우리나라뿐만 아니라 세계적으로 이러한 '긱 근로자'의 법적 지위와 보호를 위한 사회적 논의와 합의가 진행되고 있다. 정부를 비롯해 관련 산업에 종사하는 HR도 이에 대한 이해와 준비가 되어 있어야 한다.

2장

일하는 장소와 시간과 방식이 바뀐다

1.
재택근무가 일상화되다

코로나19로 인해 기업에 나타난 가장 큰 변화는 재택근무의 일상화다. 산업과 직무의 특성에 따라 차이가 있지만 이제는 대부분의 회사가 재택근무를 자연스럽게 받아들인다. 이전과 비교해보면 확연한 차이를 보인다. 하지만 재택근무가 코로나 때문에 갑자기 나타난 것은 아니다. 재택근무는 코로나19 이전에도 정보통신기술 인프라를 갖춘 글로벌 IT 기업을 중심으로 유연근무제의 한 형태로 확산되고 있었다. 나는 이미 10여 년 전에 모토로라의 재택근무 도입 프로젝트인 'i워크 프로젝트'의 책임을 맡아 직접 중국과 싱가포르를 비롯한 아시아 태평양 지역 6개국에 재택근무를 도입한 경험이 있다.

그 이전 내가 IBM에 근무할 때인 1990년 초에는 본사의 지원을 받아 우리나라에서 최초로 한국 법인에 '이동사무실'을 도입하는 프로젝트에 참여한 경험도 있다. 이 프로젝트는 8개 층의 사무실 공간을 대체하는 효과가 있었다. 이를 바탕으로 내가 2010년에 발표한 글에서 유연근무의 장점을 소개하고 향후 재택근무가 계속 확산될 것이라고 예견했다.

영어로 재택근무를 뜻하는 용어는 통근을 의미하는 커뮤팅Commuting이나 일을 뜻하는 워크Work에 원격을 뜻하는 텔레Tele를 결합한 텔레커뮤팅Telecommuting과 텔레워킹Teleworking을 비롯하여 e-워킹e-Working, 사이버커뮤팅Cybercommuting, 홈워킹Home Working, 워크 프롬 홈WFH, Work from Home 혹은 워크 앳 홈WAT, Work at Home을 쓴다. 가장 보편적인 용어는 워크 프롬 홈Work from Home과 텔레커뮤팅Telecommuting이다. 자택 이외의 곳에서 일을 할 수 있다는 뜻에서 워크 프롬 애니웨어WFA, Work from Anywhere를 쓰기도 한다. 한 주에 2~3일 단위로 각각 자택과 사무실로 나누어 출근하거나 부서별로 나누어 출근하는 절충 형태는 '하이브리드형 재택근무'로 부른다.

배경은 다소 다르지만 1979년 IBM에서 오늘날과 같은 개념의 재택근무가 시작되었다.[1] 벌써 40년이 넘었다. 다른 제도와 마찬가지로 재택근무에도 장단점이 있고 또 고려해야 할 여러 가지 문제가 있다. 이에 대한 경제협력개발기구OECD와 국제노동기구ILO의 권고를 요약하여 소개한다.

재택근무의 생산성을 어떻게 담보할 것인가[2]

코로나19 위기로 활성화된 재택근무는 앞으로 계속 확산되어 장기적으로는 하나의 보편적인 근무 형태로 자리 잡을 것이다. 이에 따라 경제협력개발기구는 재택근무 도입을 위한 공공정책 수립 시 다음과 같은 요소를 고려하도록 권고한다.

첫째, 재택근무에 대한 요구는 국가, 산업, 직종, 기업별로 매우 다양하므로 넓은 범위에서 통합적인 정책이 필요하다.

둘째, 산업별 특성을 고려해야 한다.

셋째, 재택근무는 다양한 경제적, 사회적 지표(근로자 복지, 양성평등, 지역 불평등, 주택난, 탄소배출 등)를 개선할 수 있는 잠재력이 있다. 그러나 여전히 기술혁신, 근로자 간 의사소통, 정보의 유통 등의 많은 과제를 해결해야 한다.

넷째, 재택근무의 생산성 문제도 중요하다.

다섯째, 드러나지 않는 초과근로 등 근로자의 업무환경을 고려한 정책을 수립해야 한다.

여섯째, 빠르고 안정적인 광대역 인터넷, 화상회의 등 정보통신기술을 보급하여 재택근무를 효율적으로 운영하기 위한 인프라 투자와 모범적인 재택근무 운영 사례 발굴 등 정부의 정책적 지원이 필요하다.

코로나19와 포스트 코로나 시대의 재택근무 [3]

코로나 팬데믹으로 인해 전 세계적으로 재택근무가 보편화되자 국제노동기구는 재택근무자의 웰빙과 생산성을 확보하기 위해 다음을 고려하도록 권고한다.

근무시간을 관리해야 한다

먼저 근로자에게 재택근무를 위한 업무 계획을 준비하도록 한다. 또 근로자가 업무의 과중함을 느낄 때 번아웃 위험을 방지할 수 있도록 미리 경고하고 업무를 재정비할 수 있게 장려한다. 작업이 어떻게 수행되는지 상시로 피드백하는 것도 필요하다. 그리고 어떻게 하면 활력이 넘치고 가장 생산적으로 업무에 집중할 수 있는지 근로자의 피드백을 듣는다. 그런 후에는 업무수행 시 일상생활을 자신에게 적합한 방식으로 조절한 사례를 근로자들과 공유하고 때때로 직접 대면하는 시간도 필요함을 상기시킨다.

피드백과 성과관리가 중요하다

기대하는 성과에 대해 근로자에게 명확하고 구체적으로 설명한다. 이를 통해 재택근무 시 업무의 위임과 자율성의 확대로 인해 생기는 업무수행상의 잠재적인 모호성과 오해를 줄일 수 있다. 근로자가 수행한 업무 결과에 따라 예상되는 영향과 개선이 필요한 부분에 초점을 맞추어 정기적이고 시의적절하게 피드백한다. 잘한 일은 긍정적으로 피드백한다. 좀 더 구체적인 비언어적 의사소통이 가능하도록 화상회의를 활용한다.

업무과정의 디지털화 준비가 필요하다

재택근무자에게 필요한 기술적 요구 사항, 필요한 자원 및 기술에 대한 접근, 근로자의 역량 수준을 검토한다. 근로자가 개인 정보통신기술 장비를 통해 회사 서버와 데이터에 접근할 수 있게 하거나 회사가 제공하는 장비만 허용할지에 대한 정책을 수립한다.

근로자와의 효과적인 의사소통이 필요하다

회사는 재택근무 시의 화상회의 등 의사소통 방식의 명확한 규범과 기준을 만들어야 한다. 또 회사의 공식적인 사내 의사소통 수단과 함께 소셜 네트워크를 활용할 수도 있다.

근로자의 안전과 건강에 대한 배려가 중요하다

장기간의 고립으로 인한 번아웃과 소외감을 방지하기 위해 회사, 고용주, HR, 직속 상사, 동료들의 추가적인 지원과 노력이 필요하다. 일과 삶의 균형에 대한 갈등, 업무시간과 사생활 사이의 경계를 관리하는 것도 중요하다. 취학 연령의 자녀를 둔 직원들에 대한 배려도 필요하다. 안전과 건강에 대한 위험과 함께 재택근무 환경, 장비, 인체 공학, 스트레스, 기타 정신 건강 문제를 검토한다. 재택근무자의 안전과 건강에 대한 권리와 책임을 명확히 하고 업무 중 충분한 휴식을 취하는 것이 중요함을 상기한다. 나아가 휴식이 업무수행 평가와 경력에 부정적인 영향을 미치지 않는다는 점을 명확히 한다.

복리후생제도 조정이 필요할 수도 있다

재택근무로 인해 근로자가 기존의 복리후생 혜택(피트니스 센터 이용, 통근 지원, 무료 식음료 등)을 이용할 수 없는 경우에는 제도를 적절히 조정하여 전체 패키지가 비슷하게 유지되도록 할 필요가 있다. 일부 혜택은 동일한 가치의 다른 옵션, 이를테면 오프라인 교육 대신 온라인 코칭과 교육 등으로 대체하여 이전과 동일한 수준으로 만들 수 있다.

재택근무에 대한 교육이 필요하다

재택근무자의 과제와 요구 사항에 대해 2~3주마다 정기적으로 설문조사를 실시하고 특히 온라인 교육, 웨비나, 워크숍, 코칭 프로그램을 제공한다. 리더십, 시간 관리, 의사소통 등의 역량을 향상하기 위해 현재의 업무 상황에 가장 적합한 유형 순으로 교육의 우선순위를 정한다.

일과 삶의 균형에 대한 지원이 필요하다

성과에 대한 명확한 기대치를 설정하여 일과 삶의 균형을 관리할 수 있게 지원하는 동시에 근로자가 개인 상황에 따라 자신의 업무 일정을 관리할 수 있도록 유연하게 운영한다. 경력에 불이익을 받지 않고 휴식과 개인 생활을 위해 연장근무를 조절할 권리가 근로자에게 있음을 알린다.

재택근무의 효과적인 운영을 위해 고려할 점

결론적으로 재택근무는 전반적으로 구성원의 만족도가 높고 생산성에도 큰 문제가 없다. 비용 절감 등 기업 관점에서도 장점이 많다. 또 사회경제적으로도 요구 사항이 지속적으로 늘어나고 있어 코로나 팬데믹이 끝난 후에도 하이브리드 형태를 중심으로 계속 도입될 것으로 보인다. 재택근무의 장단점과 더불어 제도를 효과적으로 운영하기 위해서는 다음과 같은 사항을 고려해야 한다.

각 관점에 따른 재택근무의 장점

구성원 관점	관리자 관점	회사 관점
·스트레스 감소 ·행복지수 향상 ·업무 자율성 및 유연성 증대 ·방해요소 감소에 따른 생산성 증대 ·일과 삶의 균형 향상 ·출퇴근 시간 절약	·생산성과 팀 목표 달성 간 미미한 차이 확인 ·인력관리에 대한 우려 감소 ·성과에 따른 관리가 상대적으로 용이	·이직률 감소 ·결근 감소 ·경제적 비용 절감 ·생산성 지표 향상 ·원가 절감 ·지속 가능성 향상 ·환경오염 및 교통혼잡 이슈 감소

재택근무의 장점
- 물리적, 공간적 제한이 적어서 인재의 유치에 유리하다
- 인재의 유출을 억제한다
- 일과 삶의 갈등을 완화할 수 있다
- 자율성의 증대로 인한 구성원의 업무 유연성 및 생산성이 증대한다

- 공간과 통근 비용을 절감할 수 있다
- 기업의 지속성을 증대시킨다

재택근무의 단점
- 보안 문제가 생길 수 있다
- 협업 및 즉각적인 소통에 어려움이 생길 수 있다
- 구성원의 가족 갈등 및 프라이버시 보호의 문제가 있다
- 구성원의 소외감을 유발할 수 있다
- 업무시간의 경계가 모호해진다
- 인력 및 성과관리의 어려움이 있다
- 정보통신기술 역량 등 재택근무 환경을 구축해야 한다

효과적인 재택근무를 위한 과제
- 경영층의 확고한 지지가 있어야 한다
- 정보통신기술 인프라, 화상회의 시스템 등 재택근무를 위한 환경이 조성되어야 한다
- 혁신을 위한 변화관리 및 교육이 필요하다
- 신뢰와 투명성을 기반으로 한 조직문화가 구축되어야 한다
- 성과관리제도가 필요하다
- 보상체계를 정비해야 한다
- 사무용품과 장비 등 구성원이 재택근무 환경을 구축할 수 있도록 지원한다
- 재택근무제도의 체계적인 프로세스 구축이 필요하다

이와 함께 광대역 인터넷 등 인프라의 개선, 관련 법령이나 정책의 수립, 교육의 제공 등 공적 측면의 지원도 필요하다.

2.
재택근무는 계속될 것인가

　코로나19가 정점일 때 국내외 기업들은 엔데믹 시대에도 어떤 형태로든 재택근무를 지속하겠다는 것이 대체적인 흐름이었다. 그리고 현재의 엔데믹 시점에서 주요 기업들의 향후 방향을 살펴본 결과도 이와 크게 다르지 않다. 다만 일부 기업에서는 미묘한 변화가 감지된다.

국내 기업의 추이

　그동안 재택근무를 시행했던 대부분의 기업은 재택근무의 범위를 줄이고 사무실에 나오는 구성원 비율을 늘리는 대신 재택근무를 제도적으로 계속 시행하는 경향을 보이고 있다. 특히 스타트업을 시작으로 이미 대기업이 된 IT 기업들은 주 2, 3일 근무하는 하이브리드형으로 고정하거나 하이브리드형이나 전면 재택근무 중 하나를 선택하게 하는 경우가 대부분이다. 우아한형제들과 같이 일부 IT 기업은 국내외를 불문하고 구성원이 거주지를 자유롭게 선택할 수 있는 전면 재택근무를 시행 중이다. 다만 게임업계나 중소기업에서는 사무실 근무로 돌아가는 반대의 흐름도 보인다. 일부 IT 기업은 재택근무를 폐지한 후 구성원들의 강한 반발과 함께 노동조합의 가입률이 증가하기도 했다.

해외 주요 글로벌 기업의 추이

해외 주요 글로벌 기업들도 대체로 국내 IT 기업과 같이 재택근무의 형태를 하이브리드형으로 고정하거나 하이브리드형이나 전면 재택근무 중 하나를 선택하게 하는 추세다. 탈 사무실화로 전면 재택근무를 하는 기업도 늘고 있다. 그리고 재택근무자에게는 여러 가지 형태의 지원을 하고 있다. 사무기기나 통신비 등 재정적 지원과 함께 구성원과 관리자 모두에게 재택근무에 대한 회사의 방침을 명확히 전달하여 회사 정책에 대해 공통 인식을 갖도록 지원한다.

현대적인 재택근무제도의 원조인 IBM은 코로나 팬데믹 기간 중 재택근무에 대한 회사의 방침을 담은 IBM플레지IBM Work From Home Pledge를 발표했다. IBM플레지는 총 8개 항목으로 되어 있다. 첫째, 가족을 우선순위에 두기. 둘째, 구성원의 개인 사정에 유연하게 대처하기. 셋째, 화상회의 시 카메라를 끌 수 있도록 허용하기. 넷째, 타인을 배려하기. 다섯째, 화상회의의 피로감을 고려한 기준 설정하기. 여섯째, 구성원 스스로 육체적, 정신적 건강 돌보기. 일곱째, 동료나 주변 사람들에 관한 관심과 안부 묻기. 여덟째, 동료들과의 접촉을 유지하기.

기업별 재택근무의 형태를 보면 대표적으로 구글, 애플, 메타, 아마존, 마이크로소프트, JP모건, 시티은행 등은 하이브리드 형태를 선호한다. 딜로이트, 드롭박스, 슬랙 등은 전면 재택근무를 유지한다. 반면 테슬라, 넷플릭스, 골드만삭스 등은 CEO가 구성원의 사무실 출근을 요구하는 것으로 나타났는데 이들 기업은 인재 유출에 대한 우려 또한 하고 있다.

미국 CNBC 방송의 2022년 3월 조사[4]를 보면 약 50%의 경영진들은 구성원들의 사무실 복귀를 원하는 반면 52%의 일반 구성원들은 사무실로 복귀하라는 회사의 요청이 있을 시 사직 의사가 있다고 대답했다. 2022년 8월 갤럽의 조사[5]에서는 오직 6%의 미국 근로자만 사무실 복귀를 원했다. 대부분의 CEO들도 재택근무를 폐지하는 것을 당면한 사업과제로 보지 않는다. 미국 컨설팅 회사 컨퍼런스 보드가 2023년 1월 전 세계 주요 기업의 CEO 1,100명을 대상으로 한 조사[6]에서는 대부분의 CEO가 구성원의 사무실 복귀가 2023년 사업의 우선순위가 아니라고 대답했다. 미국 CEO의 5%, 유럽 CEO의 2%만이 2023년의 우선순위로 꼽았다.

여성 근로자가 재택근무를 더 선호하는 경향도 있다. 이는 집안일과 육아를 더 많이 감당해야 하는 특성이 반영된 것으로 보인다.

사무실 복귀 시 출퇴근 시간과 통근비를 임금에 반영해달라는 요구도 있다. 코로나19 상황에서 재택근무자의 급여를 10~15% 정도 깎았던 추세에서 재택근무자의 급여는 동결하고 사무실 출근 구성원의 급여를 5~10% 정도 올려주는 새로운 추세도 보인다. 별도의 통근비를 지급하거나 식사를 제공하는 기업도 늘고 있다.

또 한 가지 흐름은 원격근무를 바탕으로 한 '기업 노마드Corporate Nomad'의 부상이다. 그들은 주로 30~50대 전문직 종사자인데 근무장소나 근무시간에 구애받지 않고 전 세계로 떠돌면서 파트타임이나 프로젝트 단위로 일한다. 디지털 기술로 연결되어 있다고 하여 디지털 노마드Digital Nomad로 부르기도 한다. 2020년의 한 연구[7]에 따르면 1,090만 명의 미국 근로자가 자신을 디지털 노마드로 생각했다. 이는 2019년 대비 49%나 증가한 숫자이다. 이로 인해 일work과 휴가vacation를 결합한 워케이션Workation[8, 9]이란 근무형태도 등장하고 있다. 하지만 이러한 대안적 근무 형태가 가파르게 증가하긴 해도 보편적인 트렌드가 되지는 않을 것으로 보인다.

이와 함께 유럽에서는 구성원의 원격근무 신청을 법적 권리로 보장하려는 인식도 생겨나고 있고 이미 상당한 수준의 사회적 논의와 입법이 진행되고 있다. 프랑스에서는 2012년 이미 노동법에 일부 반영했고 스페인은 2020년 긴급입법 형태로 「원격근무법」을 제정했다. 이 법에는 원격근무자를 위한 지원이나 회사의 데이터 보안에 관한 내용 등이 담겼다. 독일 정부는 2020년 6개월 이상 근속한 구성원은 1년에 24일 이상 원격근무를 신청할 수 있도록 법제화했다.

국내에서도 2020년 재택근무의 정의 등 원론적 수준의 노동관계법 개정이 논의된 바 있다. 그러나 노사 간 권리와 의무 등에 대한 심층적인 논의는 아직 활발하지 않아서 향후 이에 대한 준비가 필요할 것으로 보인다.

3.
유연근무제의 방식도 다양하다

유연근무제의 유형

재택근무는 유연근무제의 한 유형이다. 유연근무제란 전 직원에게 획일적으로 적용되는 전통적인 근무 형태에서 벗어나 근로자의 개인적인 환경과 회사의 사업환경을 종합적으로 고려하여 근무시간, 근무 장소, 근무량, 혹은 근무 연속성을 보다 신축적으로 조정하거나 선택하는 제도를 말한다. 향후 재택근무제의 일상화와 함께 다른 유형의 유연근무제도 계속해서 늘어날 것으로 예상된다. 유연근무제는 코로나 이전에도 국내 IT 기업을 중심으로 퍼져나가는 추세였다.

2021년 11월 사람인이 604개 기업을 대상으로 한 조사[10]를 보면 국내 대기업의 56.8%, 중소기업의 34.7%가 유연근무제를 시행하고 있었다. 그중에서 64.6%는 코로나19 이후에 유연근무제를 도입했다. 팬데믹 상황이 유연근무제의 도입을 촉진했음을 알 수 있다. 국내에서 가장 많이 운영하는 제도는 시차출퇴근제와 재택근무제다.

딜로이트 컨설팅의 조사[11]에서는 미국 근로자의 90%가 유연근무제가 근무 의욕을 고취시킨다고 답했다. 다국적 기업 유니레버의 경우 공장의 생산직 근로자를 제외한 10만 명의 근로자들이 업무에 지장이 없는 한 근무장소와 근무시간을 자유롭게 선택하고 있다.

유연근무제는 인재를 유치하고 근로자의 직무 만족을 높이는 데 기여한다. 조직 내 다양성과 창의성을 증진하고 일과 삶에 대한 균형에도 기여해 근로자의 업무 스트레스를 완화하는 효과도 있다. 유연근무제는 크게 근무 장소에 대한 유연화와 근무시간에 대한 유연화로 나눌 수 있으며 다음과 같은 다양한 유형이 있다.

재택근무

대표적인 유형이다. 재택근무란 원래 집에서 일하는 것을 의미하지만 꼭 자택이 아니라도 사무실 이외의 장소에서 일하는 것을 통칭한다. 그런 의미에서 원격근무로 부르기도 한다. 소규모로 마련한 별도의 거점 사무실로 출근하거나 근무 장소에 전혀 제한을 두지 않는 형태도 있다. 재택근무와 사무실 근무를 혼합한 형태를 하이브리드형이라고 한다.

계절적 원격근무

스노버드 Snowbird 프로그램으로 부르기도 한다. 스노버드는 겨울철에 따뜻한 나라로 서식지를 옮기는 흰머리멧새에서 따온 말이다. 캐나다 사람들이 추운 겨울에는 미국 캘리포니아나 플로리다 등의 남쪽에서 지내고 봄이 되면 다시 캐나다로 돌아오는 것에서 유래했다. 근로자가 근무 장소를 계절에 따라 바꾸어가면서 근무하는 형태를 일컫는 말로 자리 잡았다.

플렉스 타임

플렉스 타임Flex Time은 근로자가 근무 시간대를 개인의 사정에 따라 1주일 혹은 1개월 단위 등으로 자유롭게 변경할 수 있는 근무 형태다. 회의나 협업을 위해 전 구성원이 같은 시간대에 함께 근무하는 공통 근무 시간대의 설정이 필요하다. 국내에서는 시차출근제로 부르기도 하는데 개인별 시차출근제와 부서별 혹은 그룹별 시차출근제가 있다.

압축근무제

압축근무제는 일정 기간 단위로 주당 소정 근로시간을 월말이나 바쁜 기간에는 더 근무하고 그렇지 않은 날에는 휴무하거나 단축 근무를 하여 전체 주당 근로시간을 맞추는 것을 말한다. 국내 근로기준법에 있는 '탄력적 근로시간제'와 유사한 개념이나 해당 조항에는 제한이 많다.

파트타임 근무제

가장 전통적인 유연근무제의 하나다. 주당 소정 근로시간 내에서 일정 시간만 근무하는 제도로 자녀를 돌보는 근로자, 은퇴자,

학생 등의 인력을 융통성 있게 활용할 수 있다. 임시직과 정규직 모두 가능하다. 하나의 풀타임 직무를 두 사람의 다른 직원이 수행하는 형태는 '직무공유제'라고도 한다. 해당 근로자 간이나 관리자와의 의사소통과 협업이 중요하다.

근로시간 저축제

시간 저축 혹은 연간 근로로 부르기도 한다. 근로자와 사용자가 서로 합의하여 연간 총 근무시간 내에서 주, 월, 연 단위의 근무시간 한도를 정하고 그 안에서 자유롭게 근무하는 형태다. 계절적인 수요가 있거나 근무에 피크시간대가 뚜렷한 직무에 적합하다. 시차근무제와 압축근무제를 병행할 수도 있다. 연장근로나 연차휴가 등의 이슈가 생기지 않게 근로계약서 작성 시나 제도의 운용에 있어 역시 근로기준법과 상충되지 않게 주의할 필요가 있다.

점진적 은퇴

근로자가 정년에 도달하기 1~2년 전부터 점진적으로 근로시간과 업무량을 줄여서 근로자가 원활하게 은퇴를 준비할 수 있도록 도움을 준다. 회사는 그 기간 후임자를 훈련하여 업무 공백을 최소화하거나 구성원의 업무 재배치에 기여할 수 있다. 급여를 함께 줄이는 경우 근로자와 회사의 상호합의나 근로자의 신청에 의해서만 가능하다는 법률적 제한이 있다. 풀타임으로 일하면서 정년을 연장하는 조건으로 정년 시점 도달 전부터 점진적으로 급여만 줄여나가는 제도는 '임금피크제'라고 한다. 최근엔 임금피크제를 제한

하는 대법원의 판례가 새로 나와 도입을 고려하는 경우 신중하게 접근하는 것이 좋다.

장기휴가 및 안식년제
장기휴가와 안식년을 보장함으로써 근로자에게 재충전의 기회를 제공하고 인재의 이탈을 방지하는 효과가 있다.

이와 함께 우리나라의 근로기준법에 규정된 유연근무제의 유형은 다음과 같다.

탄력적 근로시간제
일정한 단위 기간을 평균하여 1주간의 근로시간이 40시간을 초과하지 않는 범위에서 특정한 주와 특정한 날에 기준 시간을 초과하여 근로하게 할 수 있는 유연근무제다. 탄력적 근로시간제의 유형에는 2주 이내 탄력적 근로시간제, 3개월 이내 탄력적 근로시간제, 3개월 이상 6개월 이내 탄력적 근로시간제가 있다.

탄력적 근로시간제를 통해 특정한 주에 40시간 또는 특정한 날에 8시간을 초과하여 근로하게 할 수 있더라도 초과 근로시간을 제한하고 있다. 2주 이내 탄력적 근로시간제는 특정한 주의 근로시간은 48시간을 초과할 수 없으며 3개월 이내 탄력적 근로시간제 및 3개월 이상 6개월 이내 탄력적 근로시간제는 특정한 주의 근로시간은 52시간을, 특정한 날의 근로시간은 12시간을 초과할 수 없다. 현재의 법률적 요건은 유연근무의 유연성을 상당히 제한하고 있다.

선택적 근로시간제

취업규칙(취업규칙에 준하는 것을 포함)에 따라 업무의 시작 및 종료 시각을 근로자의 결정에 맡기기로 하는 유연근무제다. 선택적 근로시간제에 따라 근로자는 1개월(신상품 또는 신기술의 연구개발 업무의 경우는 3개월) 이내의 정산 기간을 평균하여 1주간의 근로시간이 40시간을 초과하지 않는 범위에서 주 40시간, 일 8시간을 초과하여 근로할 수 있다(근로기준법 제52조).

사업장 밖 간주근로시간제

근로자가 출장이나 그 밖의 사유로 근로시간의 전부 또는 일부를 사업장 밖에서 근로하여 근로시간을 산정하기 어려운 경우에는 소정 근로시간을 근로한 것으로 보는 제도다(근로기준법 제58조1항).

재량근로시간제

업무의 성질에 비추어 업무수행 방법을 근로자의 재량에 위임할 필요가 있는 업무에 대해 사용자와 근로자 대표가 서면 합의로 정한 시간을 근로시간으로 본다(근로기준법 제58조3항).

우리나라에서 유연근무제가 보다 활성화되기 위해선 현재의 주 52시간제 등 근로기준법상의 여러 가지 제한에 대해 어떻게 접근할 것인가에 대한 논의가 필요해 보인다.

4. 하이브리드 워크가 일반화되다

재택근무의 형태

재택근무는 좁은 의미에서는 자택에 머물면서 회사의 업무를 처리하는 근무형태이다. 넓은 의미에서는 회사 이외의 모든 곳에서 일하는 근무형태를 통칭한다. 엄격히 정의하면 재택근무도 원격근무의 한 형태이다. 이 책에서는 원격근무도 재택근무에 포함해 부르기로 한다. 근무 상황과 업무상 필요에 따라 전 직원을 대상으로 일주일 내내 적용하는 형태부터 일부 직원이나 일부 직무를 대상으로 하거나 혹은 요일별로 시행하는 형태 등 다양하고 유연하게 운영할 수 있다. 재택근무는 다음과 같은 형태가 있다.

전면 재택근무
전면 재택근무는 정보통신기술 네트워크로 연결된 근무 환경에서 일하는 소위 디지털 노마드 근로자에게 알맞은 형태이다. 근무 장소와 요일을 불문하고 상시 근로자가 원하는 곳에서 근무하는 것을 말한다. 인터넷 연결만 되면 플로리다 해변에서든 히말라야에서든 일할 수 있다. 유연성을 극대화할 수 있어 근로자의 직무 만족을 높이고 인재 유치에 유리하다. 하지만 지역에 따른 시차, 의사소통, 협업의 문제 등 신중한 계획과 함께 해결해야 할 과제가 적지 않다. 또 회사 고유의 조직문화를 유지하기가 어려운 단점도 있다.

분산형 재택근무

스플리트 모델Split Model로 불린다. 한 부서를 몇 개의 그룹으로 나누어 근로자가 출근하기 쉬운 거점 지역에 위성 사무실을 두고 서로 의존적으로 운영하는 형태다. 원거리 출퇴근에 대한 부담을 줄일 수 있다.

하이브리드 근무 모델

하이브리드 근무 모델은 재택근무와 사무실 근무를 혼합하여 운영하는 형태다. 하이브리드 재택근무에는 다음과 같은 옵션이 있다.

첫 번째는 사무실 근무를 우선하는 모델이다. 업무시간 대부분을 사무실에 출근하는 것을 기본으로 하되 일부 근로자와 직무에 한해 재택근무를 허용하는 형태이다. 이 경우 관리자는 대부분 사무실에서 근무한다. 재택근무를 허용하는 뚜렷한 기준을 마련하여 관리하는 것이 필요하다.

두 번째는 재택근무를 우선하는 하이브리드 모델이다. 대부분 재택근무하는 것을 기본으로 하되 팀빌딩, 협업, 교육을 위해 때때로 사무실에 출근하는 형태다. 전면 재택근무와 크게 다르지 않아 근로자의 직무 만족을 높이고 공간사용 비용을 절약할 수 있다. 근로자가 고립감을 느낄 수 있고 조직문화를 유지하기가 어려운 단점이 있다.

세 번째는 부분적 재택근무 모델로 특정 부서에만 재택근무를 허용하는 모델이다. 관리자들은 보통 사무실에서 근무한다. 2022년 버퍼와 엔젤리스트Buffer and Angelist의 조사[12]를 보면 하이브리드 재택근무를 하는 43%의 회사가 이 모델을 운영하고 있을 정도로 미국에서는 의외로 많은 회사가 활용하고 있다. 공간사용 비용과 시설운영 비용을 절약하고 멀리 거주하는 인재를 유치할 수 있는 장점이 있다. 반면 부서 간 위화감과 함께 부서 이기주의를 조장하고 협업에 걸림돌이 될 수 있다.

네 번째는 유연적 하이브리드 모델이다. 근로자가 재택근무와 사무실 근무를 자유롭게 선택할 수 있다. 나아가 근무시간까지 자유롭게 선택하도록 폭을 더 넓힐 수도 있다. 근로자에게 최대한 자율을 보장한다. 인재 유치와 함께 근로자의 이직률을 낮추고 직무 만족도를 높일 수 있는 장점이 있다. 반면 재택근무자의 규모와 시간을 예측하기가 쉽지 않아 관리가 어렵고 이로 인해 재택근무로 인한 공간 절약 계획 등을 세우기가 어렵다.

다섯 번째는 고정적 하이브리드 모델이다. 재택근무와 사무실 근무 요일을 근로자가 미리 선택할 수 있게 한다. 업무 계획이나 관리를 위해 부서나 팀 내에서 근로자를 요일별로 분산하는 등 다소 제한이 필요하다. 아예 팀 등 조직 단위로 재택근무 요일을 정할 수도 있다. 1개월이나 6개월 등 일정 기간 단위로 선택을 변경할 수도 있다. '2일 재택근무+3일 사무실 근무' 혹은 '3일 재택근무+2일 사무실 근무' 형태가 가장 흔하다. 근무 형태별 예측이 가능하므로 개인별 지정 좌석제 대신 공용 좌석제를 운영해 공간 및 시설비용을 절약할 수 있다. 관리자도 구성원과 동일하게 재택근무나 사무실 근무를 선택한다.

프라이스워터하우스쿠퍼스PWC의 조사[13]를 보면 미국은 근로자의 55%가 적어도 주당 3일 재택근무를 하는 하이브리드 모델을 선호했다. 우리나라에서는 최근 일부 IT 기업의 자체 조사에서 전면 재택근무 선호도가 높게 나왔다. 하지만 앞에서 소개한 시스코 시스템즈의 연구 결과와 기타 연구를 종합적으로 살펴보면 대부분의 나라에서와 마찬가지로 우리나라에서도 고정적 하이브리드 모델이 근로자와 회사가 모두 가장 선호하는 모델로 나타난다.

하이브리드 형태는 근로자의 개인적인 사정에 따라 융통성과 자율성을 어느 정도 보장함과 동시에 대면 근무를 통한 협업의 장점도 살릴 수 있다. 이를 효과적으로 운영하기 위해선 회사에서 세밀한 가이드를 제공해야 한다.

재택근무의 생산성

　기업들이 재택근무 도입에서 가장 우려하는 부분 중의 하나가 제도 도입 후 구성원의 생산성이 떨어지지 않을까 하는 점이다. 엇갈린 보고가 있긴 하지만 결론적으로 대다수 연구가 '사무실 근무와 비교했을 때 재택근무가 생산성에 큰 차이가 없거나 오히려 생산성이 향상되었다.'라는 결과를 내놓고 있다. 코로나19 이전에 스탠퍼드대학교에서 1만 6,000명의 중국 근로자를 대상으로 9개월 동안 진행한 연구 논문[14]에 따르면 재택근무가 생산성은 평균 13% 향상하고 퇴직률은 50% 낮추었다고 보고되었다. 하버드 경영대학원의 연구[15]도 재택근무로 인해 분명한 생산성 증대 효과가 있다고 보고했다. 생산성이 가장 높은 시간대는 오전 열 시 반에서 오후 세 시 사이이고 요일은 화요일에서 목요일 사이였다.

　미국 근로자의 65%는 화상회의를 위한 인터넷 속도가 늦다고 생각했다. 재택근무자는 한 달에 평균 1.4일을 더 일하고 업무와 관련 없는 이야기는 30분 덜했다. 관리자와 이야기하는 시간도 평균 7%가 줄었다.

　물론 재택근무 후 생산성이 낮아졌다는 보고도 있다. 아시아 지역 IT 근로자 1만 명을 대상으로 코로나19 발발 전인 2019년 4월부터 코로나19가 유행한 2020년 8월까지 1년 4개월 동안 진행한 시카고대학교의 연구[16]를 보면 재택근무 시 전체 근무시간은 약 30%, 연장근로는 약 18% 증가했으나 성과는 별 차이가 없어 결과적으로 생산성이 20% 떨어졌다는 결론을 내렸다. 주요 원인은 재택근무를 하면서 화상회의 등 직원들과의 의사소통과 조율에 드는 시간이 늘어난 반면에 관리자의 코칭과 피드백 시간이 줄어든 탓으로 분석되었다.

재택근무 선호도를 보면 근로자는 확연히 재택근무를 선호한다는 것을 알 수가 있다. 호주 근로자에 대한 2022년 시스코의 연구[17]도 재택근무의 생산성에 대해 긍정적인 분석과 함께 재택근무에 대한 근로자들의 만족도를 보여준다. 호주 근로자의 66%는 재택근무로 생산성이 올라갔고 85%는 재택근무로 인해 행복감이 상승했다고 대답했다. 비용 효율성도 높다. 하루 평균 67분의 통근 시간과 연간 평균 1만 달러 정도의 통근 비용을 아꼈다. 40%의 구성원은 재택근무가 폐지될 경우 이직 의사가 있다고 대답했다. 이러한 경향은 고학력 지식근로자일수록 더욱 뚜렷했다. 하지만 여러 가지 개선할 점도 나타났다.

우리나라 근로자를 대상으로 한 여러 연구에서도 대체로 재택근무가 생산성에 큰 차이가 없다는 결론이다. 2021년 고용노동부에서 재택근무를 시행 중인 620개 기업을 대상으로 한 조사[18]를 보면 대상 기업의 55.5%는 코로나19에 대응하기 위해 재택근무를 시작했는데 전체적 인식은 '긍정적'이었다. 기업의 75.2%가 형태의 차이는 있지만 코로나19 이후에도 재택근무를 계속할 것이라 대답했다. 그들 중 72.3%는 그 이유로 생산성에 차이가 없기 때문이라고 대답했다. 코로나19 종식 후에는 재택근무를 중단할 것이라는 대답은 11.3%에 그쳤다.

재택근무는 기업의 고용에도 긍정적인 영향을 미쳐 2019년 이후 재택근무를 시행한 기업의 고용증가율이 2~3% 높게 나타났다. 2020~2021년 중 재택근무자의 임금상승률은 각각 11.8%, 8.2%인 반면에 비재택근무자는 각각 4.0%, 2.7%였다. 1년 후 취업 상태를 유지할 확률도 재택근무자가 86.0%, 비재택근무자가 74.9%로 재택근무자가 높았다. 재택근무자의 비중은 젊은 근로자이고 고학력일수록 높았다. 산업별로는 정보통신직(24.8%), 금융보험직(15.7%), 전문 과학기술직(14.1%)이 가장 높았고 숙박·음식(0.3%)과 보건복지(0.1%) 분야가 가장 낮은 것으로 나타났다.

거시경제적인 관점에서도 재택근무는 긍정적인 영향을 미치는 것으로 분석된다. 2022년 한국은행의 조사[19]에 따르면 사무실 근무의 생산성은 2021년 1분기에 2.89%, 2분기에 5.47% 하락한 반면에 재택근무의 생산성은 동기간 각각 4.34%, 1.01% 증가했다. 그리고 근로자의 70% 정도는 재택근무를 계속하기를 희망했다. 기업 입장에서도 재택근무는 대체로 긍정적인 평가를 받고 있다. 2020년 플렉스잡스Flexjobs의 조사[20]를 보면 미국 기업의 27%가 재택근무의 생산성이 '더 높다.'라고 응답했고 67%는 '차이가 없다.'라고 응답했고 6%는 '더 낮다.'라고 응답했다.

2020년 9월 고용노동부와 잡플래닛의 공동조사[21]에도 재택근무를 하는 우리나라 기업의 만족도가 67.2%로 상당히 높은 편으로 나타난다. 같은 조사를 보면 근로자의 만족도는 91.3%나 되어 훨씬 높다. 이 역시 다른 나라에서도 유사한 경향을 보인다. 적어도 환경이 갖추어져 있다면 대체로 재택근무의 생산성에는 큰 문제가 없다고 할 수 있다.

2022년 5월 사업체 620곳의 근로자 3,000명을 대상으로 한 한국노동연구원의 실태조사[22]에서도 재택근무의 효과를 긍정적으로 평가한다. 근로자의 31.4%, 기업의 45.5%가 재택근무의 생산성이 더 높다고 대답했다. 기업이 근로자보다 재택근무의 생산성이 더 높다고 인식하고 있는 점도 인상적이다. 또 재택근무의 단점으로 지적되는 업무 관련 지식의 공유나 협업도 의외로 재택근무가 높았다. 내가 근무하는 회사에서 직접 분석한 결과도 재택근무의 생산성에는 유의한 차이가 없었다.

비슷한 시기에 시스코가 전 세계 27개국의 2만 8,000명의 근로자를 대상으로 조사한 연구 결과[23]도 재택근무의 효과를 지지한다. 우리나라 근로자의 59%는 하이브리드형 재택근무를 통해 업무집중도가 향상되었고 49%는 생산성도 함께 개선되었다고 응답했다. 또 76%는 일과 삶의 균형이 향상되었고 85%는 장소에 구애받지 않고 근무했을 때 더 큰 행복을 느꼈다고 답했다. 66%는 하이브리드형 근무 형태로 스트레스가 줄어들었고 74%는 체력이 강화되었다고 답했다. 가족관계가 개선되었다고 답한 응답자도 65%나 되었다. 결론적으로 국내 응답자의 다수는 재택근무를 매우 긍정적으로 받아들이고 있다. 이에 따라 75%는 향후에도 사무실 근무와 재택근무를 결합한 하이브리드형 재택근무를 희망하는 것으로 나타났다.

반면 재택근무에 대해 회사의 준비가 매우 잘되어 있다는 응답자는 13%에 불과해 세계 전체 응답인 25%보다 현저히 낮았다. 또 응답자 70%는 안전한 재택근무를 위해서는 사이버 보안이 필수적이며 51%는 자신의 회사가 적절한 사이버 보안 역량과 프로토콜을 갖추고 있다고 인식했다. 비즈니스 리더의 54%도 사이버 보안의 위험을 잘 파악하고 있다고 답했다. 재택근무의 정착을 위해선 회사의 체계적인 준비가 좀 더 필요하다는 시사점을 주는 대목이다. 또 대다수의 연구결과가 재택근무의 생산성을 지지하고 있지만 생산성이나 협업에 문제가 생겨 전면 사무실 근무로 돌아가는 경우도 주목할 필요가 있다.

재택근무는 워킹맘들에게 더 친화적인 면이 있다. 통근에 대해서는 보통 여성이 남성에 비해 더 스트레스를 받는다.[24] 2009년 영국의 연구[25]를 보면 여성 근로자는 남성 근로자에 비해 통근으로 인해 4배나 많은 심리적 스트레스를 받는 것으로 나타났다. 하지만 재택근무의 환경이 열악하거나 가족의 협조가 없으면 오히려 재택근무가 여성 근로자에게 일과 가사에 대한 압박과 부담을 더 가중할 우려가 있는 점도 고려해야 한다.

2부

HR은 점점 더 중요하다

1장

HR은 기업 성장의 엔진이다

1.
단계별로 다르게 설계해야 한다

사람이 태어나서 성장하는 것처럼 기업도 창업 후 여러 단계의 성장 과정을 거친다. 그리고 기업의 성숙도와 성장 단계에 따라 조직역량을 집중하는 우선순위가 달라진다. 기술, 비즈니스 모델, 제품개발, 마케팅, 서비스, 물류체계 구축, 영업 등에 대한 중요성이 기업환경과 성장 패턴에 따라 다르기 때문이다. 그리고 운영상 부딪히는 다양한 문제의 종류와 심각성의 정도도 다르다.

1년에 최소 수십 퍼센트씩 성장하는 소위 'J곡선J-curve' 플랫폼 기업과 50년 된 제조업 기업의 우선순위는 다르다. 급속히 성장하는 플랫폼 기업도 기업규모가 커지고 직원 수가 20명일 때와 1,000명일 때는 아주 다르다. 이를테면 미국 아마존은 1994년 설립되어 그다음 해 첫 매출 51만 달러가 발생한 이후 매출액 4,698억 달러를 달성한 2021년까지 27년 동안 무려 92만 배 성장했다. 이 기간 아마존이 부딪혔던 HR 과제와 도전은 매년이 아니라 매월

달랐다. 또 기업의 성장 단계를 단순히 매출액과 직원 수로 구분하기도 쉽지 않다. 사업구조의 복잡성, 부가가치, 시장의 경쟁 상황 등 복합적인 요소가 영향을 미치기 때문이다.

그럼에도 불구하고 오랫동안 성장을 지속하는 기업들을 보면 어느 단계에 시작했든 예외 없이 탄탄한 조직문화와 체계적인 인사제도를 갖고 있다는 공통점이 발견된다. 기업의 지속적인 성장에서 HR이 중요한 역할을 하고 있다는 방증이다. 경영학자인 처칠Neil C. Churchill과 루이스Virginia L. Lewis는 경영 스타일, 조직구조, 경영체계의 확장, 주요 전략목표, 창업자의 사업 참여 정도를 기준으로 기업의 성장 과정을 5단계[1]로 구분했다. 이를 바탕으로 하여 HR과 기타 경영관리 상의 과제를 단계별로 살펴본다.

1단계: 초기창업 단계

창업 후 기업이 '존재'할 수 있는 기본적인 기반과 구조를 확보하는 단계다. 이 단계에서는 대개 비즈니스 모델 수립, 제품개발, 고객 확보, 서비스 제공이 기업의 당면 과제가 된다. 이를 위한 경영상 우선순위는 운영자금 조달, 제품, 서비스 제공이다. 조직이나 HR을 따질 여유나 필요성이 크지 않다. 비정규직을 포함한 모든 직원이 창업자에게 직접 보고하는 형태로 조직은 아직 단순하고 비체계적이며 직원 수는 창업자 자신을 포함하여 5명 이하인 경우가 많다. 제대로 된 사업계획과 시스템이 없거나 최소한이다. 창업자가 사업 그 자체이며 최우선 전략은 단순히 '존재하는 것'이다. 창업자가 사업의 방향, 실행, 투자금 유치, 영업 등 모든 중요 업무를 직접 처리한다.

사무실을 비롯한 근무환경도 충분치 않다. 회사의 비전은 아직 확실하지 않고 인재를 유치할 근로조건이나 자금도 부족해 직원은 대부분 창업자의 가족이나 친구다. 일부 단기간 비정규직 직원도 있다. HR 과제는 직원에게 급여를 제때 지급하는 것이 급선무다. '전반적인 행정업무를 총괄하는' 경리직원을 두거나 급여 처리는 회계업체에 의뢰한다. 채용할 직원은 창업자가 직접 설득해서 데려온다. 직원 수가 많지 않아 개별 구성원의 업무성과나 이슈를 창업자가 어렵지 않게 파악할 수 있다.

직원의 급여 등 근로조건도 그때그때 상황에 따라 창업자가 직접 책정한다. 사업의 초기 단계에서는 대부분의 중요한 문제를 창업자가 혼자 결정해야 할 경우가 많아 '고독하다'. 많은 창업자가 자금 부족이나 기타 어려움을 극복하지 못하고 이 단계에서 회사의 문을 닫거나 운이 좋은 경우 회사를 매각한다. 성공하는 사업가는 성공할 때까지 포기하지 않고 이러한 단계를 여러 번 반복하기도 한다.

2단계: 생존 단계

1단계에서 사업체가 하나의 기업으로서 존재 가능성을 보여주었다면 그다음은 생존 단계에 들어선다. 생존이라는 뜻은 생명체가 존재하는 원리와 마찬가지로 스스로의 유기적인 사업 활동을 통해 투입과 산출을 반복할 수 있는 단계를 말한다. 고객을 어느 정도 만족시킬 수 있는 제품이나 서비스를 충분히 확보하는 단계이다. 사업체가 단지 존재하는 차원을 넘어 매출과 비용을 고려한 수익모델과 더불어 기업의 생존 기반을 확보하는 것이 과제가 된다.

특히 아마존과 쿠팡 등 일부 플랫폼의 사례처럼 장기간 적자를 감수하면서도 방문객 수와 시장점유율을 높이면서 사업 인프라를 확장하는 전략을 펴는 경우도 있다. 이때는 초기부터 이러한 적자를 견딜 수 있는 자금의 확보 여부가 기업의 생존을 결정한다. 이른바 '죽음의 계곡Valley of Death'을 건너는 것이 최우선 순위가 된다. 하버드대학교의 곰퍼스Paul A. Gompers와 러너Josh Lerner 교수는 벤처기업 중 90%가 초창기 3년 이내에 재무적 어려움을 견디지 못하고 죽음의 계곡에서 사라진다고 발표했다.[2] 현금 유동성과 함께 사업구조상 지속 성장의 발판이 되는 자금과 인적자원을 확보하는 것이 필수적이다.

직원 수가 20명 정도를 넘어가면 창업자가 모든 구성원의 업무 현황을 직접 파악하거나 관리하기가 어려워진다. HR 관점에서 보면 조직은 아직 단순한 상태이나 구성원 간 갈등과 크고 작은 인사 관련 문제가 생기기 시작할 때다. 인재 채용과 체계적인 보상에 대한 요구가 늘어나고 스톡옵션을 인재 유치를 위한 보상 수단의 하나로 사용하기 시작한다. HR에 대한 다소 복잡한 이슈는 외부 전문가에게 자문하여 해결하고 아직 애매한 시점이긴 하지만 전담

HR 담당자를 두는 것을 적극적으로 고려할 수도 있다. 이때의 HR은 전문성은 다소 떨어져도 모든 HR 업무를 혼자서 다 할 수 있는 종합적인 역량을 지닌 제너럴리스트Generalist가 적당하다. 창업자가 이때 '좋은 HR'을 두면 보다 전략적인 업무에 우선순위를 집중할 수 있는 여유가 커진다.

그래서 첫 번째 HR은 '좋은 HR'을 두는 것이 매우 중요하다. 스스로 문제를 만드는 HR은 최악이다. 없는 편이 낫다. 조직이 성장하면서 보다 전문화되고 역량이 높은 HR을 기능별로 채용할 수도 있다. 현장에서는 구성원을 관리하는 소수의 중간 관리자가 필요해진다. 그들은 아직 직접 의사결정을 하지 못하고 대부분 창업자의 요구나 지시에 따라 업무를 진행한다. 이 단계에서도 창업자는 회사 자체를 의미한다. 창업자의 개인적인 가치와 철학을 강하게 반영한 조직문화의 색깔이 어떤 형태로든 나타나기 시작하는 시점이기도 하다.

프로세스에 대한 체계화는 아직 최소한의 단계이다. 재무 업무의 중심은 현금 유동성의 예측 정도다. 회사의 최우선 목표는 여전히 '생존'이다. 이 단계에서 회사는 규모나 수익성 면에서 어려움을 극복하고 다음 단계로 넘어가기도 하지만 많은 회사가 여전히 생존 단계에 머물면서 상당 기간 이를 벗어나기 위해 악전고투한다. 이 과정에서 일부 회사는 사라진다. 그리고 일부 창업자는 손해를 보고 사업을 넘기거나 물러난다.

3단계: 성공 단계

　기업의 지속 성장을 뒷받침할 수 있는 충분한 규모의 시장점유율과 탄탄한 경영적 건전성, 평균 이상의 수익성이나 부가가치를 확보하는 단계다. 사업환경의 변화가 급격하게 시장을 파괴하거나 혹은 경영진이 경쟁우위를 잃어버릴 정도로 중대한 실수를 되풀이하지 않는 한 생존을 걱정할 정도가 아닌 단계다. 조직은 기능별로 전문화되고 최고경영진C-Suits인 부서장이나 임원들이 창업자의 업무를 분야별로 넘겨받거나 가까이에서 의사결정을 돕는다.

　직원 수가 50~100명을 넘어가면서 HR을 전담할 인재를 채용하고 초기 단계의 HR 전담 부서를 설치해야 한다. 성과관리, 보상관리, 인재 채용, 고용주가치제안EVP, Employer Value Proposition, 조직 내 의사소통 체계, 구성원의 교육과 훈련, 직원 윤리규정, 산업안전, 대정부 관계, 노사관계, 인사정보시스템HRIS 등 체계적인 인사제도를 도입해야 하기 때문이다. 그중에서도 성과관리제도는 HR의 척추라 불릴 정도로 핵심적인 역할을 한다. 내 개인적인 경험으로 보아도 한 회사의 전체적인 인사제도를 설계할 때 가장 우선으로 고려해야 할 제도이다.

　이 시기에 HR의 전문화가 늦을수록 인적자원 관리에 비효율성이 커지고 관련 이슈가 급증한다. 그렇게 되면 나중에 지불해야 할 유무형의 비용이 증폭된다. 매년 수백 명의 직원이 늘어나는 등 성장 속도가 빠른 기업일수록 노사분규로 인한 집단적 노사관계 문제 등 다양한 HR 문제가 폭발적으로 발생한다. HR 부서도 전문화하고 체계화하여 회사의 지속 성장을 수용할 준비를 해야 한다. 단지 발생한 문제에 대한 해결책을 제공하는 역할에 그쳐서는 안 된다. 좋은 인재를 채용해서 유지하고 동기를 유발하고 몰입하게 하는 본연의 역할을 해야 한다. 필요에 따라 외부 전문가의 도움을 활용한다.

이 단계에서는 조직문화 정립도 중요한 과제 중의 하나다. 조직문화는 외부에 비치는 회사의 모습이기도 하지만 내부 구성원이 일상적인 업무를 수행하는 과정에서 필요한 행동의 준거를 제공한다. 재무적으로는 현금 유동성이 높고 대부분 재무지표가 건전하다. 초기 창업 멤버들은 역량에 따라 회사의 중요 포지션을 맡고 있거나 주식 가치의 상승으로 재무적 보상을 받게 된다. 이와 동시에 초기 창업 멤버와 외부에서 유치한 인재 사이에서 갈등도 심심찮게 나타난다. 창업자는 기존의 창업 멤버를 예우하는 한편 직무 책임을 부여할 때는 내외부 출신을 가리지 않고 역량에 따라 냉철하게 결정할 필요가 있다. 직원의 역량이 회사의 성장에 따른 책임과 역할을 따라가지 못하더라도 초기에 위험을 무릅쓰고 성장에 기여한 멤버들의 기여를 존중할 필요가 있다. 하지만 직무 책임에 관해서는 역량의 크기와 전문성이 기준이 되어야 한다.

이 단계에서 창업자는 2가지 유형으로 나뉜다. 첫 번째 유형은 가치가 상승한 회사에서 나와 다른 회사를 다시 창업하거나 전문 경영자에게 최고경영자의 역할을 이양하고 경영에는 최소한만 개입하면서 경영 외의 다른 분야로 관심을 전환한다. 두 번째 유형은 자신의 지분을 희석하면서 지속적으로 외부 투자를 유치해 회사의 파이를 키움으로써 한 단계 높은 다음 차원으로 성장한다. 많은 유니콘과 데카콘 기업의 창업자들이 두 번째 유형에 속한다. 이 경우 창업자 자신의 지분은 낮아져도 전체적인 파이의 크기와 회사의 가치는 올라간다. 이 과정에서 새로운 고용의 창출, 기술의 혁신, 산업 발전, 사회공헌이라는 선순환 구조가 만들어진다. 후자는 현재보다는 미래의 기회에 집중하면서 더 큰 포부와 전략으로 사업을 확장하고 새로운 사업적 도전을 계속한다. 창업자의 외형적인 역할에 상관없이 여전히 회사의 주요한 의사결정에 깊숙이 개입하면서 사업의 큰 줄기와 방향을 지휘한다.

4단계: 도약 단계

조직이 커지고 복잡해지면 의사결정이 느려진다. 이 단계의 기업이 맞닥뜨리는 가장 큰 과제는 경영의 효율성, 조직구조와 경영의 사결정에서의 통제와 분산화, 권한과 책임의 위임 문제다. 여기에는 창업자가 전문 경영자에게 얼마나 의사결정권을 위임하는가 하는 문제도 포함되어 있다. 회사 내 부서별 역할과 기능이 전문화됨에 따라 창업자와 회사는 상당 부분 분리되지만 창업자의 의사결정은 여전히 중요하다. 성장 속도가 빠른 기업은 당연히 직원 수도 급속히 늘어난다. 순식간에 수백 명에서 수천 명이 되기도 한다.

조직에서 인재의 자질과 역량은 기업의 지속적인 성공에 핵심적인 요소다. 기업에서 HR의 기본적인 역할은 인재를 유치하고 유지하는 것이다. 그러기 위해 이 단계에서는 HR 조직이 기능적으로 이미 체계화되고 전문화되어 있어야 한다. 동시에 HR의 역할은 행정적인 운영보다는 구성원의 동기유발, 몰입, HR 프로세스의 디지털화 등 조직 운영의 효율성을 높이는 데 더 초점을 맞추어야 한다. 관리자들의 역량과 리더십 향상도 중요하다. 더 나아가 HR은 새로운 사업이나 기존의 사업에 대한 변화를 위해 컨설팅 역할을 하는 소위 '전략적 비즈니스 파트너' 역할을 해야 한다.

5단계: 성숙 단계

성숙 단계에 들어서면 기업은 빠른 성장으로부터 얻은 재무적 성과를 안정화하는 것과 함께 조직의 관료화와 의사결정의 지연 등 기업이 외형적으로 커지면서 생겨날 수 있는 부작용을 견제해야 한다. 스타트업 시절의 장점이었던 창업가 정신을 유지하고 의사결정의 민첩성과 조직의 유연성을 보존하는 것이 과제가 된다. 시시때때로 조직의 건강도를 점검하고 비효율적인 요소는 제거하는 등 긴장을 풀어선 안 된다. 리스크를 회피하지 않고 혁신과 도전을 계속하는 조직문화를 장려하고 인재를 합리적으로 관리해야 한다. 전략적인 사업 계획과 함께 디지털 트랜스포메이션, 팬데믹 상황 등 내외부 사업환경의 변화를 자세히 모니터링하고 HR 차원에서 신속히 대응해야 한다. HR 조직은 HR과 각 사업 부문에 동시에 보고하는 매트릭스 형태가 보편적이다.

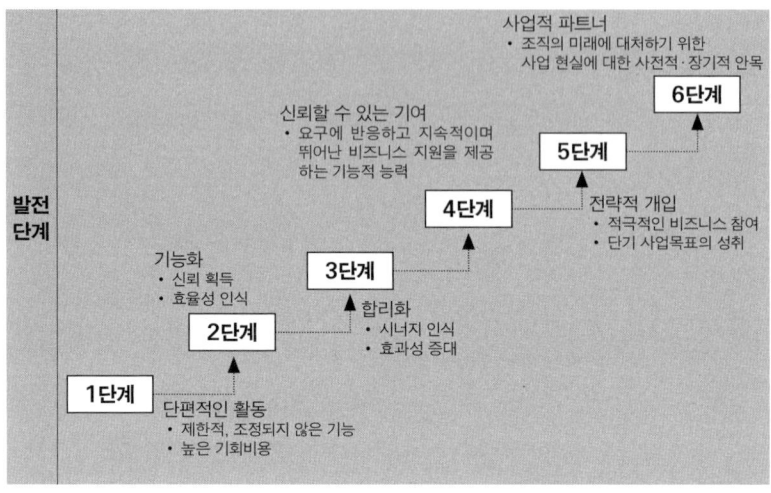

HR의 단계별 진화과정

　HR은 전략적 사업 파트너로서 조직의 전략적 사업 역량의 확보를 효율적으로 지원하고 노사관계적인 변수 등의 리스크가 사업에 미치는 영향을 최소화하여 경영진이 사업 본연의 임무에 집중할 수 있는 조직환경을 확보해야 한다. 위의 그림은 조직의 발전 수준에 따른 HR의 단계별 진화과정을 보여준다. 하지만 어느 단계든 조직에서 HR이 스타가 되는 것은 바람직하지 않다. HR이 스타가 된다는 것은 이미 조직에 커다란 문제가 발생했다는 뜻도 되기 때문이다. HR은 조직이 사업적으로는 역동적이면서도 노사관계적으로는 안정적인 균형을 이루도록 평소에 노력해야 한다.

　HR은 큰 맥락에서 조용하게 창업자나 최고경영자의 철학을 보좌하고 전문적인 역량을 바탕으로 회사가 추구하는 조직목표의 달성을 기술적으로 도와야 한다. 조직과 구성원에게 필요한 변화관리도 HR의 몫이다. 이 단계에서 변화에 대한 민첩성은 조직의 생존에 있어 필수적인 요소다. 그렇지 못한 기업은 성장이 정체되고 종국에는 화석화되어 역사의 뒤안길로 사라진다. 이를 위해서는 HR이 항상 '변화의 주도자'로서 변화에 대한 융통성을 발휘해야 한다.

2.
글로벌 스탠더드 기준으로 해야 한다

　1990년대 후반 국가적인 경제위기를 겪으며 점화된 우리나라의 낮은 노동생산성 문제는 국내 기업의 인사제도에 대해 근본적인 의문을 제기한다. 이에 따라 대기업을 중심으로 많은 기업이 성과주의를 지향하는 소위 '글로벌 스탠더드Global Standard'에 바탕을 둔 인사제도를 도입했다. 그러나 이 과정에서 우리나라 기업풍토에 글로벌 스탠더드가 맞는가 혹은 '한국적'인 것이 맞는가 하는 문제의 본질과는 다소 동떨어진 논쟁도 벌어졌다.

　하지만 기업을 우리나라에서 운영하기 때문에 '한국적' 인사제도가 필요하며 이것이 우리나라의 사정에 맞는다는 주장에는 동의하지 않는다. 한국적 인사제도란 말은 의미가 참 모호한 말이다. 한때 권위주의적 유신 정권이 '한국적 민주주의'를 주장한 적이 있었다. 민주주의면 민주주의이지 한국적 민주주의는 또 뭔가? 이는 제대로 된 민주주의가 아닌 것을 위장하려고 가져다 붙인 조어에 불과했다.

한국적인지 아닌지가 아니라 단지 인사제도가 합리적이고 효과적인지가 중요할 뿐이다. 합리적인 인사제도를 뭐라 지칭할지는 큰 문제가 아니다. 서로 다른 지역과 문화적 배경에도 불구하고 많은 글로벌 기업에서 보편적이고도 성공적으로 운영되고 있다면 글로벌 스탠더드적인 인사제도라고 할 수 있을 것이다. 많은 다국적 기업은 성과관리 등 주요 인사제도에서 공통된 제도를 글로벌적으로 운영한다. 그리고 많은 다국적 HR 컨설팅 회사가 우리나라에서 글로벌 스탠더드 제도를 전파하고 있다.

나도 HR 경력의 대부분을 소위 글로벌 스탠더드 HR을 운영하는 다국적 기업에서 쌓은 후 지금은 이미 대기업이 된 국내 스타트업에서 근무하고 있지만 조직문화나 인사제도 측면에서 한국적인 그 무엇이 특별히 필요하다고 느낀 적이 없다. 스타트업의 근무환경이나 조직문화가 다국적 기업의 문화와 비슷해서 오히려 편안함을 느낀다.

그러면 문화적 배경이나 지역적 특성은 인사제도에 영향을 미치는가? 당연히 영향을 미친다. 문화적 배경도 각종 제도의 시행과정에서 고려해야 할 중요한 요소임에는 틀림없다. 하지만 문화적 배경 때문에 뭔지는 몰라도 우리나라에서는 '한국적 제도'를 도입해야 하는 것은 아니다.

이 책에서 이야기하는 주제들도 글로벌 스탠더드에 바탕을 두었다. 글로벌 스탠더드를 서구적 제도일 뿐이라고 주장하는 사람들도 있다. 하지만 이는 산업화의 역사가 서구에서 시작되었고 그로 인해 많은 글로벌 기업과 근대 인사제도에 관한 연구가 미국을 비롯한 서구에 뿌리를 두고 있다는 것을 생각하면 자연스러운 것이다.

일례로 사회과학적인 관점에서 인간의 동기유발에 관한 메커니즘이 서구와 동양이 다르다면 사람들은 왜 미국이나 유럽 등 서구로 유학을 가는가? 산업화된 사회에서 인간에 대한 기본적인 동기유발 요인은 지역이나 문화적 배경에 상관없이 대체로 크게 다르지 않다. 이는 경영 관련 학문이 사회과학적으로도 보편성을 갖는 이유이기도 하다.

내가 다국적 기업에서 여러 나라 사람과 오랫동안 같이 일해본 경험도 이와 별반 다르지 않다. 나의 상사, 동료, 부하직원의 국적과 문화적 배경이 서로 달라도 특별히 의식하거나 인사제도 운영에 문제가 발생한 적이 없었다. 만일 그렇지 않다면 그동안 이루어진 사회과학적인 모든 연구는 무의미해진다. 연구는 나라별 혹은 문화권역별로 이루어져야 한다.

오래전에 우리나라에 진출해 회사 설립 초기부터 글로벌 스탠더드에 기반을 둔 인사제도를 효과적으로 운영해오는 많은 다국적 기업의 사례도 이를 증명한다. 하지만 아무리 합리적인 제도라도 어떻게 운영하느냐 하는 것은 별개의 문제다. 어떤 제도든 본질과 맥락을 이해하고 제대로 운영해야 한다. 제대로 설계되지 않은 제도를 변명하기 위해 종종 '한국적' 인사제도라고 갖다 붙이는 경우도 있다. 물론 애초부터 절대적으로 옳은 제도란 없다. 기술의 발전, 산업적 특성, 사업환경의 변화에 따라 유효한 인사제도나 글로벌 스탠더드가 바뀐다.

상대평가 혹은 평가등급의 완전 폐지에 이은 평가등급의 부활 등 최근의 인사고과제도에 대한 흐름도 이러한 사례의 하나다. HR이 유행에 민감할 필요는 없지만 변화의 추세를 읽고 이를 제도나 운영과정에 유연하게 반영해야 할 필요는 있다. 이를테면 우리나라를 비롯한 동양 사람들은 서구와 비교해 복리후생제도를 중시하는 경향이 있다. 다국적 기업의 사례를 보면 동일한 성과관리·보상제도를 운영하는 경우에도 아시아 국가들에서는 전체 보상액 중 복리후생의 비중이 높게 설계된다.

그렇지만 제도의 근간은 모든 나라가 동일하다. 심지어 관련 양식까지 동일하다. 스파게티를 애초의 조리법대로 조리하고 피클 대신 김치를 반찬으로 먹는다고 해보자. 우리는 스파게티 요리를 먹는다고 할 수 있다. 그러나 한국적 상황을 고려한다고 해서 국수를 된장으로 버무려 정체불명의 음식을 만들어놓고 스파게티를 먹는다고 해서는 안 된다. 또 인사는 실천 학문이기도 하다. 실제 기업 운영에 적용하기 어려운 추상적이고 탁상공론적인 이론을 섣불리 현장에서 시험해서도 안 된다. 그렇게 하기에는 기업과 근로자들이 지불해야 할 시행착오에 대한 대가가 너무 크다.

내가 컨설팅 회사를 운영할 당시 소송 중인 고객이 증인으로 참석해 줄 것을 요구했다. 배경을 알아보니 예전에 어떤 컨설팅 회사가 설계해준 인사고과제도에 문제가 발생했다. 전체 구성원에 대한 성과평가를 3개월마다 했는데 평가 한 번에 2주 이상 불필요한 시간이 들자 구성원과 관리자들이 크게 반발했다고 한다. 이에 고객이 컨설팅 계약의 잔금 지급을 거부해서 제기된 소송이었다. 인사제도의 옳고 그름을 법원에서 증언할 성격의 문제는 아니라서 수락하지는 않았다. 하지만 고객의 사정은 충분히 이해할 수 있었다.

사정에 따라서는 때때로 새로운 제도를 획기적으로 도입할 필요도 있지만 검증되지 않은 인사제도를 함부로 운영하기에는 수반되는 비용과 위험성이 너무 크다. HR을 연구하는 학자나 컨설턴트가 현장을 제대로 알아야 하는 이유다. 반면 HR 담당자들도 조직개발이나 동기유발 이론 등 체계적인 공부를 해야 할 필요가 있다. 문제가 있거나 비합리적인 제도를 단지 지금 시행하고 있고 또 옛날부터 해왔다는 이유만으로 계속 운영하는 경우도 많다. 어떤 일을 하는 데는 맥락이 중요하다. 맥락을 알게 되면 무엇을 왜 해야 하는지를 알게 된다. 왜 해야 하는지를 알게 되면 접근법이 하나가 아니라는 것을 알게 되고 유연성이 생긴다.

2장

기업의 DNA인 조직문화가 중요하다

1.
조직문화가 좋아야 조직성과가 나온다

상황 #1

러시아에서 발생한 내전을 틈타 구소련의 강경파 군부 지도자 라첸코는 일부 핵미사일의 통제권을 장악한 뒤 미국 본토를 겨냥하는 제3차 세계대전 시나리오를 행동에 옮기려고 한다. 이에 따라 미국 국방성은 라첸코가 핵미사일 암호를 수중에 넣기 전에 그가 전쟁 의지를 포기하도록 제압해야 하는 위기에 빠진다.

한편 미국 핵잠수함 앨라배마호의 함장 프랭크 램지 대령은 이 사태에 대응하기 위해 러시아의 핵미사일 기지 근해로 접근하던 중 어뢰 공격을 받게 된다. 프랭크 램지 함장은 25년간 해군에 복무한 백전노장으로서 엄격하고 수직적인 명령체계에 익숙한 구세대 지휘관이다. 그는 미군은 민주주의의 수호자이지 실천자는 아니라고 주장하는 약간은 권위주의적이고 고루한 타입이다. 러시아의 어뢰 공격을 가까스로 피한 앨라배마호에는 라첸코의 동향에 따라 러시아 기지를 선제 타격하기 위해 사령부로부터 핵미사일 발사를 위한 단계적인 명령이 하달되기 시작한다. 핵미사일 발사 명령이 단계적으로 수행되던 중 최종 발사 명령을 남겨두고 예기치 않은 통신장애가 발생한다.

앨라배마호의 부함장은 다섯 살배기 딸을 둔 헌터 소령이다. 흑인인 헌터 소령은 젊고 유능하며 일류대학에서 교육을 받고 박사학위까지 받은 신세대 지휘관이다. 그는 군은 전쟁을 막기 위해 존재한다는 믿음과 정확한 정보에 따라 행동하는 실질적이고 탈권위적인 리더십을 갖고 있다. 통신이 끊기자 램지 함장은 직권으로 핵미사일 발사를 명령한다. 하지만 헌터 소령은 국방성의 명령을 확인하지 않고 미사일을 발사하면 제3차 세계대전이 일어날 수 있다고 판단한다. 이에 헌터는 함장과 부함장이 동시에 동의해야만 핵미사일을 발사할 수 있다는 규정을 들어 미사일 발사를 고집하는 상관인 램지 함장의 명령을 거부했다. 그리고 무력을 동원하여 램지 함장의 지휘권을 박탈하고 감금한 후 앨라배마호를 직접 지휘한다.

상황 #2

한국 시각 밤 8시 22분 대한항공 801편 보잉747 여객기가 예정 이륙시간보다 15분 늦게 한국의 김포공항을 떠났다. 태평양상에 있는 괌을 향해 출발하여 4시간을 비행한 후 착륙 예정 시간 30분 전인 괌 시간 오전 1시 13분에 순항 고도 4만 1,000피트 상공에서 2,600피트로 하강한다고 관제소에 보고하고 하강을 시작한다. 그 시간 괌의 안토니오 B. 원팻 국제공항에는 심한 폭우가 내리고 있었다. 801편은 관제소로부터 활공각 지시기(글라이더 슬로프)가 고장이라 현재 사용이 불가능하다는 통보를 받는다. 그러나 글라이드 슬로프가 작동하지 않는다고 해도 다른 보조기기가 많아서 일반적으로 착륙에 큰 지장을 받지는 않는다.

악천후 속에서 착륙 준비를 진행하면서 세찬 비구름을 뚫고 구름층을 내려온 801편의 조종실에는 기장과 부기장 그리고 기관사가 전방을 주시하고 있었다. 오전 1시 31분 17초 먼저 기관사가 멀리서 반짝이는 괌 공항의 불빛을 발견했다. 이어 부기장이 관제소에 다시 보고하고 6번 활주로 왼쪽으로 레이더 유도를 요청한다. 그리고 비행기는 괌 공항을 향해서 고도를 낮추기 시작했다. 대한항공 801편의 기장은 공군에서 2,884시간의 비행경력을 쌓은 후 예편했다. 대한항공에서만 6,048시간의 점보기 비행경력을 쌓아 총 비행시간이 8,933시간이나 되는 42세의 입사 10년 차 베테랑 조종사였다. 그는 이 비행 몇 개월 전 고장 난 점보기를 저고도에서 잘 대처하여 회사로부터 안전 운행 표창을 받은 적도 있었다. 자존심이 아주 강한 성격으로 괌까지는 이미 9번의 운행경력이 있었다.

그로부터 4분여 뒤인 오전 1시 35분 29초에 부기장이 고장 난 것으로 알고 있던 글라이드 슬로프 신호를 발견하고는 혼잣말을 한다. "글라이드 슬로프가 왜 나오지?" 801편의 부기장은 40세로 입사한 지 3년 반이 지났고 역시 공군 조종사 출신으로 공군에서 쌓은 2,276시간을 포함해 총 4,066시간의 비행시간을 갖고 있었다. 조종실에 같이 있던 항공기관사는 당시 57세로 공군에서 항법사로 복무한 뒤 입사하여 보잉 747기 경력만 1,573시간에 이르며 총 비행시간 1만 3,065시간에 대한항공 경력만 18년이나 되는 경험 많은 기관사였다.

예기치 않은 글라이드 슬로프 신호를 포착한 부기장이 관제소에 이를 알렸다. 관제소는 글라이드 슬로프가 현재 사용 불가라는 점을 다시 한번 확인한다. 착륙 바퀴가 이미 내려진 상황에서 801편은 전방위 무선지표소VOR 신호를 포착한 후 거리 무선측정장치DME를 사용하여 지상으로 접근했다. 이 과정에서 801편은 고도 확인 절차와 규정 고도를 무시했다. 새벽 1시 41분 42초 지상충돌 경보장치GPWS가 고도 1,000피트를 경고한다.

이때 801편은 3.21킬로미터 떨어져 있는 전방위 무선지표소를 향하여 일직선으로 접근하고 있었다. 하지만 괌 공항의 전방위 무선지표소는 활주로에서 5.31킬로미터 떨어진 야산인 니미츠 힐 중턱에 위치하고 있었다. 기장은 전방위 무선지표소가 활주로에 위치하고 있지 않다는 사실을 이미 알고 있었던 것으로 나중에 밝혀졌다. 그런데 기장은 어찌 된 셈인지 칠흑 같은 어둠 속에서 무선지표소를 향해 접근을 계속했다. 새벽 1시 42분 14초에 지상충돌 경보장치가 최저고도를 경보한다. 이때 지면과의 거리는 고작 90미터 정도였다. 조종실에서는 여전히 활주로가 보이지 않는 상태였다.

새벽 1시 42분 19초 지면과의 거리 약 60미터 상공에서 지상충돌경보장치의 급강하 경보를 듣고 부기장이 드디어 기장에게 착륙 포기를 건의한다. 하지만 기장은 이를 받아들이지 않았다. 3초 후인 1시 42분 22초 부기장이 다시 한번 착륙 포기를 건의한다. 그러나 2차례에 걸친 부기장의 착륙 포기 건의에도 불구하고 기장은 여전히 즉각적인 조치를 하지 않았다.

새벽 1시 42분 23초 기관사가 다시 한번 건의하자 기장은 그제야 착륙을 포기하고 엔진출력을 올려 기체를 상승시킨다. 이때는 이미 지상충돌경보장치가 최저경보를 울린 뒤 9초가 지난 시점이었다. 그러나 새벽 1시 42분 24초 지상충돌경보장치가 지상 10미터를 경보하는 것을 마지막으로 1초 후인 새벽 1시 42분 25초에 801편은 기수가 8도 정도 들린 채로 착륙바퀴가 도로변 송유관을 치면서 기체가 니미츠 힐 중턱에 추락했다. 약 3미터 정도의 여유만 있었어도 충돌을 면하고 상승할 수 있는 거리였다. 3미터면 약 0.01초가 안 되는 정도의 시간이다. 이 사고로 총 탑승 인원 254명 중 225명이 사망했다.

우리는 이러한 2가지 상황을 보면서 긴박한 상황 속에서 나타나는 리더십의 스타일과 또 중요한 의사결정과정에서 작용하는 리더십과 팔로우십 사이의 역학관계를 파악할 수 있다. 첫 번째 상황은 토니 스콧이 감독하고 덴절 워싱턴과 진 해크먼이 각각 헌터 소령 역과 램지 함장 역을 맡아 출연한 1995년 개봉작 「크림슨 타이드」에서 일어나는 상황이다. 두 번째 상황은 1997년 8월 6일 괌에서 일어난 대한항공 801편의 추락사고를 각종 기록과 자료를 바탕으로 내가 재구성한 사실 기록이다. 첫 번째 상황에서 헌터 소령은 핵전쟁이 일어날 수도 있는 중요한 상황에서 함장이 잘못된 결정을 내렸다고 판단하고 바꾸도록 건의한다. 하지만 함장이 이를 수용하지 않자 규정을 들어 지휘권을 박탈하고 대신 스스로 지휘권을 행사함으로써 잘못 내렸다고 생각하는 결정을 바꾼다. 사실 여기서 내가 주목하는 것은 누가 옳으냐의 문제보다는 부하직원으로서 상관이 잘못된 명령을 내렸다고 판단될 때 거부하고 그 결정을 바꾸기 위해 적극적으로 개입하는 조직문화다.

조직문화란 하루아침에 간단하게 생성되는 것이 아니다. 아무리 규정에 있다고 하지만 스스로의 판단만으로 물리력을 동원해 상관의 지휘권을 박탈하고 감금한다는 것은 잘못되었을 때 하극상 등 중죄로 처벌받을 수 있는 위험한 행동이다. 그럼에도 이러한 행동을 하는 것은 개인적인 특성을 넘어 가치, 철학, 교육 등으로 오랜 기간 축적된 조직문화가 뒷받침되기에 가능한 것이다.

조지 패튼 장군은 제2차 세계대전 중 미국 야전군을 지휘하면서 전쟁의 승리에 혁혁한 공을 세웠다. 하지만 그런 그도 전시상황에서 전쟁 공포증으로 병원에 입원한 병사를 지휘봉으로 구타했다는 사유로 사단 전체 장병들 앞에서 공개 사과를 해야 했다. 이를 상기하면 영화 속에서 나타나는 조직문화의 영향이 허구만은 아니라는 생각도 든다. 참고로 영화에서는 통신두절 중 러시아의 반란이 제압되어 앨라배마호의 발사 명령이 취소된 것으로 나중에 확인됨에 따라 헌터 소령의 결정이 옳은 것으로 밝혀진다.

이에 반해 대한항공 801편 추락사고 당시 조종실 상황은 앨라배마호와는 정반대였다. 대한항공 801편의 기장은 이미 많은 비행 경험이 있고 매우 어려운 비행을 성공한 바 있는 자존심이 강한 엘리트 조종사였다. 부기장도 이미 비행시간 4,000시간을 넘긴 상당한 경험이 있었다. 그런데 문제는 부기장은 회사에서도 기장의 후배였지만 공군에 재직할 시에도 직속 후배였고 거기에다 나이도 어렸다. 기장, 부기장, 기관사가 모두 군 출신이었다.

결정적인 순간은 충돌 3초 전인 사고 당일 새벽 1시 42분 22초경이었다. 기장이 부기장의 두 번째 착륙 건의를 받아들이지 않았을 때 부기장은 기장을 무시하고 상승 조종간을 잡아당겼어야 했다. 「크림슨 타이드」에서 헌터 소령은 그렇게 했지만 801편의 부기장은 그렇게 하지 못했다. 이것이 사고를 막은 것과 막지 못한 것의 차이다. 이는 곧 조직문화의 차이다. 부기장은 위계질서가 엄격한 회사의 조직문화에서 그것도 군 선배인 상관을 정면으로 거역하지 못했다.

항공사고와 조직문화와의 상관관계에 관한 연구는 많다. 말콤 글래드웰은 저서 『아웃라이어』에서 조직성과의 핵심적인 요소의 하나로 조직문화를 지적하면서 대한항공 801편 사고와 연료 부족으로 추락한 콜롬비아 국적의 아비앙카항공 52편의 예를 들고 있다. 1975~1997년까지 우리나라에서 일어난 46건의 항공사고 중 조종사 과실로 판명 난 것은 36건으로 그 비율이 78.3%나 된다.[1] 세계 평균은 64.4%다. 100만 비행 횟수당 조종사 과실에 의한 사고 건수를 보면 북미 1.3회, 유럽 2.7회, 중동 2.1회, 남미 4회, 아시아 5.9회로 유교적인 문화, 전통, 권위주의적 서열 의식이 강한 문화를 가진 아시아 지역 조종사들의 사고 건수가 가장 높은 것을 알 수 있다.

남미 지역 조종사들에서 같은 유형의 사고 비율이 높은 이유가 비슷한 이유로 연구되고 있다. 사회학자 헤이르트 홉스테드Geert Hofstede가 개발한 권력간격지수PDI, Power Distance Index*를 이용해 전 세계 조종사들을 측정한 연구[2]를 보면 1위는 브라질, 2위 한국, 3위 모로코, 4위 멕시코, 5위 필리핀으로 항공사고에서 조종사 과실 비율이 높은 나라의 순서와 대체로 일치한다.

대한항공은 이러한 상관관계를 인식하고 적극적인 조직문화 개혁에 나서 최근에는 상당히 개선된 것으로 알려지고 있다. 신선한 오이를 보관하려면 신선한 통이 필요하다. 식초통에서 오이가 피클이 되지 않을 것을 기대하는 것은 무리다. 통이 곧 조직문화다. 사실 조직문화는 항공사고의 예를 넘어 모든 조직의 성과에 직접적인 영향을 미친다.

캐나다 오타와대학교의 케네드 데슨Kenneth Desson 교수는 조직문화를 "외부적 적응과 내부적 통합의 문제를 해결하는 과정에서 조직이 학습하고 공유하는 기본적인 해결방안에 대한 패턴이다."라고 했다.[3] 이는 조직문화가 조직에서 생기는 모든 대내외적인 문제를 해결하는 데 기본적인 열쇠를 쥐고 있다는 것을 의미한다. 조직성과는 그중에서도 모든 것을 대표하는 요소다. 조직문화는 조

---

* 하급자가 상급자의 의견에 동의하지 않음에도 두려움 때문에 이를 드러내지 않는 정도

직 미션의 공유를 비롯해 조직의 모든 계층에서 일어나는 의사결정의 방향을 제시하는 기업가치, 경영철학, 경영진의 리더십 스타일, 부하직원과 동료와 상사와의 관계에 대한 구성원의 사고방식, 일상적인 업무태도 등을 모두 포함한다.

이에 따라 올바른 조직문화는 조직 구성원이 올바른 결정을 내리도록 돕고 올바른 행동을 하도록 유도한다. 또 개인과 부서 혹은 조직 사이에서 균형을 이루고 책임감을 느끼게 한다. 더 나아가 업무를 효과적으로 수행하도록 돕고 변화에 대한 구성원의 수용도를 높인다. 이러한 상호작용은 결국 조직성과를 높이는 데 직접적으로 관여한다.

조직문화는 한번 형성되면 변화하기가 매우 어렵다. 특히 조직문화가 형성되기 시작하는 창업 초기에는 창업자의 가치관과 경영철학이 조직문화에 강한 영향을 미친다. 그래서 스타트업과 같은 젊은 조직은 초기부터 올바른 조직문화를 체계적으로 정립해나가는 것이 중요하다. 이러한 과정에서 조직의 성과를 관리하는 HR의 책임은 막중하다. HR은 최고경영자의 생각과 경영철학을 공유하고 이러한 철학이 바람직한 조직문화로 정착될 수 있도록 전문적으로 지원해야 한다.

구글, 넷플릭스, 아마존 같은 스타트업이 독특하면서도 창의적인 조직문화를 가진 것도 창업 초기부터 조직문화의 중요성을 인식하고 체계적으로 접근했기 때문이다. 우리나라에서는 '송파구에서 일을 더 잘하는 11가지 방법'[4]으로 유명한 우아한형제들의 조직문화가 대표적인 사례로 꼽힌다. 조직문화에 대한 구성원들의 이해와 실천은 우아한형제들의 구성원 성과평가에 있어 업무성과와 함께 2가지 중요한 요소 중 하나이다. 조직문화는 액자에 걸려있는 핵심가치만으로 만들어지지 않는다. 구성원들의 일상 업무 과정에 스며들어야 한다.

조직문화의 변화를 시도하는 조직이라면 HR은 기꺼이 변화관리자Chanage Agent의 역할을 맡아야 한다. 필립 코틀러에 따르면 조직문화는 7단계의 변화를 거친다. 1단계, 바람직한 조직문화를 정의한다. 2단계, 스토리를 만든다. 3단계, 전략적 주안점을 결정한다. 4단계, 작은 성공을 찾아낸다. 5단계, 측정 요소를 개발한다. 6단계, 구성원과 공유하고 상징성을 만든다. 7단계, 변화를 지속하기 위한 관리층의 리더십을 개발한다. 이러한 7단계 변화과정 대부분에서 사람을 관리하는 HR은 변화의 주도자가 되어야 한다. 조직문화는 결국 사람이 만들기 때문이다.

2.
좋은 조직문화를
어떻게 구축할 것인가

　양쪽 입구에서 파고 들어가 중간에서 산을 관통하여 터널을 건설하는 공사가 있다. 한 기업은 시공에 들어가기 전부터 도상에서 자세히 계획을 세우고 현장을 방문하여 측량한다. 그리고 헬기를 띄워 공중에서 한 번 더 체크한다. 그러고도 모자라 또다시 컴퓨터 시뮬레이션을 여러 번 거친 후 할까 말까 망설이다 드디어 착공한다. 시간은 좀 걸렸지만 원래 계획대로 아주 훌륭한 터널이 완공되었다.
　다른 기업이 똑같은 터널 공사의 과제를 받았다. 그러나 이 기업은 접근방법이 시작부터 다르다. 우선 망설이지 않고 무조건 공사를 하겠다고 한다. 그런 다음 공사 장비와 인부부터 데리고 현장으로 간다. 그리고 바로 공사를 시작한다. 예상보다 엄청나게 공기를 단축하여 조기에 공사를 완료했다. 그런데 원래 계획과는 달리 양쪽에서 파고 들어간 지점이 어긋나 중간에서 서로 만나지 않았다.

그러다 보니 각자 끝에서 끝까지 파고 들어간 다음 결국 터널이 두 개가 만들어졌다. 하지만 이 기업에선 큰 문제가 아니다. 원래는 터널을 하나만 만들기로 했지만 결과적으로 두 개가 생겼으니 나쁘지 않다는 것이다.

각자 우리나라를 대표하면서도 다른 어느 두 기업의 조직문화를 빗댄 우스갯소리다. 조직은 공통의 목표 아래 여러 개인이 모인 집합체다. 그래서 단순히 산술적으로 본다면 개인이 가진 역량을 모두 합치면 조직의 총역량이 되겠지만 조직성과 측면에서는 진실이 아니다. 개인 역량이 어떠하든 때론 조직성과의 총합이 산술적 총합을 초과하기도 하고 때론 훨씬 못 미치기도 한다. 개인 역량이 뛰어난 우수한 선수로 구성된 연봉 최고액의 스포츠팀이 기량이 떨어지는 꼴찌 팀에 질 수도 있다. 여러 가지 이유가 있겠지만 가장 중요한 요인 중의 하나가 조직문화다.

어느 조직이든 독특한 조직문화가 있다. 조직문화란 구성원이 조직 내에서 어떻게 행동할지 준거로 삼는 공유된 목표, 가치, 믿음, 상식, 관행 등 각 구성원이 서로 영향을 미치고 때론 행동을 강제하는 눈에 보이지 않는 힘을 말한다. 이는 조직의 구성원에 대한 기대와 구성원의 조직에 대한 기대, 경험, 철학을 비롯하여 옷을 어떻게 입는지, 출근이나 회의에는 가끔 늦어도 되는지 등 직무를 수행하는 구성원의 사소한 행동까지 경계를 정하고 통제한다. 또 이러한 내부적인 방식에서 더 나아가 사회라는 큰 틀에서 조직의 독자적인 이미지를 구성하고 외부 세계와 교류하는 데에도 또 다른 준거와 평가를 제공한다.

어떤 회사에서 직원이 출근할 때 반려동물을 데리고 왔다고 하자. 아직 우리나라 대부분의 회사에서는 난리가 날 것이고 심지어 일부 회사는 직원을 징계하자고 할지도 모른다. 미국의 혁신기업 중 하나로 꼽히는 세일즈포스닷컴과 보아테크놀로지는 직원들이 반려동물을 데리고 출근할 수 있다. 그러면 출근 시 반려동물을 데려오는 것을 허용하지 않는 다른 모든 회사는 잘못하고 있는 것일까? 물론 반려동물을 회사에 데려오지 못 하게 하고도 얼마든지 성공적인 조직문화를 만들 수 있을 것이다.

이 두 회사는 높은 성장률을 기록하고 일하기 좋은 직장으로 뽑히는 등 회사를 성공적으로 운영하고 있다. 그러다 보니 반려동물을 회사로 데려오는, 아직은 좀 특이한 조직문화가 조명받는 점도 있다. 하지만 외형적으로 나타나는 특이한 몇 가지 근로조건이나 복리후생제도는 조직문화의 본질이 아니다.

한때 우리나라에서 공격적인 마케팅과 광고로 반짝 돌풍을 일으켰다 사라진 한 컴퓨터 조립생산 기업이 특이한 인사제도로 화제에 오른 적이 있었다. 실적에 따라 신입사원이 어느 날 갑자기 과장이 되는 것까진 좋은데 실적이 나쁘면 어느 날 갑자기 평사원으로 좌천되어 화장실 청소를 해야 했다. 실적에 따른 파격적인 승진제도야 높이 살 수도 있겠지만 파격적인 좌천과 화장실 청소가 어떻게 직원들에게 동기를 유발하고 또 여기에서 어떤 의미 있는 경영철학을 발견할 수 있을지 의문이다. 회사의 최고경영자가 독선적이고 직원을 존중하지 않는 조직문화 사례로 기록될 뿐이다.

회사의 조직문화에서 가장 기본적인 문제는 어떠한 공유된 철학과 가치와 믿음을 갖고 있느냐 하는 맥락이 문제다. 두 기업이 반려동물을 허용하는 배경에는 직원의 동기유발과 조직성과를 위해서 과감히 관행을 타파하고 혁신을 추구하는 회사의 철학을 바탕으로 하고 있다. 실제로 직원들이 반려동물을 집에 두고 신경이 쓰여 생산성이 떨어질 것을 우려한 것도 한 이유라고 한다. 그렇다면 올바른 조직문화는 어떻게 정의할 수 있는가? 사실 기업은 각각 고유한 전통과 배경을 갖고 있어서 획일적으로 올바른 조직문화가 무엇이라고 정의하기는 어렵다. 단지 좋은 조직문화가 있을 뿐이다.

좋은 조직문화를 갖고 있다고 평가받는 대부분의 선진 기업이 공통으로 지향하는 몇 가지 대표적인 가치가 있다. 사람에 대한 존중 정신과 윤리성이다. 이 2가지 가치는 명시를 하든 그렇지 않든 좋은 조직문화를 구성하는 데 가장 중요한 요소이다. 또 다른 요소는 조직성과다. 아무리 좋은 가치를 지니고 있다 할지라도 조직이 존재하는 본질인 조직성과가 저조하다면 좋은 조직문화라고 하기 어렵다. 조직성과는 대부분 직원의 동기유발과 몰입에서 나온다. 직원의 동기를 일으켜 몰입을 극대화할 수 있는 조직문화는 좋은 조직문화다. 직원의 동기를 불러일으키는 대표적인 요소는 직원에 대한 배려, 회사의 경영시스템, 의사결정 체계와 위임의 정도, 관리자의 리더십 역량을 꼽을 수 있다. 하지만 이마저도 앞서 기본적인 가치와 철학에 서로 맞물려 있다.

그럼에도 불구하고 이러한 좋은 기업가치와 경영철학을 가지고 있었고 또 한때는 초우량기업으로까지 불리던 많은 성공적인 기업들이 조직성과의 저조로 인해 큰 어려움을 겪고 있거나 역사의 뒤

안길로 사라진 이유는 무엇일까? 이는 좋은 조직문화를 가진 기업도 시간이 지남에 따라 문화의 DNA가 변질되거나 그동안의 성공으로 인해 나태해지고 혁신과 변화에 둔감해져 긴박감을 잃기 때문이다.

야후의 CEO였던 머리사 마이어가 처음 부임한 후 취했던 전격적인 재택근무 중단이 한때 화제가 된 적이 있었다. 그녀가 구글에서 근무할 땐 늘 주차할 곳이 없어 애를 먹었다. 야후에서 일하면서 근무시간 중에도 텅텅 빈 주차장을 보고 재택근무나 외근을 핑계로 오후만 되면 직원들이 회사를 빠져나가는 것을 알게 되었다. 심지어 재택근무를 하면서 창업을 준비하는 직원이 있을 정도로 도덕적 해이도 만연했다. 이러한 현상을 목표 의식도 사기도 없고 관료주의만 팽배한 '야후병'이라고 판단한 것이 그녀가 재택근무제를 폐지한 직접적인 이유였다.

많은 기업이 외형적으로 성장하고 조직이 커지면서 창업 초기 성공의 뒷받침이 되었던 조직문화와 혁신성을 잃어간다. 그중 대표적인 것이 관료주의의 팽배, 변화에 대한 실기, 혁신의 중단이다. 소위 '성공의 저주'다. 이러한 조직문화의 덫에 걸렸던 대표적인 초우량기업의 사례가 GM, GE, IBM, 모토로라, 노키아, 코닥 등이다.

이 중 GE와 IBM은 강력한 CEO가 부임하여 회사의 조직문화를 완전히 일신하면서 부활해 100년 이상의 역사를 계속 써 내려가고 있다. 좋은 조직문화를 갖고 있고 현재의 모바일 시대를 창조했던 모토로라는 기업이 분할되었다. 한때 휴대폰 업계의 강자였던 노키아와 필름 업계 1위였던 코닥은 회사가 사라지거나 이름만 남았다. 기업의 조직문화는 다음의 4가지 측면을 살펴보면 그 실체가 어느 정도 보인다.

① 사업을 하는 방식, 직원과 고객을 대우하는 방식, 사회에서 활동하는 방식
② 의사결정 시 위임의 정도, 새로운 아이디어를 제안하고 개인적인 의견을 말할 수 있는 분위기
③ 조직체계 내에서 권력의 구조와 정보의 흐름
④ 공동목표에 대한 구성원의 주인의식

이러한 요소들은 조직의 생산성과 성과, 고객에 대한 배려와 서비스, 제품혁신, 제품의 질과 안전, 직원들의 근태와 나아가 환경, 조세 등 사회적인 책임 문제까지 영향을 미친다.

좋은 기업문화란 창조하기도 쉽지 않지만 유지하기도 어렵다. 조직문화 전문가 존 칠드러스John R. Childress는 전략의 70%는 실패하는데 대개 실행력의 문제다. 실행력의 저해요인 중 상당 부분이 조직문화와 관련이 있다고 했다.[5] 성공적인 기업이 실패하는 핵심적인 이유가 여기에 있는 것이다.

스티브 잡스 사후에도 좋은 실적을 보이는 애플은 노동강도가 높은데다 일하기 좋은 회사로서는 크게 평가받지 못하지만 실행력에서는 최강의 조직문화를 갖고 있다. 실행력은 애플 조직문화의 핵심이다. 다만 직원의 웰빙(행복)과 조직성과라는 2가지 과제

를 함께 달성하는 보다 심층적인 고민은 더 필요해 보인다. 기업의 성과는 중요하지만 그렇다고 이것이 기업의 유일한 목표는 아니기 때문이다. 강한 조직문화와 좋은 조직문화는 별개다.

조직행동 컨설턴트 존 맥러플린John McLaughlin은 좋은 조직문화를 만들기 위한 세부적인 특징으로 7가지 요소를 지적하고 있다.[6]

① 혁신과 위험 감수
② 디테일에 대한 강조
③ 성과 지향
④ 개인 존중
⑤ 팀워크
⑥ 경쟁심과 적극성
⑦ 제도적 안정성

이러한 7가지 요소는 보통 기업가치에 명문화되어 있다. 하지만 더 중요한 것은 조직문화를 전 직원과 공유하고 실천하는 CEO의 의지다. 세일즈포스닷컴의 전 CEO 베니오프는 개방적이고 자율적인 조직문화를 만들기 위해 연례 최고경영진 회의를 아이패드로 전 직원에게 중계까지 하면서 조직문화를 선도하는 데 앞장선 것으로 유명하다.

10억 달러에 아마존에 합병된 신발 판매업체 자포스는 직원들이 서로 자포니언Zapponian이라고 부를 정도로 회사에 대한 긍지가 높고 고객에 대한 서비스로 유명하다. 창업자였던 토니 셰이는 자포스의 10대 핵심가치[7]를 직접 만들어 7주간의 교육을 통해 직원들에게 전파했다. 또 자포스 인사이트라는 별도의 웹사이트를 통해 구성원들이 언제든지 핵심가치를 상기할 수 있도록 하고 구성원들의 질문에 답한다. 이렇게 형성된 자포스의 보이지 않는 조직문화는 회사의 가치를 높이는 데 결정적인 역할을 했다. GE와 IBM의 부활도 회사의 조직문화를 바꾸기 위한 잭 웰치와 루 거스너라는 걸출한 두 CEO의 의지가 있었기에 가능했다.

조직문화는 창업자가 처음 시작했을 당시의 환경과 철학에 많은 영향을 받을 수밖에 없다. 가만히 두어도 기업은 조직문화를 스스로 만들어간다. 하지만 끝없이 변화하는 환경에서 기업이 계속해서 성공하려면 좋은 조직문화의 창조와 유지를 위한 각별한 노력을 쏟아야 한다.

3.
조직 활성화로 조직역량을 높여야 한다

조직 활성화라는 말이 자주 쓰이고 있다. 하지만 이에 대해 실체적으로 접근해보면 단순한 개념이 아니라 다소 복잡한 조직 메커니즘이 작용한다는 것을 알 수 있다. 조직 활성화라고 하면 흔히 여러 종류의 이벤트나 프로그램을 떠올리기도 한다. 그러나 조직개발적인 측면에서 보는 조직 활성화는 일회성 행사나 프로그램으로 간단히 달성하기 쉽지 않으며 상당히 다원적이고 체계적인 노력이 필요하다.

조직이 활성화되어 있다는 것은 조직이 성과목표를 달성하는 과정에서 직원의 직무만족도와 몰입도가 높고 조직운영체계가 환경에 민첩하게 반응하는 상태를 의미한다. 조직활성도가 높은 조직의 특징은 구성원들이 호기심과 도전의식을 가지고 변화에 대한 융통성이 높다는 것이다. 그로 인해 조직이 생동감 있게 유지되고 장기적 생존 가능성이 커진다. 그래서 조직 활성화는 조직의 장기적 비전, 조직문화, 인사체계, 직원몰입도, 경영층의 리더십 상황과 밀접하게 관련되어 있다.

조직을 활성화하기 위해서 조직은 기본적으로 다음과 같은 몇 가지를 유의할 필요가 있다.

① 조직은 어떠한 변화에서도 사람을 우선으로 고려해야 한다. 조직의 혁신도 결국은 사람을 통해서 이루어진다. 언제나 사람을 중심에 두어야 한다.
② 조직의 변화과정에서 과거가 크게 중요하지도 않고 미래를 예측하지도 못하지만 과거의 자료는 조직의 선택을 돕는 중요한 역할을 한다. 현재를 분석하는 데 과거의 자료를 활용하라.
③ 조직의 긍정적인 문화는 조직 활성화를 위한 촉매제이며 변화를 위해 필요한 에너지를 생산한다.
④ 조직의 문제를 먼저 파악하는 것이 우선이다. 문제에 대한 정확한 이해는 해결책을 끌어내기 위한 필수요소다.
⑤ 조직 활성화는 지속적인 조직개발 노력의 하나로 접근해야 한다. 일회성 이벤트만으로 달성할 수 있는 것이 아니다. 이를 위해서 구성원들이 조직의 목표를 서로 명확하게 공유하고 한 방향으로 정렬되어야 한다. 방향이 정렬된 다음에는 최대한의 자율성과 위임을 장려하고 창의성과 혁신을 자극하는 문화를 만들어야 한다.

수평적 조직문화에 대한 오해

이와 관련해서 몇 가지 오해도 있다. 요즈음 스타트업 조직문화의 대표적인 특징으로 꼽히는 수평적, 자율적 조직문화에 대한 인식이다. 일부에서는 자율이라는 이름으로 구성원들이 조직에서 아무것이나 할 수 있는 것으로 생각하는데 잘못된 생각이다. 자율은 규율과 책임을 바탕으로 한다. 자율적 조직문화로 유명한 우아한형제들의 4가지 핵심가치 중 첫 번째는 '규율 위에 자율'이다. 넷플릭스는 이를 '자유와 책임'으로 표현한다.[8] 이는 스스로 책임감을 느끼고 자기 주도적으로 일을 하라는 의미다.

또 하나 흔한 오해는 '수평적 조직문화'에 관한 것이다. 수평적 조직문화를 위해 관리자가 업무를 지휘하는 과정에서 일일이 구성원의 동의를 받아야 한다거나 심지어 구성원이 관리자의 업무지시를 거부할 수 있다고 잘못 생각하는 경우다. 모든 조직은 기본적으로 피라미드 형태이다. 조직이라는 개념이 처음 생긴 이후 어떠한 형태의 조직이든 상급자가 있고 또 구성원은 상급자의 지휘를 받는 위계질서가 존재한다. 이는 전통 때문에 그런 것이 아니라 이러한 방식이 조직을 운영하는 데 가장 효율적이기 때문이다.

수평적 조직문화를 강조하는 이유는 권위주의적이고 상명하복식의 조직문화가 구성원 간의 원활한 의사소통을 어렵게 하고 창의적인 업무환경의 조성과 혁신에 방해가 되어 결국은 조직성과를 떨어뜨리기 때문이다. 직급과 호칭을 없애는 이유도 이러한 부정적 요소를 최소화하기 위한 하나의 수단이다. 하지만 여전히 업무의 의사결정은 조직체계에 따라 이루어져야 한다.

그리고 사적인 일에 조직의 위계질서가 끼어드는 것도 바람직하지 않다. 하지만 커피를 주문하는 구성원에게 조직장이 추가로 한 잔 더 부탁하는 정도를 수직적 조직문화라고 부르기는 어려울 것이다. 이에 대해서는 우아한형제들의 '송파구에서 일을 더 잘하는 11가지 방법'에 나오는 '실행은 수직적! 문화는 수평적~'이라는 정의가 상당히 함축적이다.

구성원들을 관리하는 데 조직문화도 작용하지만 리더의 개인적인 리더십 역량도 큰 영향을 미친다. 권위주의적인 조직문화에서도 구성원들의 의견을 경청하고 효과적인 의사소통으로 구성원들의 몰입을 잘 끌어내는 리더가 있다. 반면에 소위 수평적인 조직문화에서도 구성원들을 권위주의적으로 대하고 사기를 떨어뜨리는 리더도 있다. 맥락이 중요하다. 조직문화와 리더십이 함께 작동해야 조직성과를 최대화할 수 있다.

조직체계, 리더십, 제품, 심지어 미션도 바꿀 수 있다. 하지만 사람의 마음과 생각을 바꾸지 못하는 한 혁신과 변화는 겉치레에 그치거나 오히려 조직의 부담으로 작용한다. 조직활성도가 높은 조직에서는 구성원들이 변화를 스스로 관리하는 역량과 조직에 대한 긍지가 높다. 조직은 이를 민첩하고도 체계적으로 뒷받침한다. 이러한 조직은 대개 조직문화가 투명하고 구성원의 다양성과 개성을 존중한다. 그러면서도 다양한 배경을 가진 구성원들을 전략적으로 재조합하여 시너지를 끌어내고 과감히 불확실성과 위험을 감수하도록 격려한다. 이러한 특징은 그렇지 못한 조직이 조직 활성화를 위해 노력해야 하는 가장 중요한 배경이 되기도 한다.

반대로 조직활성도가 낮은 조직은 아주 잘 정돈되고 공고한 과거의 전통이 강하게 현재를 지배한다. 옛날에 성공했던 방식이고 그래서 지금은 누구에게나 익숙하고 쉬운 방식이 업무수행의 절대적인 기준이 된다. 이를 벗어나는 새로운 아이디어와 혁신은 '우리의 방식이 아니다.'라는 단순한 이유로 거부된다. 물론 전통을 중요시하고 과거의 성공방정식을 고수하고자 하는 구성원 중에는 진정으로 그것이 조직을 위하는 길이라고 굳게 믿는 경우도 있고 또 간혹 그러한 방식이 통하기도 한다. 하지만 변화가 일상화되고 모든 것이 하루가 다르게 급속도로 변화하는 오늘날 이러한 경직된 사고방식은 조직의 성공을 방해하는 커다란 위험 요소가 된다.

흔들의자에 몸을 뒤로 젖히고 누워 지평선만 바라보고 있으면 평화롭고 느긋하다. 때론 먼 하늘에 가끔 구름이 지나가기도 하겠지만 시간이 지나도 거기선 그냥 지평선만 보일 뿐이다. 교훈은 간단하고도 분명하다. 의자에서 일어나서 움직이면 새로운 것이 보인다. 산업별 구분도 이제는 별 의미가 없다. 영원한 것은 없다. 조직은 전통, 조직체계, 제도, 사업방식에 이르기까지 모든 것을 포기할 각오가 되어 있어야 한다. 경영진은 수시로 새로운 가능성을 검토하고 조직의 성공을 위해서 진정 중요한 것이 무엇인지를 숙고해야 한다. 이러한 과정이 조직에서 자연스럽게 일어나게 하는 것이 조직 활성화의 목적이다.

앞서 언급한 바와 같이 조직 활성화는 조직문화, 인사체계, 직원 몰입도, 경영층의 리더십 등 다른 차원의 조직 개발적 요소와 밀접하게 얽혀 있다. 이를 좀 더 살펴보자.

조직문화

조직문화는 조직활성도를 판가름하는 데 가장 중요한 요소 중의 하나다. 조직문화란 구성원이 조직 내에서 어떻게 행동할지 준거로 삼는 공유된 목표, 가치, 믿음, 상식, 관행 등 각 구성원에게 서로 영향을 미치고 때론 행동을 강제하는 눈에 보이지 않는 힘을 말한다. 이는 구성원에 대한 조직의 기대와 조직에 대한 구성원의 기대를 포함한다.

구글에는 '20% 프로젝트' 제도가 있다. 직원들이 업무시간 중 20%를 정규 업무 외에 구글에 가장 도움이 된다고 생각하는 분야의 업무를 하도록 권장하는 제도다. 이 제도를 통해 직원들은 창의적인 아이디어가 있을 때 자신의 현재 직무에 구애받지 않고 자율적으로 별개의 프로젝트를 수행할 수 있다. 실제로는 대부분의 프로젝트가 실패하고 많은 직원의 업무가 바빠 모두 활용하지는 못한다. 그럼에도 이는 구글 직원들의 창의성을 고양하고 조직에 융통성과 활력을 불어넣는 역할을 한다. 물론 여러 혁신적인 아이디어들이 사업화되기도 했다.

인사체계

조직에서 인사체계는 조직 활성화를 자극하는 훌륭한 도구가 된다. 그중에서도 특히 성과관리제도는 구성원들이 조직의 전략적 목표를 공유하고 달성하기 위해 가져야 할 바람직한 행동패턴과 필요한 역량을 시의적절하게 제시하고 평가하는 역할을 한다. 근래 성과관리 방식이 랭킹식의 상대평가에서 절대평가 방식으로 바뀌고 평가의 초점도 구성원의 코칭과 역량 강화에 맞추는 방향으로 변화하는 추세도 하나의 사례다.

자포스의 10대 핵심가치에는 고객 감동과 함께 '재미와 약간의 이상함을 창출한다.' '모험적이고 창의적이고 개방적이 되라.'라고 명시하고 있다. 이러한 핵심가치는 조직의 문화를 활력 있게 만드는 좌표와 같은 역할을 한다.

직원몰입도 증진

조직활성도가 높은 조직의 특징 중 하나가 직원몰입도가 높다는 것이다. 그럼 직원몰입도가 높은 조직의 특징은 무엇일까? 조직민첩성, 혁신성 등 대체로 조직활성도가 높다는 것이다. 조직활성도와 직원몰입도는 동전의 양면과 같은 것으로 조직개발 효과는 직접적인 상관관계가 있다. 사실 직원몰입도 증진은 조직개발의 수단이기도 하지만 그 자체로서 목표가 되기도 한다. 조직의 전략적 방향이 옳다면 직원몰입도와 조직성과는 절대적으로 비례하기 때문이다.

많은 선진 기업이 정기적인 직원의견조사(근무환경 조사, 구성원의 목소리 등으로 불리기도 한다)를 통해 직원몰입도를 1년이나 2년 단위로 추적한다. 조사자료에서 추이를 분석함과 함께 직원들의 애로사항이나 개선 분야를 뽑아내고 그에 대한 실행계획을 수립한 후 개선조치를 취한다. 세부 분야별로는 회사의 전략, 의사소통, 팀워크, 관리자의 리더십, 그리고 가장 주안점이 되는 직원몰입도 등인데 보통 100여 가지의 질문항목으로 구성된다. 특히 직원몰입도는 일하기 좋은 직장인지에 대한 평가, 회사에서 계속 근무할 것인지에 대한 여부, 회사에 대한 긍지, 직무만족도, 관리자에 대한 리더십 만족도 등을 종합적으로 측정하여 지수화한다.

『포춘』이 선정한 미국의 '일하기 좋은 100대 기업'을 보면 직원몰입도가 한결같이 평균 90%가 넘을 정도로 높다. 특히 2017년에 지난 3년간 매출성장률이 연평균 50%가 넘고 2021년에는 미국의 헬스케어 분야에서 '가장 일하기 좋은 기업'으로 뽑힌 리퀴드 에이전트 헬스케어의 결과가 흥미롭다. 2016년 직원의견조사에서는 '회사에 대한 긍지(100%), 근무 분위기(99%), 도전정신(99%), 의사소통(100%), 보상(99%), 관리자 리더십(98%)'의 6개 항목에 관한 질문에 직원들이 거의 100%에 가까운 긍정적인 대답을 해 직원몰입도가 가장 높은 회사로 주목을 받았다. 특히 직무를 완수하는 데 필요하다면 부여된 업무 책임을 초월해 기꺼이 초과근무나 추가적인 책임을 맡을 용의가 있느냐는 세부적인 질문에 전 직원이 모두 그렇다고 대답했다. 이러한 직원이 있는 기업의 조직성과는 낮을 수가 없다. 이 회사는 2009년부터 2021년까지 13년간 미국 헬스케어 산업에서 가장 일하기 좋은 기업으로 평가받고 있다.

조직 활성화 관점에서 참고할 만한 이 기업의 문화나 인사제도는 다음과 같다. 금요일 조기퇴근, 포상으로 세차권이나 스파 이용권 지급, 오픈도어 정책Open Door Policy, 인종·나이·종교·성별·성소수자 등에 대한 차별 금지의 명문화, 입양 자녀를 둔 동성 부부의 부성휴가 부여 등이 대표적이다. 이 기업 직원의 남녀별 구성은 50:50이고 세대별 구성은 MZ세대 30%, X세대 35%, 베이비부머 세대 35%로 구성원의 다양성 지수도 상당히 높음을 알 수가 있다.

참고로 이 기업의 직원의견조사와 같은 시기인 2016년 딜로이트가 조사한 미국 기업의 평균 직원몰입도는 35%였다. 하지만 매년 의례적으로 하는 조사 자체만으로는 큰 의미가 없다. 더 중요한 것은 이슈를 파악하여 개선하는 것이다.

경영진의 리더십

조직이 활성화되기 위해서는 이를 뒷받침하는 경영진을 비롯한 관리자의 리더십이 다음과 같이 활성화되어야 한다.

① 조직의 리더는 구성원들이 팀이나 조직의 방향을 명확히 이해하고 공유할 수 있도록 충분한 의사소통을 해야 한다.

② 구성원에게 측정 가능한 목표와 분명한 기대치를 제시한다. 그리고 수시로 구성원을 격려하고 시의적절한 코칭과 투명한 피드백을 제공한다.
③ 높은 수준의 윤리성을 갖고 사적인 이해관계를 넘어 조직의 공통 목표를 위해 자신과 팀을 정렬한다.
④ 구성원의 의견을 경청함과 동시에 혁신적이고 창의적인 의견에 개방적이어야 한다. 또 자신과 조직의 약점과 맹점을 솔직히 인식하고 다른 사람의 비판을 긍정적 개선을 위한 기회로 이용한다.
⑤ 변화에 민감하고 비록 인기가 없더라도 문제를 해결할 수 있는 용기와 책임감을 느껴야 한다. 스스로 리더십 행위와 결정에 책임을 지고 잘못을 남에게, 특히 부하직원에게 전가하지 않는다.

리더에 대한 대우를 당연한 것으로 느껴서는 안 된다. 존경과 신뢰는 스스로 버는 것이다. 주어진 직무와 조직을 개선할 방법을 지속적으로 모색해야 한다. 그리고 스스로를 단련하고 정서적인 안정감을 유지해야 한다. 조직의 활성화는 곧 사람의 활성화다. 활성화된 인적자원은 가장 귀중한 경영자원이다.

4.
조직문화가 창의적이면 성과가 높다

『뉴욕타임스』가 주중 제공하는 정보는 17세기 영국의 평범한 사람이 일생 알게 되는 정보량보다 많다는 연구가 있다. 비슷하게 현재 우리나라 7세 아동의 지식과 정보량이 조선 시대 중엽의 평균적인 40세 성인의 정보량을 훨씬 능가할 것이란 추측도 있다.

인류의 지식 기반은 대체로 2년 이하의 주기로 현재의 두 배로 증가하고 있으며 그 주기는 점점 짧아지고 있다. 우리는 이러한 현대 사회를 '지식정보 사회'라 부른다. 이러한 지식 기반 사회에서 대부분의 부가가치가 지식과 정보를 통해 확대 재생산되며 경제 시스템도 여기에 따라 움직이게 된다. 이른바 지식 기반 경제체제다.

특별한 노력이 없다면 지식정보 사회의 발전 속도가 빨라짐에 따라 한 사람 혹은 한 조직이 보유하고 있는 지식과 사회가 요구하는 지식 사이의 격차는 점점 커질 수밖에 없다. 종국에는 단절이 생긴다. 이러한 현재 시대를 피터 드러커는 일찍이 '단절의 시대

Age of Discontinuity'라 했다.[9] 이에 따라 지식 기반 경제체제에서 생존할 수 있는 첫 번째 핵심역량은 이러한 단절을 극복할 수 있는 끊임없는 학습이다.

지식정보 사회의 또 다른 특징 중 하나는 사회 전반에서 벌어지는 누구도 피해갈 수 없는 급격한 변화의 추세다. 그리고 이러한 변화 추세를 주도하는 것은 소프트웨어적 역량이다. 예를 들어 예전에는 남성의 전유물로 여겨졌던 건설 분야에서 중장비를 다루는 일에 이제는 여성이 진출해 있다. 예전엔 하드웨어적 역량이나 힘이 필요했던 일이 이제는 컴퓨터 프로그램으로 제어하는 일로 바뀌어 가고 있기 때문이다.

사람의 몸을 통제하는 것은 두뇌다. 이는 조직도 마찬가지다. 이러한 상황에서 필요한 또 하나의 핵심역량이 바로 이 소프트웨어적 역량을 창조하는 데 직접적으로 관여하는 창의성이다. 그리고 이 창의성은 학습과 불가분의 관계가 있다. 창의성이란 현재 존재하는 것과는 다른 생각과 접근방법으로 참신하고 유용한 아이디어를 생산하는 것을 말한다. 이는 조직 내에서 창의적인 아이디어를 성공적으로 실행하는 혁신이나 기술의 적용에서 창의성을 바탕으로 장비, 프로세스, 기법에서 새로운 창조를 의미하는 발명과는 의미가 다르다.

창의성은 어떻게 생성되는가? 이전에는 창의성을 타고난 사람에 의해서만 만들어지는 것으로 생각했다. 그러나 근래 들어 많은 연구가 창의성과 혁신성은 사회적, 조직적 환경에 따라 길러질 수 있는 것이라는 데 동의하고 있다. 창의적인 사람들은 대체로 남의 의견이나 주변의 영향에 크게 구애받지 않고 독립적이며 자율적인 사고를 하는 특징이 있다. 또한 위험을 감수하고 불확실성을 감내하는 능력이 뛰어나며 좌절을 쉽게 극복하고 고정관념을 깨고 새로운 것을 시도하려는 경향이 강하다. 그렇다 보니 때론 사회 관습과 충돌하거나 이를 뛰어넘는 사고나 행동을 보인다.

하지만 창의성에 대한 오해도 있다. 남과 어울리지 못하는 괴상한 성격이나 단지 다른 사람과 다르게 생각하거나 행동한다고 해서 창의성이 있다고 할 수 없다. 창의성은 참신함과 함께 유용성과 적절성을 동반해야만 한다. 그리고 창의성은 성격에 관한 것이 아니라 특정한 생각이나 행동에 관한 것을 말한다. 또 창의성은 예술성이나 지적 능력을 이야기하는 것도 아니며 항상 선의적인 것만도 아니다. 때때로 창의성은 사악한 목적이나 범죄에 이용될 수도 있다.

그러면 조직에서 구성원들의 창의성을 증진하려면 어떻게 해야 하는가? 우선 조직문화가 이를 뒷받침할 수 있어야 한다. 조직문화가 유연할수록 창의성이 증진된다. 그리고 창의성을 증진하기 위한 테크닉이나 의도적인 학습도 필수적이다. 창의성을 증진하기 위한 대표적인 테크닉으로 창의적 문제해결 접근방법, 창조적 문제해결론, 브레인스토밍 기법 등이 있다.

또 창의성을 증진하기 위해 복장을 자유화하거나 사무실이나 강의실을 놀이터처럼 꾸미기도 한다. 창의성이란 어느 날 하늘에서 뚝 떨어지는 것이 아니다. 특정한 주제에 대한 학습이 계속되는 가운데 어느 날 갑자기 창의적인 생각이 떠오르기도 한다. 그리고 특정한 전문 분야와 더불어 인문학적 교양을 쌓고 음악과 미술 등 예술적 감수성을 기르는 것도 도움이 된다.

동시에 여러 분야를 아우르는 관심, 이해, 다양성에 대한 포용도 현재의 지식 기반 사회에서 특히 요구되는 창의성을 증진하는 요소다. 조직 혁신은 단지 몇 사람의 창의성으로 이루어지지 않는다. 스탠퍼드대학교 로버트 서튼Robert I. Sutton 교수는 이렇게 말했다. "지속적인 혁신은 한 명의 천재로 이루어지는 것이 아니다. 모든 직원이 창의적인 아이디어를 지속적으로 제안하고 실천할 제도와 시스템이 갖추어져야만 진정한 의미의 창의적 기업이 될 수 있다."[10]

또 창의성과 유연성은 동전의 양면과 같은 것으로 조직문화가 유연할수록 구성원들의 창의성을 자극한다. 성장 초기 단계에서 조직이 부딪치는 문제의 하나가 유연성과 통제의 균형에 관한 문제다. 스타트업의 장점으로 꼽히는 유연성과 빠른 의사결정은 회사의 조직문화에 따른 결과이기도 하지만 초기 단계 회사의 조직 환경상 규모가 작고 규정과 절차가 상대적으로 많지 않기 때문이기도 하다.

작은 규모에서는 규정이나 매뉴얼이 없어도 큰 문제가 없다. 하지만 회사가 성장하면서는 효과적인 관리를 위해 제도를 체계화하고 규정을 만들 필요가 생긴다. 또 규정이 생기면 필연적으로 승인 절차가 생긴다. 그리고 조직의 규모가 확대될수록 승인 절차는 길어진다. 이는 다른 말로 통제가 강화된다는 뜻이기도 하다. 통제는 유연성과 빠른 의사결정과 종종 대척점에 있다. 이에 대한 적절한 균형이 중요하다.

일이 생길 때마다 규정부터 만드는 것은 가능한 한 억제하는 것이 좋다. 물론 꼭 있어야 하는 규정도 있다. 이를테면 회사의 존립을 위태롭게 할 정도로 중대한 사항에 대한 위기관리, 구성원의 안전과 보건에 대한 사항, 법률적인 요구 사항 등은 세세한 규정을 만들어서 통제할 필요가 있다.

그리고 자율성을 강화하더라도 규율과 책임이 바탕이 되어야 한다. 요즈음과 같이 빠르게 변화하는 기업환경에서는 종종 규정의 존재가 조직을 경직되게 하고 변화에 민첩하게 대응하는 것을 방해하기도 한다. 권위주의적인 조직에서는 규정 만능주의가 판치기도 한다. 이러한 조직에서는 스스로 만든 규정에 얽매여 어떤 일을 못 하는 이유를 규정 때문이라는 핑계를 대기도 한다.

10여 년 전에 일어난 동일본 대지진과 이에 이은 쓰나미는 1만 8,000여 명이 사망하고 지금도 수습이 완전히 끝나지 않을 정도로 큰 피해를 가져온 대재앙으로 기록되고 있다. 더욱이 쓰나미로 피해를 본 원자력 발전소는 폭발로 인한 방사능 유출로 전 지구적인 문제가 되기도 했다.

그 당시 나는 재해에 대처하는 일본 사람들의 사태 수습 방식에 큰 관심을 가졌다. 그중 가장 인상 깊었던 2가지가 있다. 하나는 질서를 지키는 일본 사람들의 높은 공공 의식이었다. 사람들은 재해가 발생한 후 극심한 혼란과 공포 속에서도 대부분 차분하게 질서를 지켰다. 추위와 물자 부족에 시달리면서도 줄을 서서 차례를 기다렸고 통상 재해 시 발생하기 쉬운 약탈과 사재기 행위도 거의 발생하지 않았다.

이를 보면서 다른 나라 사람들은 일본 사람들의 국민성에 탄사와 함께 경이로운 시선을 보냈다. 전통적으로 남에게 폐를 끼치는 것(소위 '메이와쿠')을 커다란 실수로 여기는 일본 사람들의 오래된 문화적 습성과 함께 과거 재해를 자주 경험하면서 재해 상황에 익숙한 것이 배경으로 보인다.

반대로 전 세계 사람들에게 일본의 경직성과 폐쇄성을 부각하고 일본이라는 나라의 효율성에 심각한 의문을 던지게 만든 단면도 있었다. 바로 비상 상황에서 일을 처리하는 일본 정부 당국과 총리를 비롯한 국가의 리더들 그리고 원자력 사고의 당사자인 도쿄전력 임원들의 문제 대응 방식에 관한 것이다.

재해 초기 교통이 끊기고 복구 인력과 물자가 부족한 상황에서 다행히 다른 기업이나 외국으로부터 각종 구호품과 자원봉사자들이 모여들었다. 하지만 문제는 행정 당국이었다. 구호품은 쌓여 있는데 현장에는 전달이 되지 않았다. 관료주의적인 공무원들이 신속한 물자 전달을 막았기 때문이다.

그들이 내세운 건 규정이었다. 구호품 전달 기업의 대차대조표까지 요구했다. 심지어 자원봉사자들에게는 이력서와 자격을 요구했다. 이유는 규정과 매뉴얼이 그렇다는 것이다. 평시 외국인 거주자가 출국 후 비자 없이 재입국하기 위해선 출국 전 '재입국 허가'를 받아야 하는데 재해 발생 후의 비상 상황에서 외국인들이 출입국관리소에서 장시간 줄을 서 기다리면서 당국에 '비상조치'를 요구했다. 하지만 관료들의 답변은 역시 한결같이 '원래 규정이 그렇다.' '위로부터 훈령이 없었다.'였다.

정부의 수뇌부를 포함한 고위 관료들의 리더십은 더욱 많은 비판을 받았다. 그들은 비상 상황에서 철학도 융통성도 없었다. 국민이 이럴 때 쓰라고 정당하게 부여한 재량권과 의사결정권을 사용할 줄도 모르는 듯 우왕좌왕했다. 기업도 예외가 아니었다. 사고의 당사자이자 그 분야 최고 전문가인 도쿄전력의 임원들은 애초부터 사건 일부를 은폐하고 부정확한 정보를 제공했다. 이는 결과적으로 외국 전문가들의 초기 개입을 막아 사고를 통제 불능의 상황으로 키웠다. 일본은 원래 국민적으로 매사 연구하고 이를 기록으로 남기는 데 강한 나라다. 그래서 정부기관과 기업에는 흔히 특정 상황에 대한 '매뉴얼'이 존재한다.

당연히 지진이나 쓰나미 상황에 관한 매뉴얼도 있었다. 내용도 훌륭하다. 하지만 이러한 매뉴얼이 오히려 신속한 대응을 막았다. 그들은 유연하고 임기응변적인 대응이 필요한 위급한 상황에서도 매뉴얼을 고집했다. 매뉴얼은 원래 체계적이고 일관성 있는 대응을 위해 필요하며 또 효과적이다. 어떤 조직이든 일을 처리하는 프로세스는 시행착오와 개선을 거치면서 안정화된다. 그래서 이러한 시행착오를 불필요하게 되풀이하지 않고 향후 비슷한 상황에서 효과적으로 대처하기 위해 이를 기록으로 체계화한다. 이것이 매뉴얼이다. 매뉴얼은 규정으로 발전하기도 한다.

하지만 매뉴얼이 효과적이기 위해선 상황이 반복되거나 예측가능한 범위 안에 있어야 한다는 전제가 따른다. 동일본 대지진과 같이 상황이 예측의 범위를 벗어난 경우에도 매뉴얼 자체에 집착하는 것은 오히려 효과적인 대응을 가로막는 장애물이 된다. 이러한 상황에서는 유연성과 개방성이 문제해결에서 핵심적인 요소가 된다. 대규모 자연재해가 아니라도 현재의 사업환경은 금융위기나 코로나 상황에서 보듯 예측이 불가능한 변화가 수시로 일어난다.

그러나 조직에서 유연성이나 개방성은 쉽게 만들어지지 않는다. 오랜 기간에 걸쳐 의식적으로 만들어진 문화적 전이 과정과 사회 혹은 조직적인 준거의 변화가 필요하다. 사회나 조직에서 어떤 상황이 발생했을 때 당연히 그렇게 해야 한다거나 눈치 보지 않고 그렇게 할 수 있는, 혹은 그렇게 해서는 안 되는 묵시적 동의가 준거이다. 유연성은 개방성과 더불어 다양성에 대한 포용과 직접적인 관계가 있다. 반대로 경직성은 은폐와 폐쇄성을 동반하는 경우가 많다. 효율적인 정부와 기업은 이러한 함정에 빠지지 않도록 늘 경계한다.

최근 일어난 아베 전 일본 총리의 암살 사건에서 경호가 제대로 되지 않은 것이 문제로 떠올랐다. 매뉴얼대로 하지 않았기 때문이라는 일부의 지적도 있었다. 하지만 이 경우는 매뉴얼대로 하지 않은 것이 문제가 아니라 행사장의 뒷면을 감시하지 않은 것, 1차 발포 후 3초나 지났는데도 2차 공격을 차단하지 못한 것 등 기본적으로 해야 할 책무를 다하지 못한 것이 직접적인 원인이었다. 유연성도 기본이 있어야 가능하다. 기본이 안 되어 있으면 대책이 없다.

5.
조직은 나비처럼 가볍고 민첩해야 한다

　요즈음 중국의 전통 무술이 실전성이 없다는 이유로 조롱거리가 되고 있다. 프로 선수도 아닌 종합격투기 도장의 한 관장이 전 중국의 전통 무술가들을 대상으로 공개적인 도전장을 내밀었다. 한 기업에서는 전통 무술에 거액의 상금을 걸었다. 하지만 단 한 사람의 전통 무술가도 그를 이기지 못했다. 이기는 것은 고사하고 모두 단 몇 분을 버티지 못하고 무참하게 나가떨어졌다.
　그 와중에도 중국의 전통 무술을 일부 절충한 절권도라는 무술은 다른 평가를 받고 있다. 절권도는 한 시절을 풍미한 불세출의 무술인이자 영화배우였던 이소룡이 창시한 실전 무술이다. 종합격투기의 원조로 평가받기도 한다. 이소룡은 이미 작고했지만 그가 창조한 무술은 현재에도 계승되어 우리나라를 비롯해 세계 곳곳에 도장을 열고 있다. 절권도는 여러 무술의 장점을 섞어서 만들었는데 그중에서도 중국 무술의 한 유파인 영춘권을 차용했다. 기타 공력권, 태권도, 유도의 관절기, 권투, 심지어는 펜싱의 발놀림 등을 세밀히 연구해 무술의 동작을 구성했다.

여러 종류의 무술을 참고했지만 절권도의 핵심은 스피드와 타이밍이다. 절권도의 기본이 되는 영춘권은 원래 여성이 창시한 무술이다. 물리학적으로 물체에 가해지는 충격의 크기는 무게와 속도의 곱에 비례하기 때문에 근력이 상대적으로 약하고 몸무게가 가벼운 여성은 남성보다 격투에 불리하다. 그러나 스피드를 높이면 이를 어느 정도 극복할 수 있다. 그래서 엄영춘이 스피드와 타이밍을 중시해서 만든 무술이 영춘권이다. 영춘권의 고수인 엽문으로부터 사사한 이소룡은 절권도에 영춘권의 동작과 함께 권투와 펜싱의 발놀림을 빌렸는데 모두 무술 동작의 스피드와 타이밍을 높이는 데 필요한 요소들이다.

그의 영화에서 보듯 항상 움직이는 유연한 발놀림과 '1인치 펀치'라 불리는 간결하고 빠른 동작으로부터 연결되는 타격의 반복은 거구의 상대를 순식간에 무너뜨린다. 이소룡의 몸무게는 65킬로그램도 되지 않았지만 대부분 실전 격투에서 상대는 1분을 버티지 못했다. 요즈음의 프로 종합격투기에서도 스피드는 여전히 중요하다. 타이밍을 확보하는 것도 스피드가 없으면 힘들다. 덩치가 큰 것이 때론 유리할 수 있지만 스피드라는 관점에선 거구가 오히려 불리할 수도 있다. 스피드는 상대의 공격을 피하면서 동시에 반격을 가할 기회를 제공한다.

현재의 시장환경에서 기업이 서로 경쟁하는 것도 무술의 대결상황과 상당히 흡사하다. 아니, 오히려 더 격렬하다. 강호들이 모인 시장에는 온갖 종류의 무예와 덩치를 가진 적들이 호시탐탐 상대를 노리고 있고 아무런 사전경고도 없이 상대를 공격한다. 더 나아가 이를 구경하는 군중까지 직접 상대해야 한다. 무엇보다도 어려운 점은 싸움판 자체가 고정되어 있지 않다는 점이다. 싸움은 지상뿐만이 아니라 해상, 수중, 공중 등을 가리지 않고 시도 때도 없이 벌어진다. 소위 불확실성으로 가득한 냉혹한 정글과도 같다. 정글에서 한 가지 확실한 것은 사자가 사냥에 실패하면 점심을 굶고 영양은 탈출에 실패하면 목숨을 잃는다.

시장에서 기업도 마찬가지다. 기업은 조직이고 이러한 경쟁에서 유리한 위치를 차지하려면 조직도 민첩해야 한다. 이것이 바로 조직 민첩성이다. 팀 단위는 팀 민첩성이고 개인 단위는 개인 민첩성이다. 경영학자 도널드 설Donald Sull은 이를 빗대어 무하마드 알리가 남긴 명언인 '나비처럼 날아서 벌처럼 쏘는' 능력이라고 비유했다. 역시 스피드와 타이밍의 중요성을 함축적으로 표현한 말이다. 이소룡이 영사기를 반복적으로 틀어놓고 무하마드 알리의 풋워크를 연구한 것은 결코 우연이 아니다.

민첩성이라는 말은 1989년 GE의 잭 웰치 회장이 『하버드 비즈니스 리뷰』와의 인터뷰[11]에서 GE의 조직 포커스를 '속도, 민첩성, 그리고 단순함'이라고 표현한 데서 비롯했다. 이 용어가 학문적으로 쓰이기 시작한 것은 1990년대 후반부터다. 그전의 유사한 연구에서는 주로 '전략적 유연성'이라는 말이 쓰였다. 하지만 이제는 급변하는 현재의 경영환경과 맞물려 가장 많이 회자되는 경영 용어 중 하나가 되었다. 기업에서 시장의 변화에 대응하여 신속하게 변화하고 적응하는 능력을 말한다. 조직 민첩성이 높은 기업일수록 새로운 경쟁기업의 출현, 산업을 바꿀 만한 신기술의 개발, 혹은 전반적인 시장환경의 급격한 변화에 유연하고도 성공적으로 대응할 수 있다.

사업전략에서 조직 민첩성은 크게 기존의 사업을 운영하는 측면, 사업 포트폴리오를 새로이 구성하는 측면, 전략적 관점에서 과감하게 결단을 내리는 측면에서 바라볼 수 있다. 하지만 사업전략에서의 조직 민첩성도 결국은 조직이나 인적자원관리, 리더십 측면에서 뒷받침이 없으면 효과를 기대하기 어렵다.

이러한 과정에서는 전략적 우선순위를 정하는 것도 중요하다. 고정된 환경에서 전략적 우선순위를 정하는 일은 비교적 쉽다. 반면에 고객 요구의 변화, 시장의 급격한 혁신과 판도의 변화, 제도의 변화 등 연속적이거나 동시적으로 판 자체가 변화하는 상황에서는 우선순위를 정하는 것 자체가 어렵다.

이러한 상황에서 조직이 성장하여 규모가 커지는 과정이거나 혹은 이미 규모가 충분히 큰 기업에서는 의사결정이 지연되고 프로세스는 더 복잡해지고 구성원이 서로 대립하는 조직 내 정치가 횡행하면서 성장이 정체되고 혼란이 생기는 소위 '제도적 천장'에 부딪친다. 이때 많은 기업이 구성원들에게 일을 더 열심히 하라고 다그치거나 혹은 기존의 추진 방향을 더욱 강하게 밀어붙이는 선택을 한다. 이는 종종 업무수행의 질을 떨어뜨리고 구성원들을 탈진시켜 전력으로 집중해야 할 목표를 놓치게 되는 결과를 가져온다.

둔해진 조직을 다시 변화시켜 복잡해진 환경에 재빠르고 유연하고 통제 가능한 범위 내에서 효과적으로 대응하게 하는 조직역량이 바로 조직 민첩성이다.

조직 민첩성을 확보하기 위해 기업들이 흔히 집중하는 주된 요소는 첫째, 실행. 둘째, 제품이나 서비스의 고객 전달. 셋째, 제품과 비즈니스 전략이다. 사실 이는 조직 민첩성을 시장과 연결하는 데 기본적이고도 가장 중요한 요소다. 하지만 많은 기업이 여기에만 집중하다가 어렵게 시작한 제품이나 프로세스의 혁신이 단발성으로 끝나거나 프로젝트 단위에서 끝나버리는 근시안적인 우를 범한다. 기업에서 경쟁은 한 차례의 격투로 사그라지는 일회성 게임이 아니다. 조직 민첩성은 심화되고 체질화되어 조직문화의 일부가 되는 지속가능성이 담보되어야 한다.

지속가능한 조직 민첩성을 확보하기 위해서는 좀 더 넓은 관점에서 구성원들이 조직의 가치와 철학을 단단하게 공유하면서 조직구조, 프로세스, 성과관리제도와 같은 HR 시스템을 서로 연결하는 조직 차원의 정렬이 필요하다. 그중에서도 성과관리제도는 조직 민첩성이 추구하는 핵심 성공요인을 구성원들이 체계적으로 관리할 수 있게 하는 중요한 역할을 한다. 이렇게 조직의 목표와 조직 민첩성이 연계되면 개인이나 팀 차원의 민첩성을 넘어 조직역량 차원의 민첩성을 확보할 수 있는 단계가 된다.

지속가능한 조직 민첩성을 확보하는 데 필요한 또 하나의 요소는 경영진과 관리자의 리더십이다. 효과적인 리더십은 구성원들이 복잡한 환경과 변화를 관리할 수 있게 이끄는 핵심적인 요소다. 리더는 이러한 변화관리의 주도자가 되어 새로운 환경을 창조하고 구성원들을 개발하고 동기를 유발하는 역할을 해야 한다. 리더의 경쟁력은 곧 구성원의 경쟁력이고 리더의 민첩성은 곧 구성원의 민첩성이다.

2012년 PMI가 경영자를 대상으로 한 조직 민첩성 관련 연구[12]를 보면 75%의 응답자가 조직 민첩성의 효과를 '전략적 기회에 대한 민첩한 대응'으로, 64%가 '제품, 프로세스, 의사결정의 단축'으로, 59%가 '변화관리에 대한 집중'으로 응답했다. 조직 민첩성의 효과에 대한 경영자들의 이러한 기대는 사실 본인들이 직접적으로 관여하는 조직 차원의 정렬과 리더십에 바로 연결되는 요소이다.

조직 민첩성의 주된 대상이 되는 이러한 요소의 역량을 확보하기 위해서는 전략과 환경조성이 필요하다. 조직 민첩성은 대충 만들 수 있는 것이 아니다. 집중적이고 체계적인 접근과 전략이 필요하다. 이러한 전략은 개개의 기업이 처한 환경이나 배경에 따라 달라질 수 있다. 기업이 조직 민첩성 목표에 도달하기 위한 전략과 환경조성에 필요한 접근방법은 다음과 같다.

① 조직 민첩성이 필요한 이유에 대한 이해
② 변화 전략의 수립
③ 변화에 대한 착수
④ 반복적이고도 개선적인 변화의 실행

환경조성단계는 수립된 전략에 기초해 구성원들의 태도와 행동을 변화시키기 위한 환경을 조성하는 과정으로 민첩성을 조직 단위의 역량으로 체계화하는 것이다. 변화관리의 전략도 중요하지만 집중해야 할 또 다른 중요한 분야는 새로운 조직역량이 뿌리를 내리고 성장하게 하는 것이다. 그러기 위해서는 조직을 둘러싼 사회적, 문화적, 조직 행동적, 조직 심리적 배경에 대한 이해가 필요하다. 조직 민첩성의 환경조성을 위해서는 다음과 같은 기본적인 점이 고려되어야 한다.

① 공통 목표를 위한 조직 구성원의 정렬
② 조직문화를 바꾸기 위한 새로운 사고방식의 전파
③ 변화를 이끌 챔피언의 발굴과 양성
④ 변화를 주도할 당사자들의 지지 및 참여
⑤ 복잡성과 변화를 효과적으로 관리할 책임자의 역량 확보

조직 민첩성이 높은 조직이 경영성과가 높다는 사실은 관련된 많은 연구에서 일관적으로 나타난다. 그러면 조직 민첩성은 어떻게 측정하는가? 측정 요소에는 리더십과 경영진, 혁신, 전략, 문화, 학습과 변화관리, 조직구조 등이 있다. 그중에서도 가장 중요한 변수는 리더십과 경영진이다. 이를 하나로 묶기 위한 가장 핵심적인 조치가 목표수립 과정이다. 기업규모에 따른 조직 민첩성은 조직이 작을수록 확연하게 높다. 대기업의 조직설계 과정에서 조직을 분할하거나 소규모로 독립시키는 경우도 이러한 특성을 반영한 것이다. 또 기업의 조직 민첩성과 시장에서의 성과는 정의 상관관계가 있다. 조직 민첩성이 높은 기업은 다음과 같은 행동 특성을 보

인다. 이는 성장하는 기업의 대표적인 특성이기도 하다.

- 변화하는 시장환경에 민감하게 반응한다.
- 변화를 민첩하게 따른다.
- 신제품과 서비스를 성공적으로 시장에 출시한다.
- 핵심인재를 유치하고 유지한다.
- 필요시 과감하게 비용을 삭감한다.

HR은 흔히 스스로 변화의 주도자로 부르기도 하지만 『이코노미스트』가 세계 각국의 기업 임원들을 대상으로 조사한 보고서를 보면 HR이 법률 관련 부서 다음으로 조직 민첩성이 가장 낮은 부서로 나타나기도 했다.[13] 참고로 같은 조사에서 조직 민첩성이 가장 높은 부서는 영업, 마케팅 순이다. HR이란 변화관리를 위해 조직을 관리하며 관리자 리더십의 중요성을 강조하는 일이다. 그런 HR의 조직 민첩성이 낮다거나 혹은 낮은 것으로 다른 경영진에게 인식되고 있다는 사실은 HR 업무 담당자가 진지하게 고민해야 할 문제다. HR이 변화에 둔감하면서 어떻게 다른 구성원에게 변화에 민첩하라고 말할 수 있겠는가? 조직 전체의 민첩성에 앞서 HR의 민첩성에 대해서 먼저 생각할 필요가 있다.

6. 다양성을 포용해야 조직이 지속성장한다

 흰색과 검은색을 비교할 때 우리나라 사람들은 흔히 색깔이 '틀리다'는 표현을 무심코 사용한다. '틀리다'는 표현에는 어느 한쪽이 '옳다'는 전제가 따른다. 그렇다면 흰색이 옳은 건가, 검은색이 옳은 건가, 아니면 둘 다 틀린 건가? 사실 흰색은 그냥 흰색이고 검은색은 그냥 검은색일 뿐이다. 다만 색깔이 서로 '다를' 뿐이다. 이러한 언어습관은 대체로 자기와 다른 무언가를 잘 포용하지 못하는 문화적 배경에서 나온 것으로 보인다. 세계 각국의 국가경쟁력 보고서를 발간하는 스위스의 국제경영개발원IMD이 발표한 국제경쟁력 보고서[14]의 외국 문화에 대한 개방도 순위를 보면 2009년 우리나라는 조사대상 57개국 중 56위, 2014년에는 60개국 중 53위를 기록해 외국 문화에 대한 개방성이 세계 최하위 수준임을 보여주고 있다.

 이 시대를 규정짓는 가장 눈에 띄는 특징 중의 하나는 다양성이다. 교통과 정보통신의 급격한 발전은 시간과 공간의 거리를 소멸시키고 사람, 문화, 언어, 생활방식 등 모든 것을 뒤섞어 놓았다. 또 인구의 노령화는 여러 세대의 사람들이 곳곳에서 함께 섞이게 만들었다. 이제는 자기만의 영역에서 자기만의 사람들과 자기만의 사고방식을 가지고 자기만의 생활방식으로 세상을 살아가기는 힘들다. 여기서 말하는 다양성이란 사람이 세상을 살아가는 방식과 그 세상에 사는 다른 구성원들 사이에 존재하는 다양한 차이들을 말한다. 사고방식, 국적, 언어, 종교, 인종, 문화, 성별, 나이, 경험, 민족, 사회적 지위, 신체적 장애, 성적 정체성 등이 대표적인 다양성의 요소다.

다양성은 이러한 다름으로 말미암아 본질적으로 갈등의 소지를 동시에 안고 있다. 그리고 갈등은 분쟁, 분열, 낭비, 비효율, 인간 존엄성의 침해 등과 같은 부작용을 일으켰다. 역사적으로 보면 이러한 갈등을 해결하기 위해서 사람들은 대체로 2가지 방식으로 접근했다. 하나는 주로 갈등의 한 당사자인 소수자를 차별하고 억압하는 방식이다. 다른 하나는 서로 다름을 인정하고 포용하는 것이다. 불행하게도 첫 번째 방식으로 접근한 경우는 대부분 해당 국가나 집단에 큰 상처와 오류로 남았다. 이러한 접근 방식은 당면한 문제를 오히려 악화시키고 장기적인 부작용을 재생산하는 악순환을 가져온다.

포용하는 것은 집단이나 조직의 생존과 발전에도 유리하다. 다양성과 포용의 힘에 관한 사례는 스포츠팀에서도 발견된다. 2010년 월드컵에서 3위에 오른 독일 대표팀은 2002년 월드컵 준우승 이후

녹슨 전차군단이라는 달갑지 않은 평가를 받았다. 하지만 2010년에는 예전의 모습과는 확연히 다른 팀 색깔을 보이며 가장 창의적인 경기를 한다는 평가를 받았다. 2010년 독일 축구 대표팀 23명 중 11명이 튀니지, 폴란드, 터키 등 다른 문화 출신 선수들이었다. 보수적이던 팀이 이렇게 바뀐 배경에는 다양성에 대한 포용이 있었다. 또한 같은 대회에서 역사상 처음 우승을 차지한 스페인 대표팀도 팀을 구성하는 과정에서 그동안 역사적인 골칫거리였던 지역적, 민족적 갈등 문제를 포용으로 해결했다. 과거 갈등으로 삐걱거리던 스페인 대표팀이 출전국 중 패스 성공률이 가장 높았다. 독일 대표팀은 여세를 몰아 그다음 대회인 2014년 월드컵에서 우승했다.

요즈음은 창의성이 조직의 성공을 좌우하는 중요한 요소다. 그리고 다양성에 대한 포용은 이러한 창의성과 직접적인 상관관계가 있다. 2009년의 조사에 따르면 세계 주요 도시 중 사회문화적 다양성 1위인 샌프란시스코가 창의성 지수도 가장 높은 것으로 나타났다. 샌프란시스코는 2017년의 조사[15]에서도 뉴욕에 이어 미국에서 가장 창의성이 높은 도시로 뽑혔다. IT 기업의 산실인 실리콘밸리가 샌프란시스코에 있는 것도 우연이 아닌 것으로 보인다. 다양성이 풍부하고 이를 포용하는 문화를 가진 사회는 늘 역동적이고 또 서로 학습을 통해 새로운 차원으로 발전할 많은 기회를 얻는다. 참고로 우리나라는 2021년 기준 전체 내국인 근로자의 3% 정도인 85만 명의 외국인 근로자를 고용하고 있다.

개방적 제도를 근간으로 하는 로마제국의 팍스로마나 Pax Romana 정책은 로마제국의 확장에 핵심적인 역할을 했다. 그 이후 10만 명

남짓한 점령군으로 정복 전쟁에서 자비를 몰랐던 몽골제국이 200년 가까운 세월 동안 당시 세계 인구의 절반을 통치할 수 있었던 것은 인재, 문화, 언어, 종교 등에 대한 포용 정책을 기본으로 한 경영방식 덕분이었다. 이는 현재 다국적 기업의 세계화 정책과도 아주 흡사하며 세계화를 추구하는 국내 기업에도 참고가 된다.

다양성에 관한 주요 이슈는 시대적, 사회적으로 다르다. 예전과 오늘이 다르고 미국과 유럽이 다르고 우리나라가 각각 다를 수 있다. 우리나라가 당면한 우선적인 다양성 문제로는 성별, 나이(세대), 외국인 근로자, 장애인을 꼽을 수 있다. 그들을 적극적으로 포용하는 것은 이미 국가적, 사회적 과제가 되었다. 우리나라는 출산율이 세계에서 가장 낮으면서 또 가장 급속히 늙어가고 있다. 그중에서도 특히 세계에서 가장 높은 교육 수준을 가진 여성인력의 적극적인 활용은 앞으로 우리 사회와 기업의 지속적인 발전을 위한 선결적인 과제다. 나도 다국적 기업에서 오랫동안 다양한 국가적, 문화적 배경을 가진 동료들과 일한 경험이 있다. 현대에 가장 혁신적이고 경쟁력 있는 집단은 다양한 세계관과 가치관과 문화적 이해력과 사고방식을 가진 인재들로 채워진 조직이다. 조직에서 구성원의 성별 균형을 갖추는 것도 다양성과 관련된 과제 중의 하나이다.

'가장 저평가된 천연자원'은 2011년 『이코노미스트』가 우리나라 여성인력의 낮은 활용도를 비유적으로 표현한 말이다. 우리나라는 세계 최고 수준의 고학력 여성인력을 보유하고 있음에도 2021년 기준 우리나라 여성의 경제활동 참가율은 53.3%, 고용률은 51.2%

에 불과하다. 남성은 각각 77.9%와 74.8%이다. 그나마 2010년 이전에는 50%를 밑돌던 것이 2011년 이후 완만하지만 꾸준히 늘어났다. 하지만 2019년 경제활동 참가율 60.0%, 고용률 57.8%를 정점으로 코로나 상황을 맞은 2020년 이후에는 다시 감소했다. 이러한 수치는 경제협력개발기구OECD 국가들의 평균인 59.0%보다 낮은 30위권 밖으로 최하위 수준이다. 이들 국가 중 우리나라보다 여성의 경제활동 참가율이 낮은 나라는 터키, 멕시코, 그리스 등 몇 개국에 불과하다. 80%에 달하는 아이슬란드와 비교하면 그 격차는 아주 많이 커진다.

또 하나의 특징은 30~39세 가임 연령대의 고용률이 현저히 낮아 연령별 여성 고용률 곡선이 M자 형태를 보인다는 점이다. 2019년 우리나라의 여성 고용률은 25~29세에 71.1%로 정점을 찍은 뒤 30~34세(64.6%), 35~39세(59.9%)로 30대에 접어들면서 급격히 낮아진다. 이는 학교 졸업 후 취업한 여성이 결혼이나 출산 등의 가사를 이유로 취업을 일시적으로 포기하는 데 따른 현상이다. 그러다 40~44세(62.7%), 45~49세(67.4%)로 40대에 들어 다시 높아졌다가 50대 이후에 하락세를 보인다.

우리나라의 남성 고용률을 보거나 남녀 간의 차이가 거의 없는 서구 선진국의 고용률 커브를 보면 거꾸로 된 U자형을 보인다. 우리나라 여성의 M자 형태는 출산과 육아 문제가 가장 큰 원인이다. 그리고 이로 인해 초래되는 여성의 경력단절 문제는 여성인력의 개발, 경력관리, 임금구조에 직접적으로 부정적 영향을 미쳐 여성인력의 활용을 더욱 어렵게 하는 악순환을 가져온다. 일단 경력이 단절

되면 나중에 재취업을 하더라도 상대적으로 부가가치가 낮은 단순 직무나 일용직 등의 비정규직으로 편입될 가능성이 더 커지기 때문이다. 이러한 하향 취업은 임금구조도 하향으로 이동시킨다. 우리나라 여성 일자리의 질 문제는 여성인력을 효과적으로 활용하는 데 있어 해결해야 할 근본적인 과제 중의 하나다.

출산율 역시 2000년 1.47명에서 2022년 0.78명까지 떨어져 세계 최저 수준이다. 그로 인해 우리나라의 인구는 자연 감소하고 있다. 출산율의 저하는 생산가능인구의 저하와 노령인구의 급속한 증가 추세와 더불어 생산력 저하, 잠재 성장률의 감소, 노인 부양 비율의 증가 등 우리 경제가 시급히 대비해야 할 심각한 과제를 던지고 있다. 한국경제연구원의 보고에 따르면 출산율이 0.25명 감소하면 경제성장률이 0.9% 떨어진다.

우리 사회에서 진행되는 이러한 급격한 인구 역학적인 변화에 대처하기 위해 무엇을 해야 하는가? 여성인력의 효과적 활용이 첫 번째 답이다. 그러기 위해서는 정부, 사회, 기업 그리고 여성 스스로 태도를 바꾸는 등 총체적인 노력이 필요하다. 정부는 여성인력의 경제활동 참여에 장애가 되는 요소를 제도적으로 완화하고 경제활동 참여를 장려하기 위해 직장과 가정의 양립이 가능하도록 제도적으로 지원해야 한다.

생산 개념에서도 남성이 우위를 가질 수밖에 없던 하드웨어적, 제조업적인 요소가 주도하던 시대는 끝났다. 정보통신기술의 발달에 바탕을 둔 소프트웨어적이고 창의적인 역량이 생산의 핵심 요소가 된 세상이다. PC나 스마트폰으로 집에서 할 수 있는 일거리도 얼마든지 있다. 그리고 사회적 환경이나 문화의 변화도 따라야 한다. 그러나 이러한 변화는 그냥 오지 않는다. 여성인력을 주로 고용할 기업에서 적극적으로 나서야 한다. 미시간대학교 로스 경영대학원의 교수이자 하버드 한국연구소의 연구원인 조던 시겔 Jordan Siegel 교수는 한국에서 회사 경영진의 여성 비율을 10% 높일 때 총자산수익율ROA이 1% 늘어날 것이라는 분석을 내놓았다.[16] 글로벌 컨설팅 업체 맥킨지의 조사에서도 임원 레벨에서 성별 다양성을 확보하는 기업은 그렇지 못한 기업보다 이익률이 21%나 높았다.

대한상공회의소에서 500개 기업을 대상으로 2009년 실시한 여성인력 활용 현황 조사[17]에서 여성 직원에 대한 만족도가 이미 100점 만점에 84.3으로 나왔다. 여성인력 고용 기업 입장에서도 여성인력의 업무성과에 대해서 상당히 만족하는 것으로 나타나는 점은 고무적이다. 기업에서 여성인력을 효과적으로 활용하기 위해서는 가족 친화적인 근무환경의 조성, 성과주의 인사제도와 경력개발 제도의 도입 등 회사 차원의 지원이 필요하다. 기업 내부적으로 전체 구성원 대비 성별 비율, 관리자와 경영진에서 여성이 차지하는 비율 등의 목표를 설정하고 준비하는 것도 도움이 된다.

근무환경과는 별개로 여성인력의 의식과 태도 변화도 중요하다. 성별을 떠나 직장인으로서 필요한 개인 역량을 갖추고 더 적극적이고 당당하게 경쟁할 수 있도록 노력해야 한다. 여성인력의 활용 문제는 이제 기업 차원의 문제를 넘어 우리나라의 미래를 좌우할 과제가 되었다. 여성인력의 활용 없이는 우리나라의 미래도 없다.

7.
변화에 적응하지 못하는 조직은 도태한다

　태풍이 지나간 날 아침 출근길에는 밤새 태풍이 남겨놓은 흔적들이 곳곳에 생생하게 남아 있었다. 그중에 특히 눈에 띄는 것이 바람에 부러지거나 뿌리째 뽑혀 길가에 쓰러져 있는 나무들이었다. 평소에는 눈여겨보지 않았는데 자세히 주변을 살펴보니 쓰러진 나무들이나 피해를 보지 않은 나무들이나 외양만 보아서는 크게 다른 점이 없어 보였다. 쓰러진 나무들도 바람만 크게 불지 않았다면 그저 그렇게 다른 나무들에 섞여 별일이 없었을 것이다. 함께 바람을 맞았는데도 어떤 것은 쓰러지고 또 어떤 것은 멀쩡한 이유는 무엇일까?
　주변의 환경 변화는 동물이나 식물이나 살아 있는 모든 것의 생존에 지대한 영향을 미친다. 포도나무가 대표적인 사례다. 와인의 원료가 되는 포도는 토양, 기후, 습도, 일조량 등에 따라 그 품질이 천차만별이다. 같은 지역에서 생산되는 와인도 포도원과 생산연도에 따라 품질이나 가격에 큰 차이가 난다. 포도라는 식물이 그만큼 환경의 변화에 민감함을 보여주는 대표적인 예이다. 포도는 토양이 비옥하고 물이 풍부하게 공급되는 곳에서는 줄기와 잎이 풍성하게 자라지만 정작 좋은 열매를 맺지 못한다. 대신 땅이 척박하고 건조한 비탈밭이나 계곡 같은 곳에서는 필요한 영양분과 물을 찾아 뿌리를 깊게 내린다. 그리고 제한된 자원을 효과적으로 사용하기 위해 확보한 자원은 본능적으로 개체 보존을 위한 목적에 우선 배분한다. 이러한 토양에서 자란 포도들은 잎사귀와 줄기의 성장이 적당히 억제되는 대신 튼실한 열매를 맺는다. 특급 와인을 생산하는 이름 있는 포도원이 주로 토양이 거친 지역에 위치하는 것은 그 때문이다.

나무의 뿌리가 뽑힌 이유는 다른 나무보다 뿌리를 얕게 내리고 있었기 때문일 것이다. 가지가 꺾인 이유는 다른 가지보다 평소에 약했거나 바람을 버텨낼 정도로 유연하지 못했기 때문일 것이다. 세상에 이유 없이 어느 날 갑자기 생기는 일은 없다. 모든 일에는 인과관계가 존재한다. 갑자기 일어나는 것처럼 보이지만 축적된 인과관계가 '변화'라는 계기를 맞아 그 실체를 드러내는 것이다.

"우리는 같은 강물에 두 번 들어갈 수 없다." 고대 그리스의 철학자였던 헤라클레이토스가 2,500년 전에 한 말이다. 강물은 계속해서 흐르고 있다. 두 번째로 들어갔을 때의 강물은 이미 예전의 그 강물이 아니다. 그리고 흐르는 강물과 함께 그 사이 나 자신조차도 변했다. 헤라클레이토스는 만물은 기본적으로 변한다는 전제를 가지고 세상을 이해했다. 그는 우주에서 변하지 않는 유일한 것은 변한다는 사실뿐이라고 했다. 옛날이나 지금이나 세상은 항상 변화해왔다.

그런데 변화의 속도는 옛날과 같지 않다. 예전에는 변화가 비교적 느린 주기로 다가와 어느 정도 예측이 가능했다면 최근의 변화는 패턴이나 주기를 전혀 예측할 수 없는 방식으로 급격하게 찾아온다. 사실 사회적, 정치적, 경제적 환경으로부터 받는 영향이 클 수밖에 없는 기업은 수시로 사업환경의 변화와 맞닥뜨린다. 하지만 변화는 속성상 항상 불편하다. 그래서 변화를 대하는 태도는 사람마다 다르다.

근본적으로 변화에 대한 사람의 태도는 4가지 유형으로 나뉜다. 첫째, 변화를 주도하는 사람이다. 현재 자신이 처한 상황과 주변 환경을 인식하여 미래를 위한 보다 나은 상황을 확보하거나 혹은 미래에 다가올 어려움을 피하기 위해 스스로 먼저 변화를 시도하는 것이다. 둘째, 변화에 동참하는 사람이다. 다른 사람이 주도하거나 먼저 시작한 변화를 보면서 이를 따라가는 사람이다. 적극적이지는 않지만 변화에 긍정적이다. 셋째, 변화를 그냥 바라보기만 하는 사람이다. 변화에 부정적이지는 않지만 그렇다고 긍정적이지도 않다. 그냥 자신과는 상관없는 듯 관망한다. 넷째, 변화에 저항하는 사람이다. 변화해야 하는 이유를 모르거나 알아도 거부한다. 완고하며 나름대로 변화하지 못하는 이유를 여러 개 갖고 있다. 변화에 대해 당연히 부정적이다.

이 4가지 유형에 덧붙여 한 가지 유형이 더 있다. 자신뿐만 아니라 남도 같이 변화하지 못하도록 다른 사람의 발목을 잡는 경우다. 다른 사람을 변화하지 않는 쪽에 동참시켜 자신에 대한 정당성과 위안을 얻고자 한다. 다 같이 망하자는 주의다. 최악의 경우다.

평소에 변화에 관해 어떤 생각을 가졌는가가 변화를 대하는 태도에 영향을 미친다. 다음과 같은 유형이 있다. 첫째, 평소 변화가 생길 수 있다는 것을 항상 이해하고 그 자체에 대해서도 긍정적인 생각을 지닌 사람이다. 이런 사람은 실제 변화가 찾아왔을 때 놀라지 않고 유연하게 수용하며 새로운 상황에 대한 적응력이 가장 높다. 둘째, 평소 변화가 생길 수 있다는 생각은 하지만 자신이 변화하는 것에는 부정적인 사람이다. 실제 변화가 왔을 때 놀라지는 않으나 변화에 저항적이다. 변화하기가 쉽지는 않지만 이유를 잘 이해시키면 가능하다. 셋째, 평소 변화가 있을 수 있다는 것은 생각하지 않지만 변화 자체에는 긍정적인 사람이다. 실제 변화가 있을 시 충격을 받기는 하지만 점차 동참하는 사람이다. 다만 시간이 필요하다. 넷째, 평소 변화의 가능성에 관한 생각도 없고 변화하는 것에도 부정적인 사람이다. 실제 변화에 대해 크게 충격을 받으며 격렬히 반발하며 저항한다. 이런 사람은 문제의 원인을 주로 자기 자신이 아니라 외부에서 찾는다. 그래서 이로 인해 자신에게 큰 어려움이 닥쳐도 그 이유조차 깨닫지 못하기도 한다. 변화하기가 가장 힘든 사람이다. 조직에서 이런 사람의 비율이 높을수록 조직의 변화가 힘들다. 특히 넷째 유형의 사람이 리더가 되어 이끄는 조직은 재앙에 가깝다.

개인이든 조직이든 급격히 변화하는 현재의 환경에서 변화에 대한 융통성은 경쟁력을 유지하는 데 반드시 필요한 역량이다. 변화관리에서 가장 최선의 방법은 어떤 일이 구체적인 결과로 나타나기 전 단계의 원인을 관리하는 것이다. 고혈압이나 당뇨병으로 진행되는 것을 막기 위해 혈압이나 혈당을 높이지 않도록 미리 식단을 조절하고 운동을 하는 것과 같은 이치다. 하지만 최근의 급격한 환경 변화에서는 그 원인과 결과를 구체적으로 예측하고 미리 통제한다는 것이 사실상 불가능하다. 다만 변화가 찾아왔을 때 얼마나 적절하고 신속하게 대처하느냐가 문제다. 변화관리의 요체다.

야구에서도 타율이 높은 타자와 낮은 타자를 가르는 요인을 분석해보면 평소 타격 자세에서 비슷한 현상이 관찰된다. 타율이 낮은 선수는 가령 투수가 갑자기 변화구를 던졌을 때 배트가 이리저리 무작정 공을 따라다니다가 기본적인 자세가 무너지면서 타격 포인트를 놓친다. 하지만 뛰어난 타자는 어떤 공이 들어와도 평소 훈련된 단단한 기본자세를 잃지 않으면서 유연하고도 효과적으로 공의 변화에 대처한다. 내재화, 습관화가 되어 몸에 박힌 기본 역량 덕분이다. 조직의 변화관리에서도 이러한 역량의 내재화는 대단히 중요한 성공 요소가 된다.

조직의 변화관리는 크게 사람 차원에서 변화관리와 조직 차원에서 변화관리로 나뉜다. 하지만 변화관리의 주체는 결국 사람이다. 조직의 어떤 변화든 사람이 관련되지 않은 것이 없다. 그래서 조직 차원의 변화도 결국은 사람의 변화로부터 시작된다. 조직은 사람이 모여서 만드는 것이기 때문이다.

사람에 대한 변화관리 방안이 수립되면 그다음 단계는 이를 체계적이고 전문적인 변화관리 프로세스에 접합하는 것이다. 조직의 메커니즘, 조직심리, 조직개발에 대한 심층적인 이해와 함께 이의

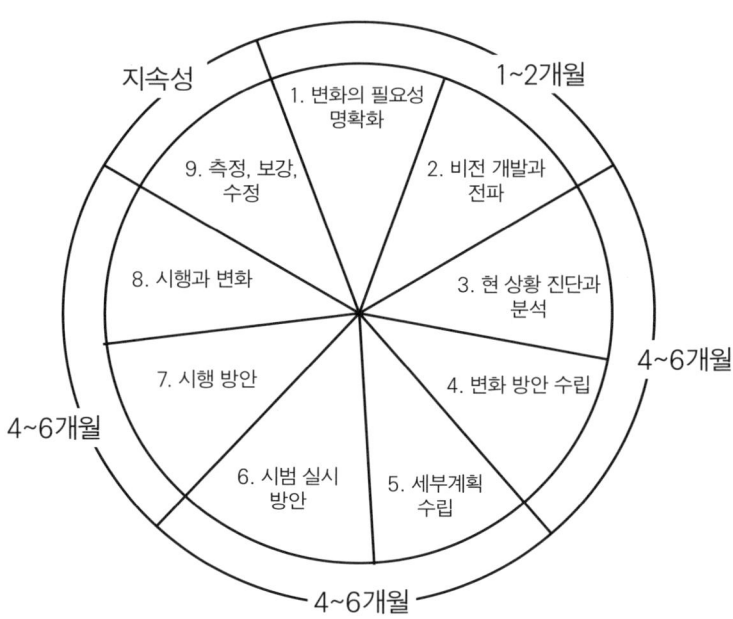

실행을 위한 전문 지식이나 전문가의 도움이 필요하다. 위의 그림은 변화관리 프로세스의 한 모델이다. 변화관리 프로세스에서 가장 중요한 부분은 사람 차원의 변화이다. 이와 더불어 변화의 방향에 대하여 구성원과 조직을 연결하는 커뮤니케이션도 매우 중요하다. 그다음은 변화관리 역량이 조직에 내재화되어 조직 차원의 습관으로 변해 조직에 뿌리를 내리게 하는 것이다.

다음의 표는 변화관리의 커뮤니케이션 단계를 정리한 것이다. 커뮤니케이션 단계에서 가장 중요한 것은 최고경영자를 비롯한 경영층의 구성원에 대한 공감 형성과 솔선수범이다.

변화에 관한 커뮤니케이션 역시 조직의 범위와 단계별로 지속적

변화관리의 4가지 커뮤니케이션 단계

커뮤니케이션 단계	커뮤니케이션 범위	커뮤니케이션 목적	변화모델 단계
1. 인지 단계 (무엇이 일어나는가?)	전 조직 차원	• 전략적 관점으로부터 변화 주도 • 조직원칙 재확인 • 프로세스에 대한 세부 일정 제공(변화주도 조직, 팀, 스케줄 등)	1. 변화의 필요성 명확화 2. 비전 개발 및 전파
2. 프로젝트 추진 상황 알림 단계 (어디쯤 가고 있을까?)	해당 조직	• 경영층의 의지를 피력 • 전략적 근거를 재확인 • 관리자 및 직원들의 현안 파악 • 시범실시로부터 정보 수집 • 전체적인 변화 청사진 제공	3. 현 상황 진단 및 분석 4. 변화 방안 수립 5. 세부계획 수립 6. 시범 실시 방안 7. 시행방안 8. 시행 및 변화
3. 시행 단계 (이것이 당신에게 어떤 의미가 있는가?)	해당 프로젝트	• 계속적인 경영층의 의지 피력 • 조직원칙 및 전략적 초점 재확인 • 피드백 청취 및 수집	9. 측정, 보강, 수정
4. 후속조치 단계 (어떻게 하면 변화가 정착될 것인가?)	해당 팀	• 계속적 성공을 위한 변화과정 검토	

변화관리 커뮤니케이션 체크리스트

1. 변화의 요인과 장애물은 각각 무엇인가?
2. 변화하지 않으면 무슨 일이 일어나는가? 누가 그렇게 말하는가?
3. 변화의 결과는 무엇인가?
4. 변화는 우리에게 무엇을 보장하는가?
5. 변화의 부산물은 무엇인가?
6. 나에게 무슨 상관이 있는가?
7. 변화에 대해 개인과 조직이 받는 부정적이 영향은 무엇인가?

으로 이루어져야 한다. 그리고 변화가 구성원들에게 미칠 영향을 투명하게 알려야 한다. 위의 표는 구성원과의 커뮤니케이션 시 꼭 챙겨야 할 체크리스트이다.

태풍이 언제 올지는 정확히 모르지만 항상 온다는 사실은 분명하다. 변화도 마찬가지다. 태풍에 적응하지 못하는 나무는 쓰러질 것이고 변화에 적응하지 못하는 기업은 도태한다.

3장

구성원의 자발적 몰입을 끌어내야 한다

1. 성공하는 조직은 자발적 동기 유발자가 많다

조직에서 인적자원의 가치를 어떻게 볼 것인가 하는 관점에 대한 문제는 시대에 따라 변화가 있었다. 대체로 1980년대까지는 인적자원을 비용의 한 부분으로 보아 최적정 인건비 달성이 인적자원관리의 주요 목표였다. 1990년대에는 사람을 인적자본으로 보는 시각에 따라 자본수익률ROI을 주요 핵심성과지표KPI, Key Performance Indicator로 따지기 시작했다. 2000년대에 들어서 조직 구성원을 소위 노력과 몰입을 투자하는 '투자가'로서 바라보게 됐다.

그런데 기업이 구성원을 투자가로 생각한다면 투자를 받아야 하는 '노력과 몰입'이란 무엇인가? 이는 달리 표현하면 직무에 대한 '자발적 몰입Discretionary Commitment(Engagement 혹은 Flow로 표현하기도 함)'을 의미한다. 자발적 몰입이란 구성원이 현재의 역량을 바탕으로 자발적으로 또 최선을 다해 직무나 직무 관련 자기계발에 최대한 전념하는 것을 말한다. 직원들을 직무 몰입도에 따라 분류하면 대체로 다음과 같은 4가지 유형이 있다.

1. 이성적, 정서적으로 완전히 몰입하는 자발적 몰입 구성원
2. 이성적으로는 높게 몰입하되 정서적으로는 완전히 뒷받침되지 않는 구성원
3. 부분적으로 몰입하는 구성원
4. 직무에 관심이 없는 비 몰입 구성원

코로나19 이전 우리나라를 포함한 전 세계 18개국 8만 8,000명의 직원을 대상으로 조사한 글로벌 컨설팅 기업 머서Mercer의 구성원몰입도 조사[1]를 보면 조사대상 기업에서 전적인 자발적 몰입 구성원의 비율은 20% 남짓 되는 것으로 나타났다. 두 번째 유형이 약 40%, 세 번째 유형이 약 30%, 그리고 비 몰입 구성원의 비율은 약 8%였다. 그러나 같은 조사에서 우리나라만 놓고 본다면 전적인 자발적 몰입 구성원의 비율이 8%밖에 되지 않아 전체 조사 대상국 중 끝에서 세 번째에 속했다. 한마디로 우리나라 근로자들의 자발적 몰입도가 상당히 낮다는 것을 알 수가 있다. 참고로 꼴찌인 일본이 3%이고 홍콩이 5%로 우리나라보다 낮아 그나마 위안이 된다. 우리나라는 두 번째 유형이 45%, 세 번째 유형이 40%, 네 번째 비몰입 구성원의 비율이 7%로 전체 평균과 비슷했다. 당연히 자발적 몰입 구성원은 개인의 업무성과가 높다.

갤럽의 2016년 연구를 보면 몰입도가 높은 구성원이 그렇지 않은 구성원보다 품질 문제는 40%, 안전사고 발생률은 48~70%가

더 낮았다. 회사 차원의 비교에서도 몰입도가 높은 기업이 상대적으로 그렇지 않은 기업보다 수익은 21%가 높고 손실은 28%가 낮았다. 고객만족도는 89%, 고객충성도는 50%나 높았다. 그리고 영업직이 비영업직보다 자발적 몰입 구성원의 긍정적 효과가 더 크게 나타나는 것도 특기할 만하다.

최근 들어 자발적 몰입과 관련하여 '조용한 사직'[2]이라는 신조어도 생겼다. 말 그대로 조용히 회사를 그만둔다는 뜻이 아니다. '승진에 대한 포부나 성과를 내고자 하는 욕심을 포기하고 자신에게 요구되는 최소한의 업무만 하면서 조용히 회사에 다니겠다.'라는 일부 근로자들의 경향을 지칭한다. 코로나 팬데믹으로 인한 가치관이나 사고의 변화가 주된 배경으로 보이지만 관료주의가 심한 조직이거나 창의적인 아이디어와 새로운 시도가 잘 수용되지 않는 조직문화에서도 이러한 현상이 관찰된다. 그러한 문화에서 '굳이' 나서서 힘들게 노력하기보단 '조용히' 주어진 기본적인 업무만 수행하는 것이다. 이러한 조직에서 구성원들의 자발적인 몰입과 조직의 혁신은 기대하기 힘들다.

일본에서 경영의 구루로 불리는 교세라그룹의 이나모리 가즈오 회장은 직원을 스스로 알아서 타는 자연성自燃性 구성원, 불을 붙여 주면 타는 가연성可燃性 구성원, 불을 붙여도 전혀 타지 않는 불연성不燃性 구성원으로 분류했다.[3] 여기서 말하는 자연성自燃性 구성원이 바로 자발적 몰입자다. 더 많은 구성원을 전적인 '자발적 몰입자'로 만드는 일은 경쟁력 있는 회사를 만들기 위한 첫 번째 과제다.

모티베이션Motivation이란 영어 단어는 우리말로 흔히 동기부여 혹은 동기유발로 번역된다. 동기유발은 주어진 목표를 달성하기 위해 구성원 개인의 자발적 몰입을 끌어내는 것을 뜻한다. 동기유발 연구는 HR에서 개인의 성취도와 조직성과를 높이는 데 빠질 수 없는 주제 중 하나다. 일반적으로 개인의 업무성과는 개인 역량, 작업환경, 개인이 가진 동기유발 정도에 따라 큰 영향을 받는다. 동기유발 연구 중에 빅터 브룸이 주장한 '기대이론'[4]이 있다. 인간의 동기유발은 한마디로 자신의 행동이 어떠한 결과를 얻을 것인지에 대한 기대의 정도에 달려 있다는 것이다. 여기서 기대란 일정한 목표를 달성하기 위해 개인이 노력했을 때 투입한 노력이 실제로 어떠한 성과로 이어질 수 있으리란 것을 말한다.

만일 아무리 노력해도 애초에 달성할 수 없는 목표라면 아예 노력 자체를 포기할 것이다. 적절한 수준의 목표 설정과 달성한 성과에 대한 인정이 중요한 이유다. 노력이 성과로 이어진다고 전제해도 그 성과가 합당한 보상으로 이어지지 않는다면 성과 달성을 위해 전력을 다하지 않을 것이다. 이는 동기유발에서 합리적인 보상의 중요성을 알려준다. 보상과정에서도 개인적 욕구에 따라 여러 가지 보상 요소가 주는 의미는 사람마다 다르다. 그래서 기대이론을 간단한 수식으로 표현하면 '동기유발=기대(노력에 대한 성과 인정 정도)×수단(성과에 대한 보상 정도)×개인이 느끼는 가치'가 된다. 즉 적절한 수준의 목표 부여와 개인적인 동기유발 요소를 고려한 합리적 보상이 동기유발을 한다는 것이다. 동기유발의 정도는 이러한 과정에서 개인이 가진 기대에 대한 믿음의 정도와 밀접한 관계가 있다.

노르웨이 오슬로대학교의 시리 레크네스 교수의 연구에 따르면 신체에 일정한 물리적 자극을 가할 때 인간의 뇌가 감지하는 것은 실제로 주어진 자극이 아니라 자극에 대한 기대 수준의 정도에 따라 다르게 나타났다. 연구진은 평균 나이 25세의 남녀 16명을 대상으로 신체에 대한 열 자극 실험을 했다. 먼저 따뜻하다고 느낄 정도의 자극을 준 다음에 그보다 높은 중간 정도의 자극을 주었을 때 모두가 통증으로 인식했다. 그러나 중간 정도의 자극을 먼저 준 다음 좀 더 강한 정도의 자극을 주었을 때 모두가 중간 정도의 통증을 실제보다 훨씬 적다고 느끼고 심지어는 편안하다고 인식했다. 이번에는 실험 도중 다음번 자극이 어느 정도인지를 알려주었다. 강한 자극을 알려준 다음 중간 정도의 자극을 주었을 때 피실험자들은 이를 즐거움으로 인식했고 자기공명영상장치MRI로 촬영한 대뇌 전두엽의 가운데 부분(고통의 경감이나 즐거움을 처리하는 부분)이 눈에 띄게 활성화되는 것으로 나타났다. 반면에 약한 자극을 준다고 알려준 다음 중간 정도의 자극을 주었을 때는 뇌에서 고통을 처리하는 뇌간의 활동이 두드러졌다.

이는 사람이 똑같은 자극에 노출되더라도 그 정도에 대한 기대 수준에 따라 실제로 주어진 자극과는 상관없이 뇌에서 느끼는 통증 수준이 다를 수 있다는 것을 보여준다. 여러 가지 심리학적인 기존의 연구에 더하여 이를 보상과정에 적용하면 똑같은 보상이라도 기대 수준의 정도에 따라 그에 대한 만족 수준이 달라질 수 있다는 것을 의미한다. 뇌과학적 측면에서 이러한 연구도 소위 기대 수준을 관리하는 것이 동기유발 과정에 대단히 중요한 요소라는 것을 의미한다.

그러나 보상을 하기 위해 성과를 인정하는 과정에서 다소 복잡한 문제가 작용한다. 사람들은 객관적인 확률보다 자신의 상황을 더 낙관적으로 전망하는 '긍정편향'이라 불리는 인지성향을 갖고 있다. 이는 다른 인지 편향인 '우수성편향'과 더불어 사람들이 자신의 능력과 미래에 일어날 결과에 대한 예측을 과대평가하게 만든다. 즉 사람들은 성과평가 과정에서 자신이 달성한 성과를 실제보다 높게 평가할 가능성이 크다는 것이다.

조직에서 개인의 성과를 관리할 때 투명하고 정기적이고 지속적인 의사소통과 피드백이 필수적인 이유다. 동기유발에 관해서는 다른 관점에서 여러 연구가 있고 또 기대이론만으로는 설명하기 부족한 부분도 있다. 하지만 기대이론의 관점에서 보면 동기유발은 한마디로 기대 수준을 관리하는 과정이라 볼 수 있다. 그래서 조직은 구성원들에게 어떤 정책을 발표할 때 사전에 최대한 신중히 검토해야만 한다. 또 한 번 발표하거나 약속한 정책은 반드시 이행하도록 노력해야 한다. 그럼에도 불구하고 간혹 이를 지키지 못할 불가피한 사정이 생겼을 때는 구성원들에게 신속하고도 투명하게 설명해야 한다. 이는 조직과 구성원 사이의 신뢰 관계를 구축하는 데 기본적인 일이며 구성원의 동기유발 측면에서도 반드시 고려해야 할 사항이다.

심리학자 데이비드 맥클리랜드 David Clarence McClelland는 한 나라의 국민이나 조직 구성원의 성취동기가 높을수록 국가의 경제적

번영도가 높으며 기업도 높은 성장률을 보인다는 것을 발견했다.[5] 그리고 성취동기가 높은 사람들은 적당히 도전적인 업무를 받아들이며 모험가적인 특성, 성취와 가능성에 대한 자신감, 강한 책임감, 결과에 대한 높은 관심과 함께 정력적, 혁신적, 활동적, 미래지향적 사고방식을 갖고 있었다. 성공하는 조직은 자발적 동기 유발자들이 넘치는 곳이다.

2.
신뢰에 대한 배신은
비싼 대가를 요구한다

외국에서 유학 중이던 아들이 계절학기를 끝내고 귀국했을 때였다. 한 과목의 시험이 연기되어 시험을 보지 않고 왔다고 했다. 그래도 되느냐고 물었더니 담당교수가 시험을 원격으로 치를 수 있게 허락했다고 한다. 며칠 후 학교에서 소포가 왔는데 안내사항과 함께 별도로 밀봉된 봉투가 하나 들어 있었다. 안내사항을 보니 시험감독으로 대학의 교수 한 사람을 지정하여 직접 아들에게 시험을 보게 한 후 답안을 밀봉해 학교로 반송하라는 것이었다. 편지에는 원격 시험을 시행하기 위한 안내만 있었을 뿐 별도의 다른 내용은 없었다. 여하튼 안내받은 대로 시험을 치른 후 답안을 학교로 직접 제출했다는 것을 감독 교수로부터 확인했다. 이를 보면서 많은 생각이 들었다. 학부모를 믿고 자율로 시험을 맡긴 교수와 학교 측의 조치도 놀라웠지만 신뢰라는 의미를 다시 떠올려보는 계기가 되었다.

신뢰란 사람을 믿고 의지하는 것을 말한다. 그리고 어떤 현상이 되풀이될 때 예측이 가능하다면 이를 신뢰도가 높다고 표현한다. 그래서 통계학에서는 '신뢰도 95%'와 같이 신뢰의 수준을 아예 현상을 분석하는 전제 조건으로 삼는다. 독일의 사회학자 니클라스 루만Niklas Luhmann은 신뢰는 상대의 행동을 예측 가능하게 하는 것이라고 간단히 정의하기도 했다.[6] 신뢰도란 기대 수준에 관한 결과의 부합 정도라고 표현할 수도 있다. 이를테면 '적어도 성직자가 하는 행동은 선의에 기초한 것일 것이다.' 혹은 '자격증을 가진 사람은 그 분야에 능통할 것이다.'라고 믿는 것이다.

신뢰에 대한 배신은 비싼 대가를 요구한다. 9·11 테러가 일어난 후 공항에서 모든 승객은 일일이 보안검색을 받는다. 그전보다 보안검색 시간이 3배 이상 늘어났다. 승객 중에 테러리스트가 있을지 모른다는 불신의 대가다. 우리나라에서 미국 대학입학능력 인증시험인 SAT에 부정이 발생하자 이후 응시자는 시험 기회와 공신력에서 불이익을 받고 있다. 이와 같이 신뢰 수준이 내려가면 비용과 속도가 올라간다. 이를 경영 전문가 스티븐 코비Stephen Covey는 '신뢰의 경제학'이라고 했다. 신뢰는 구성원이나 해당 당사자가 처음부터 깨지지 않게 노력해야 한다. 한번 깨진 신뢰는 회복하기가 쉽지 않을 뿐더러 회복하는 데 큰 비용을 지불해야 한다. 제품에 하자가 발생했을 때 엄청난 비용을 들여 리콜하는 것도 신뢰를 되찾기 위한 비용이다. 신뢰도가 높은 사회일수록 신뢰를 깨는 당사자에게 혹독한 비용을 요구한다. 열차표를 검표하지 않는 대신 무임승차가 적발되면 30배의 벌금을 물리는 식이다.

특히 회사에 대한 구성원의 신뢰는 한번 깨지면 회복하기가 쉽지 않다. 요즈음과 같이 모든 것이 온라인과 모바일을 기반으로 이루어지는 글로벌 지식경제 사회에서 신뢰는 핵심적인 경쟁 요소이기도 하다. 조직에서 구성원의 신뢰를 확보하는 것은 구성원을 몰입시키는 첫 번째 요소다.

조직 내에서 구성원의 신뢰를 확보하기 위해서는 체계적이고 효과적인 사내 커뮤니케이션 수단이 필요하다. 또한 구성원에 대한 메시지는 최대한 투명하고 솔직해야 한다. 이는 대외적인 커뮤니케이션에서도 기본적으로 다를 바가 없다. 수많은 매체와 소셜미디어가 범람하고 가짜 뉴스가 판치는 요즈음에는 사내에서도 가짜 뉴스가 나돌아 종종 구성원의 몰입을 방해하기도 한다. 어떤 이슈가 사실과 진실이라 해도 그 맥락이 쉽게 왜곡되거나 구성원이 잘 느끼지 못할 때도 종종 있다. 그럴 때 사실을 이야기해도 구성원들이 잘 믿지 않기도 한다. 사실과 인식에 대한 차이를 보여주는 몇 가지 사례가 있다.

요즈음은 비행기 여행이 보편화되어 장거리 여행 대부분을 담당하고 있다. 그런데 사람들은 비행기 여행에 대해 보편적으로 막연한 불안감을 느끼고 있다. 한번 사고가 나면 살아남기 힘들다는 이유 때문이다. 특히 대부분의 사람이 절대적으로 열차 여행이 비행기 여행보다 더 안전하다고 믿고 있다. 하지만 '사실'을 살펴보면 '진실'은 그렇지 않다. 사람들이 비행기 여행이 열차보다 더 위험한 것으로 믿는 주된 이유는 사고의 빈번도와 사망확률이 비행기가 열차보다 훨씬 더 높다는 데에 있다. 과연 그럴까? 국제민간항공기구IATA가 발표한 2009년 보고서[7]를 보면 연간 총 3,500만 항공편이 운항되었고 승객은 총 23억 명이 탑승했다. 그중 18건의 사고가 발생해 총 685명이 사망한 것으로 나와 있다. 이를 총 승객 대비 사망자 비율로 환산하면 0.0000029% 정도가 된다. 이는 814만 분의 1로 0.000012% 확률에 해당하는 로또 당첨 확률보다도 4배나 낮은 확률이다.

그렇다면 비행기 사고는 한번 발생하면 모두 죽을까? 미국 항공운항국의 자료에 따르면 1983~2000년까지 발생한 비행기 추락사고에서 탑승객의 95.7%가 생존했다. 그중 26건은 가장 심각한 수준의 추락사고였음에도 불구하고 50% 이상의 승객이 살아남은 것으로 보고되고 있다. 총 승객수 기준으로 비교하면 사고로 사망할 확률은 열차가 비행기보다 1.4배 정도 더 높은 것으로 알려져 있다. 이는 열차 간 충돌이 자동차 간 충돌보다도 사망확률이 30배나 더 높다는 사실과도 관련이 있다. 이렇게 우리 주변에서 매일 일상적으로 일어나는 일임에도 불구하고 흔히들 이를 잘 느끼지 못하거나 사실을 잘못 알고 있거나 진실이 아닌 것을 진실로 굳게 믿고 있는 경우가 적지 않다.

개인 간 의사소통에서도 경청이 중요하듯 조직 내 구성원과의 의사소통에서도 회사의 제반 사항에 대해 어떻게 생각하는지를 듣는 것은 대단히 중요하다. 구성원의 생각이나 의견을 파악하는 일반적인 수단으로는 성과관리 프로세스상의 피드백, 정기 간담회, 경영진과의 대화, '스피크업'이라고 하는 익명의 의견 전달, 제안제도, 오픈 도어, 노사협의회 등이 있다. 하지만 가장 직접적인 방식은 분야와 항목을 사전에 설계하여 설문을 통해 구성원들에게 조사방법론적으로 접근하는 것이다. 이를 통해 구성원의 생각과 전반적인 사기morale 수준을 파악할 수 있다. 기술적으로 선거에서의 여론조사 방식과 유사하다. 선거에서의 여론조사는 여러 가지 논란이 있지만 집단의 의견을 파악하여 정책에 반영하는 방식은 때때로 상당히 효과적이다. 역사도 오래되었다. 심지어 우리나라는 조선 시대에도 있었다.

세종 때 우리나라 최초의 여론조사가 있었는데 규모도 17만 2,806명이라는, 그 당시 인구 990여만 명이었음을 고려하면 어마어마한 숫자의 백성들을 대상으로 한 조사였다.[8] 『세종실록』의 기록에 따르면 세종은 세종 12년인 1430년 3월 5일 세금의 부과 및 징수에 관한 기존의 손실답험법이란 조세제도가 백성들의 많은 원성을 산다는 것을 알게 되었다. 이에 어명을 내려 5개월에 걸쳐 전국에서 17만 명이 넘는 백성을 상대로 여론조사를 했다. 기존의 법을 폐기하고 새로운 공법을 시행하고자 하는 데 따른 찬반의사를 물었다. 찬성 9만 8,657명, 반대 7만 4,149명으로 찬성수가 많았다. 하지만 지역적으로 찬반의 차가 너무 심해 백성들의 이해관계가 엇갈렸다.

그러자 세종은 이 법의 시행을 보류하고 이후 무려 14년간이나 더 연구하여 1444년 전분육등법과 연분구등법에 기초한 새로운 조세제도를 최종적으로 확정한다. 이는 이후 조선 시대 조세제도의 기본이 되었다. 이를 보면 현대의 지방자치 제도하에서도 국가 사업들이 지역적 이해관계 때문에 시행에 어려움을 겪는 것을 보는 것 같아 흥미롭기도 하다. 또 조선 시대에 이미 민주적이고도 과학적인 접근방법을 통해 백성의 문제를 해결하고자 했던 세종대왕의 리더십과 지혜가 빛나는 사례이기도 하다.

IBM에서 1950년대 최초로 시작된 것으로 알려진 직원의견 조사는 『포춘』 500대 기업 중 80%가 실시할 정도로 이제는 기업의 보편적인 사내 커뮤니케이션 제도로 자리잡았다. 통상적으로 직원의견 조사는 매년 혹은 1년 반마다 구성원들을 대상으로 정기적으로 실시하여 전체적인 사기 추이, 애로사항, 회사 운영상의 문제점 혹은 개선점에 대해 의견을 묻고 해결책을 찾는다. 100문항 내외로 이루어진 설문서는 철저히 익명으로 처리된다. 회사의 비전, 직원 개인의 업무 및 역할, 경력개발, 성과관리, 보상 및 복리후생, 직무몰입, 관리자와 경영층의 업무처리와 리더십, 조직문화 분야에 관한 질문과 서술식 코멘트 등으로 구성되어 있다. 구글은 질문지에서 현재 회사를 떠나 이직할 의향이 있는지를 물을 정도로 직설적인 편이다.

직원의견 조사는 구성원들의 의견을 듣는 것도 중요하지만 파악된 각종 이슈를 개선할 의지와 실행계획이 있느냐도 중요하다. 실행계획이 없는 직원의견 조사는 오히려 직원들의 기대 수준만 높여 사기를 끌어내리는 역효과를 낳기도 한다. 기업이 구성원들의 의견을 경청하면서 투명하고 효과적으로 커뮤니케이션하는 것은 불필요한 신뢰 비용을 낮추고 구성원의 몰입을 증진한다.

3.
규율을 바탕으로
자율과 책임을 확대하라

감성경영과 감성역량

한때 '감성경영'이란 용어가 유행처럼 주목받은 적이 있다. 학문적인 전문 용어도 아니지만 지금도 '감성 마케팅' 등으로 변형되어 쓰이고 있다. 언론에서도 감성경영의 사례를 소개하기도 한다. 다음은 언론에 소개된 소위 감성경영의 사례들이다. 사례를 보면 조직성과와의 상관관계가 분명하지 않은 경우도 있다. 하지만 구성원의 창의력과 감성역량을 키워 조직성과를 높이기 위한 접근으로 보인다. 마이크로소프트의 사티아 나델라Satya Nadella 회장이 강조하는 공감능력도 같은 맥락이다.[9]

〈사례 1〉
"창의는 통찰에서 나오고 통찰은 관찰에서 나오고 관찰은 미술에서 비롯된다고 생각한다." "즐겁고 재미를 느끼는 가운데 창의성을 강화할 수 있는 기업문화를 만드는 데 여러 지원방안을 생각 중이다." 이 회사의 최고경영자가 문화적 감성과 창의성을 기반으로 한 '창조경영'의 중요성을 강조한 말이다. 이 회사는 이에 따라 로비를 음악 콘서트장으로 만들고 사내 미술관에서 임직원의 창의력 향상을 위한 각종 프로그램을 운영한다. 그리고 약 400평 규모의 한 층을 통째로 개조해 임직원의 창의력 향상과 창의문화 조성을 위한 사내 놀이공간을 만들었다. 이 놀이공간을 처음 여는 날 최고경영자는 N세대와 격의 없는 자리를 만들기 위해 페이스페인팅을 하고 나무 블록 게임을 하면서 직원들에게 창의의 중요성을 몸소 보여주었다.

〈사례 2〉
이 회사 대표의 소통을 중시하는 '감성경영'이 직원들에게 호응을 받으며 회사에 신바람을 일으키고 있다. 대표가 회사의 성장과 함께 자칫 경직되기 쉬운 조직문화를 극복하고 구성원 간 소통을 활성화하기 위해 다양한 감성경영 기법을 시도하며 직원과의 스킨십을 강조하기 때문이다. 대표는 사장실 없이 열린 공간에서 직원들과 함께 근무하고 있으며 신규 입사자들과의 점심 미팅을 비롯해 직원들과 함께하는 자리를 정기적으로 마련하고 있다.

위에 열거한 사례들을 자세히 살펴보면 딱히 무슨 경영이라고 이름 붙일 만한 새로운 것은 없다. 최고경영자가 직원과의 의사소통을 활성화하기 위해 시도하는 여러 가지 노력이나 고객의 감성에 호소하는 마케팅은 지극히 일상적이고도 당연한 경영활동의 하나이기 때문이다. 한마디로 이 '감성경영'이라는 용어는 '창조경영'이나 '펀fun 경영'이라는 말처럼 단편적인 조어로 보이기도 한다. 많은 글로벌 우량기업이나 성공하는 스타트업들을 보면 오래 전부터 이미 여러 가지 형태의 제도나 프로그램들을 통해 개인에 대한 존중, 구성원과의 원활한 의사소통, 권위주의적 경영의 배제, 일과 삶의 균형 등 소위 감성경영이 추구하는 화두가 무슨 경영이라고 할 것 없이 조직의 자연스러운 문화로 자리잡고 있기 때문이다. 심지어 감성경영을 우리나라에서 영어로 이모셔널 매니지먼트 Emotional Management라 표현한 경우도 있는데 일반적으로 쓰이는 표현이 아니다. 이는 원래 개인의 분노 등 감정관리를 뜻한다.

사람의 '감성' 자체에 관한 연구나 조직에서 감성의 역할에 관한 연구는 사실 역사가 깊고 연구 성과도 많다. '감성 리더십'이나 '감성 마케팅' 등의 세부 영역에 관한 연구도 이로부터 나온 것이다. 그래서 굳이 구성원을 대상으로 한 '감성 리더십'과 고객을 대상으로 한 '감성 마케팅'을 합해 '감성경영'이라고 부르는 것으로 보인다. 감성이란 개인의 느낌, 기분, 감정 등 내면의 상태를 나타내는 것으로 사람의 행동, 인지, 동기, 그리고 관계에도 많은 영향을 끼친다. 그래서 자기 감성을 잘 다스리고 다른 사람의 감성을 잘 이해해서 자신과 다른 사람 간에 좋은 관계를 잘 유지하는 능력을 '감성역량'이라 부른다. 심리학자 대니얼 골먼Daniel Goleman은 사람의 성공과 행복을 위해서는 감성지수EQ가 지능지수IQ보다도 더 중

요하다고 주장한다.[10]

정서적사건반응이론에 따르면 업무상 겪게 되는 감정의 굴곡은 종업원의 직무만족이나 직무몰입에 관련된 감정을 유발하는 행동(충동적 행동, 자발적 동기유발, 지속적 노력 등)과 직접적인 관련이 있다.[11] 일과 감성은 대부분 상호작용하며 긍정적이거나 부정적 감성의 작용을 통해 주요한 행동을 결정하거나 결과를 성취하는 요소가 된다. 감성역량은 특히 조직 구성원을 관리하는 리더에게 주요한 성공 요소이다. 좋은 리더는 냉철하게 자신을 돌아보고 자신의 감정을 통제할 수 있어야 한다. 타인에 대한 배려와 애정도 감성역량의 일부분이다. 이러한 리더는 사고가 유연하며 자신의 부정적 감성을 조직이나 부하직원에게 전이하지 않는 대신에 긍정적 감성을 전염시킨다.

우리는 이러한 행동 특성을 보이는 리더십을 '감성적 리더십'이라고 부른다. 단지 예술을 이해하고 미적 통찰력을 가진 것 이상의 의미다. 즉 감성의 인식, 조절, 이해, 활용 능력을 가진 리더십을 의미하는 것이다. 그래서 감성적 리더십을 가진 리더는 자기 감정에 대한 평가와 표현, 타인의 감정에 대한 평가와 인식, 스스로의 감정조절, 성과 촉진을 위한 감정의 사용에 익숙하다. 그들은 구성원을 진심으로 존중하고 대우함으로써 구성원과의 신뢰 관계를 구축하며 이는 감성적 리더십의 기본적 토대가 된다.

10여 년 전만 하더라도 경영학과는 취업에 유리하다고 해서 미국 대학생의 20% 정도가 선택할 정도로 가장 인기 있었다. 나도 학부에서 경영학을 전공했는데 취업시장에서 언제부터인가 그 인기가 예전과 같지 않다. 그 배경에는 근래 IT 산업의 발전에 힘입어 프로그래머와 같은 이공계 출신이 주목받는 등 산업환경의 변화도 있을 것이다. 다른 이유로는 기업들이 더 창의적인 인재를 찾기 시작하면서 상대적으로 인문학적 소양이 부족한(?) 경영학과 학생들의 가치에 의문을 품게 된 것이라는 분석이 있다. 기업들은 혁신적이고 창의적인 아이디어가 필요한 시대에 인문학, 사회학, 과학을 전공한 다재다능한 인재들이 회사에 폭넓은 지식과 유연한 사고능력을 가져다줄 것으로 기대하고 있다.

반면 경영학과 학생들은 금융이나 회계 등의 구체적 지식 쌓기에만 치중하다 보니 글쓰기나 토론 수업을 통해 비판적인 사고와 문제해결 능력을 키울 기회가 부족하다는 것이다. 오늘날의 사업 환경은 예측이 불가능할 정도의 변화가 수시로 일어난다. 이에 효과적으로 대응하기 위해서는 그때그때의 상황을 제대로 인식하고 관련된 당사자들을 잘 이해하는 것이 문제해결에 중요한 요소가 된다. 이를 위해서는 알려진 질문에만 효율적으로 대답하는 인재보다는 예측하지 못한 질문에 창의적으로 대응하고 다른 사람과 공감하는 역량이 필요하다. 감성역량은 이러한 역량을 말한다. 그리고 인문학적인 소양이 감성역량을 키우는 데 도움이 된다는 것이다.

미국 대학들은 경영학과에 찾아온 이러한 위기를 해결하기 위해 몇 년 전부터 대책 마련에 나섰다. 경영학 수업 과정에 인문학 교육을 통합하고 읽고 쓰는 교육과 역사 등의 인문학 교육을 강화했다. 와튼 스쿨은 경영학 커리큘럼의 절반을 예술과 역사 등 인문

교양과목으로 구성하고 있다.

　이와 같이 감성적 인재에 대한 수요는 시대적 요청이다. 회사가 감성적으로 이벤트 몇 개를 한다고 해서 해결될 문제가 아니다. 인재의 확보에서부터 육성과 보상에 이르기까지 체계적이고도 유기적인 제도와 문화가 뒷받침되어야 한다. 조직과 구성원이 어떻게 감성적, 창의적 조직역량을 구축하느냐가 핵심이다. 이러한 역량을 구축하기 위해 회사의 창업 초기부터 체계적으로 접근하고 있는 대표적인 사례로 우아한형제들을 들 수 있다.

　현재의 급변하는 경영환경에서 전통적인 권위주의적 기업문화를 가진 기업과 경영자가 구성원과 고객이 가진 '감성'의 중요성을 새롭게 인식하고 이를 경영과정에 적극적으로 반영하고 있다는 것은 의미 있는 일이다.

관료주의의 타파

　이러한 방향과 대척점에 있는 것이 관료주의다. 권위주의와 관료주의는 항상 같이 있는 경우가 많다. 관료주의는 기업의 창의성과 스피드를 저해하는 가장 바람직하지 못한 장애물이다. 관료주의는 구성원들이 자기 주도적으로 어떤 일을 하고자 하는 의지를 꺾는다. 새로운 아이디어나 시도가 관료주의에 막혀 몇 번 좌절을 겪고 나면 구성원들은 시키는 일만 하자는 생각을 한다. 관료주의는 조직문화에 '조용한 사직' 현상을 퍼트린다.

어떤 회사에서 공장을 새로 짓는데 진입로가 필요했다. 그런데 시공하면서 문제가 생겼다. 설계도상에 계획된 진입로를 실측하는 과정에서 진입로의 길 한가운데에 전봇대가 있는 것을 뒤늦게 발견한 것이다. 건설부서에서 우선 검토해보니 전봇대를 제거하거나 옮기는 문제는 전력회사와 협의해야 하는 것이라 자기 부서의 책임이 아니라는 결론을 내렸다. 그래서 관공서 관련 업무를 담당하는 총무부서에 '공문'을 보내 협조를 요청했다. 공문을 받은 총무부서는 회의를 열어 결론을 내리고 건설부서에 정중한 '공문'을 보냈다. "귀 부서의 공문은 잘 받았습니다. 하지만 전력회사는 관공서가 아니기 때문에 이 문제는 저희 부서의 업무가 아님을 양지하시기 바랍니다." 그러자 건설부서는 다시 대외 업무를 관장하는 홍보부서에 똑같은 공문을 보냈으나 이러한 답이 돌아왔다. "우리 부서는 홍보를 담당하기 때문에 추후 대외적으로 문제가 생기면 그때 '공문'을 보내 주십시오. 그러면 검토하겠습니다."

일이 이렇게 되자 이번에는 인사부서에 '공문'을 보내 부서의 책임소재에 관한 조정을 요청했다. 그리고 얼마 후 인사부서로부터 다음과 같은 내용의 공문이 왔다. "귀 부서의 입장을 이해합니다만 전봇대는 사람이 아니기 때문에 인사부서는 관여할 수 없음을 양해해주시기 바랍니다." 이러한 공방이 이어지는 사이 어느덧 공장이 완성되어 진입로의 건설을 더는 미룰 수 없는 상황이 왔다. 공장의 전체적인 시공 책임을 지고 있는 건설부서는 '상부'로부터의 책임 추궁이 두려워 어떻게든 자기 일을 끝마쳤다. 그러나 그때까지 전봇대는 그 자리에 있었고 잘 포장된 길 한가운데에 전봇대가 우뚝 서 있는 진입로가 탄생했다.

근래 들어 조직의 비효율성을 논할 때 주로 지적되는 관료주의 혹은 관료제는 그 발생 배경을 살펴보면 역설적으로 인류가 발명한 가장 효율적인 사회조직 운영시스템 중의 하나로 평가받는다. 인류는 집단화, 사회화, 국가화를 하면서 구성원을 다스리기 위한 효율적인 시스템이 필요해졌다. 이로 인해 피라미드형의 조직을 기본으로 한 특권적 계급체계인 관료제를 구축해 중앙집권적으로 관리하는 형태의 시스템이 생겨났다. 이것이 관료주의가 생기게 된 배경이다. 관료주의의 특징인 분업화, 전문화, 위계서열화, 명문화, 연공서열주의, 권위주의는 높은 효율성과 함께 정치와 행정을 분리할 수 있는 정치 중립성으로 인해 당시 귀족 중심의 엽관제가 갖고 있던 모순을 상당 부분 해결했다. 이러한 시스템은 군대, 정당, 학교 등의 대규모 조직으로 전파되었고 산업화가 진행되면서 기업, 노동조합, 비정부 조직 등의 사회 부문으로 도입이 확산되었다. 이로써 관료주의는 근대 이후 전 사회적으로 보편적인 조직운영 방식으로 자리잡았다.

관료주의는 기본적으로 피라미드 형태의 서열체계를 바탕으로 상의하달과 상명하복 등의 지휘체계를 가진다. 조직 특성상 피라미드의 정점으로 향할수록 의사결정의 폭과 책임이 커지면서 구성원을 관리하고 통제하는 범위도 넓어진다. 이렇게 하면 관리범위 안에서는 많은 양의 업무를 신속히 처리한다는 이점이 있다. 직무를 분할하여 일정한 자격을 가진 사람을 채용하고 업무를 전문화할 수 있다. 또 연공서열주의는 조직에 대한 구성원의 애사심과 충성심을 고양하고 갈등을 둔화할 수 있다. 이러한 점은 관료주의의 장점으로 꼽히는 부분이다. 관료제 혹은 관료주의라는 용어를 처음 사용한 독일의 사회학자 막스 베버Max Weber는 관료제는 인간이 만든 조직 운영 시스템 중 가장 효율적이고 합리적인 것이며 현대 사회에 필수적인 것이라고 주장했다.

그러나 그러한 배경으로 인해 관료주의는 치명적인 약점을 가진다. 파벌주의와 부서 이기주의가 생긴다. 때로는 집단을 이루어 개인의 정당한 혹은 창의적인 의견을 배척하고 억압한다. 상부의 지시에 순종하는 상명하복형 권위주의적 문화가 생성된다. 구성원은 딱 지시받은 것만 한다. 원래 조직이 지향하는 가치와 목표를 망각하고 모든 것을 규정과 절차에 의존하는 형식주의에 치중한다. 조직 내 의사소통의 단절이 생긴다. 그래서 관료주의를 옹호했던 막스 베버조차 관료주의가 합리성을 무기로 개인을 통제하여 서서히 영혼이 없는 철창에 가두어버리는 시스템이 될 위험이 있다고 보았다. 대단한 선견지명이다.

흔히 기업의 경쟁력이 떨어지는 가장 큰 이유 가운데 하나가 관료주의 때문이라고 한다. 관료주의는 많은 성공적인 기업들의 주요한 몰락 배경이다. 기업은 보통 시간이 지나면 조직이 커지고 제도와 시스템이 안정화되면서 창업 초기에 가졌던 민첩성과 유연성이 사라진다. 그리고 조직이 경직되면서 점점 관료주의에 의한 부작용이 나타나기 시작한다. 긴장감이 사라지고 변화에 둔감하며 과거의 성공에 안주하는 무사안일이 판치고 조직을 위해 일하는 대신 상사를 위해 일하는 현상이 나타난다. '튀는' 행동은 하지 않는다. 매사에 문서를 요구한다. 더욱이 조직구조가 층층이라 의사결정이 늦다. 내용보다는 형식에 치중한다. 부서 이기주의가 횡행한다. 그래서 어떤 일이든지 개입하여 영향력을 확대하려 시도하나 책임 문제가 따르는 순간 순식간에 모두 다 사라지고 문제 주위에는 아무도 없다. 근거 없는 우월감도 상황을 악화한다.

코닥은 1970년대 세계에서 가장 혁신적인 기업 중의 하나였다. 1990년대 가장 가치 있는 5대 브랜드에 속했고 1995년 기업가치 세계 4위에 올랐던 기업이다. 마치 영원할 것 같았던 기업의 대명사로 보였다. 그랬던 기업이 2012년 파산보호신청을 했고 현재는 20년 전 매출의 10분의 1로 이름만 유지하고 있다. 그래서 '망할 것 같지 않았는데 망한' 기업으로 불린다. 코닥이 몰락한 가장 큰 이유는 캐논, 니콘, 소니 등이 주도한 카메라와 필름 시장의 디지털화에 효과적으로 대응하지 못한 탓이다. 사실 1975년 코닥 연구소에서 세계 최초의 디지털 카메라를 개발했다. 그러나 경영진의 반응은 "좋기는 한데 아무에게도 말하지 마세요."였다. 그 뒤로도 코닥은 아직 늦지 않은 1981년과 1992년 디지털 시장에서 경쟁자를 앞설 기회가 있었다. 그럼에도 주력인 필름시장이 잠식될까 봐 아날로그 기술에 대한 미련을 버리지 못하고 주저하다가 결국은 시장을 주도할 기회를 놓쳤다.

코닥의 몰락이 더 뼈아픈 이유는 시장을 바꿀 혁신 기술을 내부적으로 개발해놓고도 이용하지 않았기 때문이다. 소위 과거의 성공방정식에 매몰되어 다른 대안적 가능성이나 역량을 보지 못하고 스스로 마련한 시장의 새로운 추세에서 밀려난다. 그러다가 스탠퍼드대학교의 제임스 G. 마치James G. March 교수가 지적한 바와 같은 '역량파괴적인' 환경변화가 일어나자 걷잡을 수 없이 무너졌다.¹² 모토로라와 노키아도 유사한 사례로 기록된다. 이는 기업이 관료화되면서 범하는 가장 흔한 실수 중의 하나다. 창의적이고 혁신적인 아이디어가 눈앞의 수익에만 집중하는 관료화된 조직의 의사결정 과정에서 간단히 무시된 것이다.

관료주의는 어쩌면 근원적으로 인간의 본성과도 닮아 있다. 대부분 사람은 무엇을 처음 시작할 때는 겸손하고 조심하면서 요구에 빠르게 반응한다. 그러지 않으면 새로운 곳에 자리잡기 힘들기 때문일 것이다. 그러나 어느 정도 몸집이 커지거나 성공했다는 생각이 들면 교만하거나 느려진다. 다른 사람의 의견을 잘 듣지 않으려 하고 폐쇄적으로 변해가는 경우가 많다. 성공의 경험이 많을수록 더욱 독선적으로 된다. 소위 '성공의 저주' 현상이다.

현재와 같이 사람과 기계가 융합하고 현실 세계와 가상 세계가 뒤섞이는 세상에서 기존의 기계적인 사고와 경영방식은 한계가 있다. 세상을 바꾸는 것은 물리적인 힘이나 반복적인 익숙함이 아니라 게임의 룰을 일거에 바꿀 수 있는 창의성과 혁신성을 바탕으로 한 소프트웨어적인 역량이다. 이에 따라 필요한 인재의 역량도 당연히 다시 정의된다. 이제까지 국내 기업에서 인정받는 인재의 전형은 우직하고 성실하면서 '맡은바' 소임을 다하고 상사의 지시에 순종하면서 조직에 충성하는 유형이었다. 한마디로 관료주의적 조직문화에 딱 맞는 유형의 인재다. 사실 1970년대의 고도성장 사회에서는 이러한 유형의 인재가 큰 역할을 했다. 전선이 분명하고 가는 방향이 비교적 확실한 경영환경에서는 다소 획일적인 정주영식의 '나를 따르라' 경영이 효과적인 측면이 있었다. 그래서 필요한 인재도 그러했다. 그러나 현재의 환경에서 이에 대한 답은 자명하다. 새로운 환경에서는 새로운 경영방식과 변화가 필요하다. 여기에 관료주의는 바이러스와도 같은 최대의 장애물이다.

관료주의의 타파는 단지 선언만으로 되지 않는다. 조직의 DNA와 문화가 근본적으로 바뀌어야 한다. 혁신성, 유연성, 창의성의 반대편에는 관료주의가 위치한다. 기업이 조직으로서 갖는 태생적인 관료주의화 경향에도 불구하고 국내 조직문화는 뿌리부터 관료주의적이란 말을 듣는다. 여기에는 유교 문화의 영향, 과거 권위주의적 정치환경의 영향, 오너로 대표되는 재벌주의적 경영환경 등이 원인으로 지목된다. 관료주의적 경영환경을 그대로 두고 창의경영을 말하는 것은 우물가에서 숭늉을 청하는 일이다. 그동안 많은 변화가 있었음에도 한때 국내 기업의 관료주의에 대해 똑똑한 인재를 뽑아 바보로 만들어 내보낸다는 신랄한 비판이 있을 정도였다.

우리 기업의 가장 심각한 문제 중의 하나가 임직원 간 소통의 부족이다. LG경영연구원의 조사[13]를 보면 우리나라 직장인의 65%, 경영진의 46%가 조직에서 소통이 잘되지 않는다고 대답했다. 그 중에서도 65%가 소통 부족의 원인으로 상명하복식의 위계 문화와 부서 이기주의를 꼽았다. 이는 관료주의의 대표적인 문제점이다. 부서 이기주의가 팽배하면 개별 부서는 회사 전체의 목표보다는 개별 부서의 목표와 이해관계에 우선으로 집중한다. 이러한 현상을 사일로Silo 혹은 부서 이익의 최적화라고 한다. 그리고 개인의 목표를 조직의 목표와 연계하는 성과관리 시스템도 중요하다. 제대로 된 성과관리 시스템이 없으면 구성원들은 매일 출근하여 무엇을 하는지도 모르고 어제 한 일을 오늘도 그냥 반복한다.

관료주의 조직에서 가장 자주 들을 수 있는 말이 "선례가 없습니다."와 "권한이 없습니다."라는 말이다. 스스로 만들어놓은 규정 때문에 일을 하지 못한다. 조직의 계층 수를 줄이고 과감한 위임으로 업무에서 구성원들의 자율성과 융통성을 최대한 보장해야 한다. 이를테면 구성원의 안전과 회사의 존립에 영향을 미치는 중요한 사안에 관한 규정은 필요하다. 하지만 최소한으로 유지하고 중복되거나 신속한 의사결정을 막는 규제 일변도의 규정은 과감히 폐기해야 한다. 자율과 위임을 확대하되 규율이 바탕이 되어야 한다.

넷플릭스에서 강조하는 '자유와 책임'과 우아한형제들의 '규율 위에 자율'은 이에 대한 본보기이다. 우아한형제들 김봉진 의장은 자율 자동차를 자유 자동차라 부르지 않는 것에 비유하기도 했다. 새로운 인재상과 역량 모델을 만들어 구성원들에게 적극적으로 알리고 성과관리 과정에도 반영해야 한다. 무엇보다도 중요한 것은 최고경영자를 비롯한 경영진의 리더십과 인식에 대한 변화다. 한번 관료화된 조직구조에서 가장 변화하기가 힘든 계층은 경영진이다. 많은 것을 내려놓아야 하기 때문이다. 지금 들고 있는 것을 내려놓아야 새로운 것을 들어 올릴 수 있다. 리더가 솔선수범하는 것이야말로 관료주의 타파를 위한 첫걸음이다.

4.
일과 삶의 균형으로 효율성을 극대화하라

휴가와 조직성과의 관계

무더위가 시작되면 많은 사람이 여름 휴가를 떠난다. 특히 요즈음은 기후 변화로 인해 예전보다 여름이 더욱 무덥다. 여름에는 학교도 방학을 하고 대부분 직장인도 휴가 계획을 짠다. 여름이 휴가의 계절로 인식되는 것은 무더위로 인해 업무효율이 오르지 않는 이때 차라리 휴가나 가는 것이 낫다는 생각 때문이다. 사실 사계절이 뚜렷한 유럽이나 미국 등 선진국에서도 무더운 여름은 휴가의 계절로 인식되고 있다. 여름에는 파리 시내에 외국인만 남는다는 프랑스의 바캉스는 여름휴가 문화의 대표적인 사례일 것이다.

그런데 서구와 우리나라 휴가 문화의 다른 점은 여름휴가 이외의 휴가를 사용하는 방식이다. 서구에서는 평소에도 특별히 시급한 문제만 없다면 직속 상사와 간단히 의논한 후 부여된 휴가일수

내에서 직원이 원하는 시기에 언제든지 휴가를 사용하는 것이 보편적이다. 또 가능하면 업무상 지장을 초래하지 않는 범위 내에서 샌드위치 공휴일 등을 활용하는 것을 자연스럽게 받아들인다. 물론 여름 시즌, 크리스마스 기간, 연말 등 특정 기간에는 직원들의 휴가가 몰린다. 특히 크리스마스 전후부터 연말까지는 거의 정상적인 업무가 이루어지지 않는다. 그럼에도 불구하고 소매업이나 유통업 등 업종 특성상 특정 시즌에 피크 타임이 걸리면 남들이 다 가는 휴가를 미루어 다음에 가는 것 또한 당연하게 생각한다.

요즈음에는 스타트업을 중심으로 많은 변화가 있긴 해도 국내 기업들에서 대부분 직원이 여름에 집중적으로 휴가를 가는 것을 당연하게 받아들인다. 그래서 여름휴가 기간이 아니라 평소에 휴가를 신청하거나 특히 샌드위치 공휴일에 휴가를 신청하는 것에 여전히 눈치를 보는 경향이 있다. 그 배경에는 길지 않은 역사를 가진 우리나라 기업의 사정상 평소에 직원 개개인이 독자적으로 휴가를 가는 것을 애사심이 약하다거나 혹은 업무에 몰두하지 않는 것으로 치부하는 편견이 있기 때문이다.

또한 업무성과를 바탕으로 직원을 평가하는 성과주의 인사제도가 정착되지 않은 것도 그 이유의 하나다. 연공주의 제도하에서는 실제로 달성한 성과보다는 얼마나 사무실에 오래 남아 있고 얼마나 열심히 일하는 것으로 보이는가도 중요하기 때문이다. 부하직원이 상사보다 먼저 퇴근하는 것에 신경을 쓰는 것도 같은 맥락이다. 직원은 당연히 갈 수 있는 휴가를 가는데도 미안해하고 회사는 시혜를 주는 듯하게 된 것이다. 그러다 보니 휴가는 그냥 남들이 갈 때 한꺼번에 가고 평소에 개별적으로 가는 것을 피하는 문화가 만들어졌다.

우리나라 직장인이 휴가 사용을 자제하는 문화가 만들어진 것은 좋게 말하면 근면성과 악착성과도 관련이 있다. 1970년대 이후 고도 성장기를 거치면서 우리나라 사람들의 근면성과 목표 달성에 대한 저돌적인 추진력은 긴 근무시간과 밤낮을 가리지 않는 직장 문화를 만드는 데 일조했다. 이러한 악착성은 해외 건설사업에서도 유명해서 예정된 공기를 몇 개월 단축하는 것이 오히려 당연시되었다. 이러한 관행은 국가 경제성장의 원동력이 되기도 했지만 세계에서 가장 긴 근로시간을 가져왔다. 이러한 문화는 직장인이 아니라 전문직이나 자영업을 하는 근로자에게도 공통으로 나타난다. 우리나라에서 주5일제 근무의 시작을 앞두고 실시된 소비자보호원의 한 조사[14]를 보면 돈을 벌 수 있다면 여가를 줄일 수도 있다는 사람이 무려 48%에 달한다. 주52시간제 시행 후 많은 사회적인 변화가 있었지만 우리나라 직장인의 휴가에 대한 인식의 한 단면을 볼 수 있다.

2021년 문화체육관광부가 실시한 국민여가활동 조사[15]를 보면 우리나라 직장인들은 원래도 휴가를 잘 가지 않는데다 코로나19 상황을 맞아 휴가율이 24.1%로 뚝 떨어져 2019년 66.2%에 비해 42.1%나 급감했다. 휴가를 사용하는 데도 서툰 것으로 나타난다. 주5일제와 주52시간 근무가 상당히 정착되어 여가나 자기계발 시간이 늘었지만 만족도는 27%밖에 되지 않는다. 대신 비만율은 38.3%로 증가했다. 사회적 고립도도 34.1%로 2019년에 비해 6.4% 증가했다. 지금은 코로나19 영향이 크다고 해도 원래 휴가 때 아무것도 하지 않고 집에서 쉬거나 TV를 보는 경우가 많다. 2014년의 조사를 봐도 그냥 TV만 시청한다는 비율이 무려 51.4%나 되었다. 반면에 스포츠, 취미, 오락 활동을 하는 비율은 29%에 불과했다. 우리나라 직장인은 한마디로 놀 줄도 모른다는 것이다. 이는 스포츠나 취미 활동을 하는 사람들의 휴가 사용 시간이 높은 것과 비교되는 부분이다.

유럽이나 우리나라와 같이 많은 나라가 법으로 휴가를 주도록 하고 있다. 미국은 아직 법률에 명문으로 정하고 있지는 않지만 회사별 규정이나 개별적인 근로계약에 따라 휴가일수를 정한다. 미국에서도 휴가일수는 고용계약 시 핵심적인 근로조건 중 하나다. 구성원에게 휴가는 왜 필요할까? 휴가의 긍정적인 효과에 관해서는 많은 연구가 있다. 결론적으로 구성원에게 적절한 휴가를 주는 것이 구성원은 물론 회사의 생산성 향상에도 훨씬 도움이 된다. 이는 쉽게 비유해 나무꾼의 도끼질과 같다. 쉬지 않고 도끼질을 하는 것보다는 잠시 쉬면서 무디어진 도끼를 가는 것이 훨씬 많은 나무를 벨 수 있다. 적절한 휴가를 취하는 구성원은 행복지수가 높아지고 의욕이 충전되어 더욱 열심히 일하게 된다.

컨설팅사인 EY의 연구[16]에 따르면 매번 10시간의 휴식을 취하는 데 따라 생산성이 8%나 높아졌다. 미국 프래이밍햄 심장연구소에 따르면 1년에 두 번의 휴가를 가는 여성은 6년에 한 번 이하의 휴가를 가는 여성에 비해 심장병에 걸리지 않을 확률이 8배나 높다고 했다. 뉴욕주립대학교 오스위고 연구소의 7년간에 걸친 연구[17]는 매년 휴가를 가는 근로자가 그렇지 않은 근로자에 비해 심장병 발병에 의한 사망확률은 30%, 기타 질병으로 인한 사망확률은 20%나 줄어든다고 보고했다.

HR 담당자들도 휴가의 긍정적인 효과에 적극적으로 동의한다. 2013년 미국인사관리협회SHRM가 5,200명의 HR 담당자를 대상으로 한 보고서[18]를 보면 75% 이상의 HR 담당자가 구성원이 휴가를 가는 것이 가지 않는 것보다 생산성을 높이고(77%), 고성과를 내고(75%), 구성원 만족도도 높인다(78%)는 데 동감을 표시했다. 이에 따라 대부분의 HR 담당자는 직원의 휴가를 금전으로 보상하거나 이월시키는 것보다는 휴가를 실제로 촉진하는 정책의 도입을 선호했다. 해당 연도에 휴가를 가지 않을 시 소멸시키는 제도Use it or Lose it가 대표적이다. 같은 조사에서 휴가를 이월할 수 있는 제도를 도입한 회사의 휴가 소진율이 48%에 불과한 데 비해 소멸시키는 제도를 도입한 회사의 휴가 소진율은 84%에 달했다. 이 제도의 정책적 실효성도 높은 것으로 나타났다. 이 제도는 국내 근로기준법상 휴가촉진제도의 취지와도 비슷하다.

그러면 휴가는 어떻게 보내는 것이 좋은가? 휴가의 긍정적 효과는 휴가를 어떻게 보내느냐는 문제와도 밀접한 관계가 있다. 미국 오하이오 볼링그린 주립대학교 심리학과의 샬럿 프리츠Charlotte Fritz 교수는 관련 연구[19]에서 평상시 활동과 다른 활동을 많이 하고 색다른 도전을 시도할수록 업무복귀 시 피로감을 덜 느낄 뿐만 아니라 업무를 더 효율적으로 처리한다는 사실을 밝혀냈다. 도전은 사람의 자긍심과 능력을 높여주며 업무과정에도 종종 이입되어 기대 이상의 성과를 올리는 동력으로 작용하기도 한다. 땀 흘려 운동하는 것도 휴가를 효과적으로 보내는 방법의 하나다. 또 3주간의 하이킹 여행을 다녀온 사람들은 심신의 긍정적 효과가 8주간이나 지속되었다는 연구[20]도 있다. 다만 휴가 중의 과도한 운동은 또 다른 스트레스를 줄 수 있다는 점은 유의할 일이다. 반면 휴가 시 계속 잠만 자거나 TV를 시청하는 것은 오히려 업무 복귀 시 피로를 가중하고 의욕을 떨어뜨린다는 연구가 있다. 우리나라 직장인의 반 이상이 휴가 시 TV만 시청한다는 것과 관련하여 시사하는 바가 크다.

휴가는 휴가답게 보내는 것이 중요하다. 많은 직장인이 휴가 중에도 업무 관련 연락을 받거나 업무에 대한 스트레스를 느낀다. 이렇게 되면 휴가의 긍정적인 효과가 사라지거나 감소된다. 특히 우리나라 기업환경에서는 회사가 제도적으로 이를 배려할 필요가 있어 보인다. 미국의 한 회사가 직원들에게 휴가 중 이메일 체크하지 않기, 휴가지로 일거리를 가지고 가지 않기, 사무실로 전화하지 않기, 동료에게 휴가 중 연락처 알려주지 않기 등을 회사 정책으로 권고하는 것을 참조할 만하다. 일할 때는 집중적으로 하게 하고 쉴 때는 확실하게 쉬게 하는 것이야말로 가장 좋은 정책이다.

또 휴가는 한 번에 몰아서 가는 것보다 분할해서 여러 번 가는 것이 직원의 스트레스 해소와 생산성 증대에 더 효과가 있다는 연구결과도 있다. 우리 기업들도 여름 시즌에만 집중적으로 가는 휴가 문화에서 벗어나 평소에도 직원이 원할 때 갈 수 있는 문화를 정착하는 것이 필요하다. 요새는 휴가를 30분 단위로 허락하는 기업들도 많다.

합리적인 휴가제도의 운영은 직원들의 생산성과 근무 의욕을 높임으로써 결국은 직원 만족도뿐만 아니라 회사의 성과증진에도 이바지한다. 열심히 일한 구성원을 쉬게 하자. 그리고 휴가는 가능하면 직원이 원할 때 가게 하자.

일과 삶의 균형

주52시간제 등장 후 휴가와 함께 언급되는 주제가 흔히 '일과 삶의 균형WLB, Work Life Balance' 문제다. 어느 마케팅 학자가 '워라밸'이라는 정체불명의 조어를 만들 만큼 사회적인 관심이 높다.

외국 출장을 자주 다니다 보면 항상 시간에 쫓기는 생활을 하게 된다. 한곳에 오래 머무르면서 업무를 처리하는 경우는 그래도 훨씬 낫지만 일주일이나 4~5일 단위로 이 나라 저 나라로 옮겨 다니며 일을 볼 때는 가정생활이나 사회생활에서 일정한 리듬을 유지하기가 쉽지 않다. 나도 이는 예외가 아니어서 나름대로 식단, 운동, 취미생활을 통해 관리하고 있지만 회사업무와 개인생활을 조화시키는 데 애로를 느끼는 경우가 종종 있다.

경제협력개발기구가 발표한 2020년 기준 국가별 노동생산성 보고서[21]에 따르면 우리나라 근로자는 연간 1,908시간을 일해 2,124시간을 일하는 멕시코와 1,913시간을 일하는 코스타리카에 이어 세 번째로 근로시간이 길다. 근로시간이 가장 적은 독일의 1,332시간에 비하면 무려 576시간이나 더 일한다. 하루 8시간 기준으로 무려 72일 더 일하는 셈이다. 경제협력개발기구 평균인 1,687시간에 비해서도 28일 정도를 더 일한다. 여기에는 2020년 기준 자영업자 비율이 24.6%로 경제협력개발기구 35개국 중 6번째로 높은 점도 배경으로 작용했다. 자영업자 비율 2위와 5위인 멕시코와 코스타리카도 배경이 비슷하다. 이를 고려해도 몇십 년간 세계 3위 안에 들 정도로 우리나라의 근로시간이 전체적으로 긴 것은 사실이다. 이마저도 주 5일제의 영향 등으로 2,209시간(국제노동기구ILO 자료는 2,300시간[22])이었던 2008년에 비해서 300시간이나 줄어든 것이다.

그런데 노동생산성을 보면 문제가 더 심각하다. 경제협력개발기구 38개국 중 노동생산성이 27위로 1위인 아일랜드에 비해서 24%, 미국에 비해서 56%에 불과하다. 그나마 위안이 되는 것은 20년 전보다는 근로시간과 노동생산성 측면에서 다소 개선이 있었다는 정도다.

2008년 기준 국제노동기구 보고서를 보면 미국의 노동생산성을 100으로 봤을 때 우리나라의 노동생산성은 그 절반도 안 되는 49%였다. 참고로 2000년 기준 국제노동기구의 보고서를 보면 우리나라는 근로시간은 2,474시간이고 노동생산성은 미국의 37%에 불과했다. 한마디로 말해 우리나라 근로자는 장시간 일에 매달려 있지만 실속은 그만큼 없다는 것이다.

산업사회에 들어서며 근로시간은 점차 줄어들었다. 잠자는 8시간을 빼고 하루 16시간, 1주 112시간을 기준으로 해서 산업혁명 즈음 근로시간 대 자유시간의 비율이 96:16이던 것이 점차 84:38,

60:52를 거쳐 48:64로 역전되었고 44:68, 40:72를 거쳐 프랑스는 35:77까지 내려왔다. 우리나라도 이제는 제도적, 외형적으로는 40:72가 정착된 것으로 보인다. 하지만 자유시간의 질에 관해 묻는다면 문제는 달라진다.

적절한 휴식과 건전한 여가생활을 통한 일과 삶의 균형은 육체적 피로나 감정적 긴장을 낮추어 근로의 질 높은 재생산을 돕고 근로자의 몰입도를 증대함으로써 조직의 생산성 향상에 기여한다. 좀 더 거시적인 관점에서는 사회 구성원으로서 근로자의 자의식을 고취하고 삶의 질을 높이는 역할을 한다. 노사 관계의 안정에도 기여한다.

그러나 일과 삶에 대한 균형이 제대로 자리하기 위해선 다음의 두 가지 전제 조건이 따른다. 첫째, 사회와 기업 차원의 지원과 배려다. 영국이나 독일처럼 근로자의 여가 진흥을 위한 관련 정부 기구의 설치나 우리나라의 주40시간 법제 등과 같은 법률적 지원과 함께 기업 차원의 제도적, 문화적 뒷받침이 필요하다. 둘째, 근로자 자신의 의식 변화와 여가 문화의 재정립이다. 앞서 언급한 대로 우리나라 근로자들은 아직 주어진 여가도 잘 활용하지 못하고 있다. 제도적 뒷받침도 당연히 중요하지만 결국 사용 주체는 근로자 자신이다.

특히 이제는 사회적으로나 개인적으로나 근면 성실만을 앞세워 무조건 장시간 일에 매달려 있는 것이 능사가 아니다. 창의성과가 성공을 좌우한다. 그러기 위해서 특히 성과주의 문화에 대한 사회적 공감대와 근로자 자신의 의식적인 수용이 있어야 한다. 이를테면 고성과를 내는 직원이 부여받은 휴가를 (물론 부득이 시기상 조절이 필요한 특별한 상황을 제외하고) 자기가 원하는 시기에 가는 것이 무슨 문제가 되는가? 저성과를 내더라도 그저 사무실에만 있는 것이 능사가 아니다.

일과 개인생활의 우선순위가 충돌할 때 구성원의 태도와 이에 대한 회사의 반응도 한번 생각해볼 문제다. 회사 업무에 몰입하여 고성과를 낸 사람과 개인생활에 더 우선순위를 두어 성과를 덜 낸 사람을 승진이나 보상 등에서 똑같이 대우하는 것이 공정한가 하는 질문이다. 결론적으로 성과가 좀 낮더라도 개인생활을 우선시할 것인지, 아니면 반대로 업무를 우선시하여 좀 더 성과를 올릴 것인지, 아니면 둘 다 훌륭히 처리하는 슈퍼맨·슈퍼우먼이 될 것인지는 전적으로 개인의 능력과 선택에 관한 문제다. 물론 주어진 업무가 요구하는 기본적인 성과는 달성해야 한다는 전제가 있다.

일과 삶의 균형은 존중하되 성과에 대한 차별적인 보상이나 승진 역시 자신의 선택에 관한 결과이다. 이것이 합리적이고 공정하다. 일과 삶에 관한 균형은 결국 근로자 자신의 선택의 문제이기도 하다.

5.
구성원의 행복이 조직의 행복이다

　아래는 구글마스Google Mars, 제넨테크Genentech, 킴튼Kimton Hotel 등 미국의 우량기업들이 가족친화경영의 하나로 운영하는 '반려동물 친화' 정책의 내용이다.

- 반려동물 동반 출근 허용
- 일과 중 반려견을 위한 보육센터 비용 지원
- 반려동물 보험 가입 및 보험료 지원
- 사내 반려동물 클럽 지원
- 반려동물 사망 시 경조 휴가 부여
- 사내 반려동물용 편의품 비치
- 사내 반려견 놀이센터 설치
- 반려동물 관계 담당 이사 채용

이와 같은 정책의 이면에는 미국인들은 반려동물을 가족의 일부로 여긴다는 정서적 배경과 함께 가족친화경영이 직원들의 동기부여와 조직성과에 큰 영향을 미친다는 인식이 자리잡고 있다. 이제 많은 미국 기업의 경영적 측면에서 가족이라는 의미는 단순한 전통적 단위의 개념을 초월한다. 동성 결혼 커플 혹은 동성 파트너, 또 그들의 입양 자녀, 반려동물 등 직원들이 밀접한 정서적 유대관계를 맺는 보다 포괄적 관계를 가족 개념으로 보는 것이다. 특히 코로나19로 인해 재택근무가 일반화되고 구성원들이 가족과 함께 있는 시간이 늘어남에 따라 이러한 요구는 더욱 늘어나고 있다. 가족까지 배려하는 것이 인재의 채용과 업무성과 향상에도 긍정적 영향을 미치기 때문이다.

미국의 예를 보면 애초 가족친화경영은 워킹맘을 중심으로 논의가 시작되었다. 이후 점차 기혼 남성 직원, 동성 커플, 반려동물에게까지 그 개념과 범위가 확대되었다. 직원들이 업무에 몰입하기 위해서는 구성원 자신뿐만 아니라 가족과의 관계도 정서적인 안정감을 유지하는 데 중요하다.

가족친화경영을 하는 기업들은 서비스 분야에 따라 또는 자녀의 나이에 따라 다양한 형태의 정책 및 프로그램을 운영하고 있다.

취학 자녀를 위한 프로그램
- 보육 서비스 주선
- 사내 보육센터 운영
- 방과 후 및 방학 시 보육 프로그램 제공

- 보육비용 보조
- 가족 상담 프로그램
- 유연근무제
- 학교 행사 참여를 위한 부모 휴가
- 10대 자녀를 위한 특별 프로그램

영유아를 둔 직원을 위한 프로그램
- 모성휴가
- 부성휴가
- 근무 시 회사로 자녀를 데리고 올 수 있는 프로그램
- 자녀 입양 및 보육 지원
- 사내 수유 시설

대학 재학 중인 자녀를 위한 프로그램
- 대학생활 계획을 위한 세미나 및 상담 제공
- 특별 저축 프로그램 운영
- 장학금 제도
- 자녀 학자금 융자

노부모를 부양하는 직원을 위한 프로그램
- 양로원 주선
- 가족을 위한 장기간병보험 지원
- 지역 양로사업에 대한 직접 지원

- 응급 지원 프로그램

일반 직원을 위한 선택적 프로그램
- 다양한 형태의 유연 근무시간제
- 재택근무
- 단축 근무제
- 점진적 퇴직제도
- 잡셰어링
- 자발적 파트타임제
- 유연 응급휴가
- 압축근무
- 시간 단위 휴가제

일반 직원을 위한 일과 삶에 대한 균형 지원 프로그램
- 법률 서비스
- 심부름 서비스
- 각종 수리, 수선 서비스 주선
- 헬스클럽
- 치과 보험
- 사내 세탁소·이발소·미용실 운영
- 업무상 스트레스 감소를 위한 상담 서비스
- 일과 삶에 대한 균형 상담
- 사내 헬스케어 센터

기타 지원 프로그램
- 가족 참여 사내 이벤트
- 직원 교육비 지원
- 동성애 커플을 위한 자녀 입양 및 보육 지원
- 부부 상담 프로그램
- 반려동물 지원 프로그램

위의 프로그램들 이외에도 가족친화 정책에는 상당히 다양한 프로그램들이 있다. 몇몇 기업들은 이보다 훨씬 더 적극적이고 창의적인 프로그램을 운영하기도 한다. 난자 냉동 보관 서비스(케이던스Cadence), 출장 중인 직원의 자녀를 위한 모유 배달(액센츄어Accenture), 무제한 병가 허용(SAS), 입양휴가(팩트셋Factset), 사내 어린이 놀이터(캔바Canva), 아픈 자녀를 위한 간병휴가(엑스에이아이X.ai), 하루 6시간 근무제(엘로Ello), 특정 근무시간대 폐지(블링키스트Blinkist), 무제한 자율휴가제(어펙티바Affectiva), 출퇴근 자율제(리스트Iyst), 라이프스타일 상담 및 요가 강습(작닥Zocdoc), 자녀 동반 출장 허용(퍼킨스코이Perkins Coie) 등의 프로그램들이다.

우리나라에서도 여러 가지 창의적인 프로그램을 도입하는 기업들이 나타나고 있지만 보편화되기까지는 시간이 걸릴 것으로 보인다. 우리나라 기업의 가족친화 정책은 대부분 모성 보호 쪽에 초점이 맞춰져 있다. 유연근무제는 코로나19로 인한 재택근무를 필두로 이제 상당히 일반화되었다. 참고로 여성가족부는 가족친화제도를 모범적으로 운영하는 기업에 대해 가족친화기업 인증을 하고 있다. 평가항목은 다음과 같다.

① 여성 근로자의 육아휴직 또는 육아기 근로시간 단축 이용률
② 남녀 근로자 육아휴직 후 복귀율
③ 출산 전후 휴가 후 고용유지율
④ 배우자 출산휴가 3일 이상 이용률
⑤ 유연근무제 활용률
⑥ 정시 퇴근

가족친화경영과 조직성과에 관한 연구를 보면 초기의 연구에서는 투입비용 대비 조직성과 향상에 대한 효과가 엇갈리기도 했다. 하지만 최근의 연구를 보면 긍정적인 결과가 보편적이다. 가족친화경영을 함으로써 기대되는 긍정적인 조직성과를 자세히 살펴보면 다음과 같다.

첫째, 채용 과정에서 많은 지원자가 기업의 가족친화 정책을 전체 보상 패키지의 일부로 받아들이는 경향이 있다. 그리고 때로는 가족친화 정책으로 인해 급여가 조금 낮더라도 입사를 결정한다. 특히 이러한 현상은 팬데믹 상황을 거치면서 더욱 심화되고 있다. 또한 가족과 관련한 이유 때문에 아예 노동시장에서 직업을 구하지 않던 유능한 인재를 가족친화 정책으로 인해 유치할 수도 있다. 지원자의 범위를 넓힐 수 있다는 것은 유능한 인재를 채용할 기회가 늘어나는 것이다. 이는 궁극적으로 기업의 조직성과를 높인다. 미국 노동통계국의 2015년 보고서[23]를 보면 거의 50%의 맞벌이

부부가 가족 관련 이유 때문에 입사제의를 거절한다.

둘째, 가족친화 정책은 유능한 직원의 이직률을 낮추어 장기근속을 유도한다. 많은 기업에서 새로 가정을 꾸린 직원들이 일과 가정생활의 충돌로 인해 회사를 이직하는 일이 반복되고 있다. 새로운 직원을 채용하여 직무에 익숙하기까지 큰 비용과 시간이 드는 점을 고려하면 가족친화 정책은 비용적으로도 효율적이다. 구성원 한 명을 재고용하는 데 드는 직접 비용은 보통 연봉의 20% 정도이지만 채용 중 업무 공백으로 인한 생산성 손실, 재교육 비용 등을 합하면 직원 한 명이 퇴직하는 데 따른 비용은 보통 연봉의 1.5배에 달하는 것으로 알려져 있다. 구글은 유급 부모 휴가를 5개월로 연장하고 나서 여성 직원들의 이직률이 반으로 떨어졌다.

셋째, 직원들의 회사에 대한 충성심과 업무 몰입도를 높이는 데 기여한다. 2018년 기준 미국에서 가사로 인한 결근 때문에 생기는 생산성 손실이 매년 44억 달러에 이른다는 보고[24]가 있다. 유연근무제는 직원들의 결근율을 평균 20% 정도 낮추고 직무만족도의 향상에도 기여한다. 우리나라도 가족친화기업 인증을 받은 기업이 그렇지 않은 기업에 비해 생산성의 증가율이 0.22~1.95% 높은 것으로 나타나고 있다.[25] 또 전체적인 사업 운영에 드는 비용의 효율성도 높인다. 시스코는 유연근무제의 도입으로 매년 2억 7,500만 달러의 비용 절감 효과를 거두고 있다.

넷째, 가족친화 정책은 직원들의 건강과 활력 증진 그리고 스트레스 완화 등에도 기여하여 생산성이 증대된다.

다섯째, 회사의 시장가치를 높이는 데 기여한다.『포춘』500대

기업을 대상으로 한 『월스트리트저널』의 2019년 보도에 따르면 가족친화 정책을 발표한 후 대부분 기업은 주가가 올랐다.

여섯째, 사회적으로 회사에 대한 호감도 증진 등 기업 이미지에 긍정적이고 고객 충성도를 높인다.

일곱째, 가족친화 정책은 거시경제적 측면에서 경기부양 효과와 더불어 건강하고 행복한 후세대의 양성이라는 장기적인 국가발전 목표에도 부합한다.

이처럼 가족친화 정책을 하면 이로운 점이 많다. 그럼에도 일부 기업이 아직도 도입하지 않는 이유는 무엇일까? 대략 세 가지 이유가 있다. 첫째, 가족친화 정책이 주는 잠재적인 이점에 대한 사업주의 인식 부족이다. 둘째, 성공적인 정책의 시행을 위한 회사의 역량 부족이다. 셋째, 전통적인 근무제도와 조직의 변경에 대한 거부감이다. 경영환경의 급속한 변화와 이에 따라 시시각각 변하는 노동시장의 변화를 깨닫지 못하고 아직도 예전의 뒤떨어진 관행이나 시스템을 고수하는 기업도 있다. 때때로 일과 삶에 대한 균형이나 가족관계에 대한 개념 등 경영자의 문화적인 인식 부족도 가족친화 정책의 도입에 장애가 되기도 한다.

미국 정부는 「가족의료휴가법FMLA, Family and Medical Leave Act」을 통해 아주 제한적으로 가족친화 경영에 개입하고 있으나 대부분의 개별 기업들이 자발적으로 도입하고 있다. 이에 반해 영국과 독일은 1990년대부터 정부가 주도적으로 나서 기업이 가족친화 정책을 도입하도록 정책과 환경을 조성해왔다. 우리나라도 정부 차원에서 여성가족부와 노동부가 중심이 되어 가족친화기업 인증제도를 실시하는 등 가족친화경영을 독려하고 있다. 하지만 가족친화 경영은 결국은 기업이 정책에 대한 '경영적' 필요성을 인식하고 적극적으로 나서야 가능하다.

3부

HR도 사람이 전부다

1장

인재를 어떻게 선발할 것인가

1.
전략적으로
인재를 확보해야 한다

새로운 사업연도의 전략과 목표는 대개 그 전해에 이미 세워진다. 1월에 그 목표를 사업환경에 따라 일부 수정하거나 회사 전체의 개별 직원 수준까지 연계하고 각 직무에 따른 1년간의 업무목표가 세워진다. 목표에 의한 성과관리를 택하지 않았을 때는 그 과정이 조금 다를 수도 있지만 보통 1월에는 이와 같은 비슷한 일들이 진행된다. 이때 회사의 조직개편, 직원들의 승진, 전보, 이동 등과 같은 조직과 인사의 변화가 집중적으로 일어난다. 한 해의 채용계획도 이러한 과정을 통해 수립되고 시행된다. 특히 사람은 필요한 즉시 뽑을 수 있거나 사업 실적이 나쁘다고 쉽게 해고할 수 있는 대상이 아니다. 사업목표의 달성을 뒷받침할 수 있는 필요한 역량과 채용 인원을 세심히 살펴 그에 맞는 사람을 즉시 뽑을 수 있도록 전략적으로 접근할 필요가 있다. 채용과정이 시작되는 부분이기도 하다.

전통적인 HR 교과서에 있는 대로 여러 가지 이론적인 수식을 동원한 소위 '적정 인원의 산정' 같은 절차는 실제 사업 현장에서는 크게 쓸모가 없다. 오히려 현재 및 잠재적 사업성장계획에 따른 직무역할, 책임범위, 요구역량을 분석한 직무기술서가 더 효용이 있다. 이것만 제대로 분석하면 복잡한 산술적인 인원 산정 절차 같은 것은 별 의미가 없거나 불필요하다. 직무기술서는 어떤 사람을 뽑아야 하는지에 대한 기초 자료의 역할도 한다. 특히 빠르게 성장하는 기업에서는 채용 계획을 세울 때 미래를 대비한 투자적인 관점에서 볼 필요도 있다.

기업에서 사업전략은 보통 다음의 3가지에 집중된다. 첫째, 제품의 기획, 연구개발, 생산, 마케팅, 판매, 유통에 대한 전략이다. 둘째, 재무적인 전략으로서 제품의 원가와 가격정책, 투자와 자금조달 계획, 인수합병과 분사 전략 등이 여기에 속한다. 셋째, 앞서 2가지 전략을 바탕으로 하는 인적자원 계획이다. 사업에 따라 최고의 효율을 발휘할 수 있는 조직구조를 만들고 이를 뒷받침하는 알맞은 인력을 채용하여 알맞은 직무에 배치하는 일이다.

채용한 인력을 개발하고 평가하고 효과적으로 보상하고 유지하는 그다음 과정도 인적자원 계획의 일부다. 인적자원 전략은 이를 실행하는 전략을 말한다. 인적자원 전략이야말로 기업의 가장 기본적인 사업전략의 하나다. 아무리 좋은 사업전략이라도 결국 실행은 사람이 하는 것이다. 어떤 일을 어떤 사람이 어떻게 하는가는 사업목표 달성을 위한 기업의 핵심적인 과제다.

HR의 성과측정 지표를 뜻하는 『HR 스코어 카드』[1]라는 책을 쓴

럿거스대학교의 마크 휴스리드Mark Huselid 교수와 딕 비티Dick W. Beatty 교수가 미국의 시카고에서 모토로라와 함께 주재한 '전략적 인적자원관리' 워크숍[2]에 참석한 적이 있다. 급속히 변화하는 사업 환경에서 기업의 사업전략과 인적자원전략은 서로 어떻게 연계해야 하고 또 이를 바탕으로 어떻게 인적자원전략을 수립할 것인가에 대한 실무적인 워크숍이었다. 여기서 얻은 통찰은 나중에 실제 업무에 커다란 도움이 되었다. 다음은 워크숍에서 토의되었던 내용의 개요다.

정보통신기술이 발달하고 각 산업 분야에서 기술이나 주요 사업 내용의 독점적 지위가 쉽게 바뀌는 최근의 기업환경에서 기업이 확실히 차별화되는 핵심역량과 경쟁력을 갖는다는 것은 대단히 중요하다. 이는 기업이 현재 확보한 역량일 수도 있고 미래를 위해 선택하거나 그렇게 되기를 바라는 역량일 수도 있다. 이를 고객가치Value를 창출하고, 가격정책Price을 융통성 있게 세우고, 경쟁력 있는 비용Cost으로 제품을 만들 수 있는 역량(줄여서 VPC)으로 요약할 수도 있다. 이를 전략적 기업역량이라고 한다.

기업의 전략적 인적자원계획은 우선 이러한 전략적 기업역량을 정의하는 것으로부터 출발한다. 이를테면 같은 유통업에 속하지만 미국의 고급 백화점 체인인 노드스트롬의 전략적 기업역량은 고객 대면판매, 최상급의 패션제품 제공, 전문적인 개인 맞춤별 서비스를 제공하는 것이다. 반면 대형 할인매장인 코스트코는 최적의 입지조건, 최적의 구매조건, 다양한 제품 제공, 신속한 제품 공급이 전략적 기업역량이다.

그다음은 전략적 역할을 정의하는 단계다. 현재 기업의 전략적 기업역량을 분석하고 그 차이를 찾아낸 후 현재 하는 역할과 차이를 메우는 데 필요한 역할을 함께 분석하는 단계다. 전략적 역할이 정의되면 달성하는 데 필요한 좀 더 세부적인 개념인 전략적 직무를 정의한다. 전략적 직무란 전략적 기업역량을 달성하는 데 직접적으로 관계되는 직무를 말한다. 이러한 전략적 직무의 정의는 동종 산업 내에서도 해당 기업의 전략적 기업역량에 따라 다를 수 있다. 앞의 예를 다시 들면 노드스트롬은 판매상담원, 의류바이어, 브랜드 관리자, 매장 관리자 등이 전략적 직무가 될 수 있는 반면에 코스트코는 입지분석 전문가, 카테고리별 구매담당자, 회원마케팅 전문가 등이 전략적 직무로 분류될 수 있다.

전략적 직무가 정의되고 난 다음 단계는 이를 수행할 전략적 인재를 정의하고 차이를 분석하는 단계다. 전략적 직무를 수행하는 데 필요한 스킬과 역량을 정의하고 현재 회사가 보유한 인재의 역량과 요구역량을 분석한다. 이 단계에서 전략적 인재 리스트가 만들어진다. 그리고 마지막 단계는 현직에서 직무를 수행하는 담당 직원(플레이어)의 성과를 평가하는 단계다. 전략적 직무에 있는 모든 직원을 A, B, C 3단계의 평가 기준에 따라 분류한다면 경쟁 우위에 있는 기업은 보통 전략적 직무에 A플레이어가 있다. C플레이어가 전략적 직무에 배치된 기업은 오히려 기업의 전략적 역량을 갉아먹는다.

전략적 직무에 인재를 유지하기 위해서는 합리적인 성과평가를 통해 A플레이어에게 파격적이고도 차별적 보상을 한다. B플레이어는 A플레이어가 되도록 개발한다. C플레이어는 과감하게 직무를 재배치한다. 이것이 전략적 성과관리다. 신설되거나 내부에서 적임자를 찾을 수 없는 전략적 직무는 이에 맞는 역량을 가진 사람을 외부에서 채용한다. A플레이어는 보통 전체 직원의 10~15%다. 사업전략과 동떨어진 인적자원 전략은 쓸모없다.

2.
인재를 적시적재적소에 채용해야 한다

　한때 공공기관이나 기업의 채용 특혜 문제로 사회가 크게 시끄러웠다. 결국에는 채용의 공정성을 위해 국가가 직접 「채용 절차의 공정화에 관한 법률」을 만들었다. 어떻게 보면 법령의 취지가 이해되기도 하지만 사기업의 채용 과정에까지 국가가 나서야 하는가 하는 의문도 있다. 법령에 적혀 있는 내용이 너무나 당연하기 때문이다. 이는 기업이 왜 채용을 하는가 하는 근본적인 문제와도 관련이 있다. 기업은 기본적으로 기업에 이익이 되는 방향으로 결정을 내릴 것이고 여기에 채용의 공정성이 부합하기 때문이다.
　공정성 문제는 채용의 주체에 따라 국가기관을 포함한 공공 부문과 사기업의 상황이 다를 수 있다. 사기업은 상장기업인가 개인기업인가에 따라 또 사정이 다르다. 이것은 채용 과정에서의 권한과 재량범위를 판단하는 데 기본적인 근거가 되는 중요한 사항이다. 공무원을 뽑는 국가기관은 채용의 일차적인 주체가 국민이다.

국민은 이를 국가에 위임하고 국가는 이를 조직과 책임 분장을 통해 실무 채용담당자에게 다시 위임한다. 그래서 국가기관의 어디에서 누가 관장하든 단지 채용 주체인 국민의 심부름꾼에 불과하다. 심부름꾼은 주인이 의도하는 바와 달리 자기 마음대로 일을 처리해서는 안 된다. 그것도 국민이라는 신성한 주인이 신탁한 국가기관의 조직목표와 원칙에 맞게 공직자를 채용해야 하는 엄정한 책임을 진다. 이를 어기고 국민이 일시적으로 부여한 조직 권한을 개인의 이익을 위해 사사로이 남용하는 행위는 어떠한 이유로든 용납받기 힘들다. 몇몇 일탈이 있기도 했지만 우리나라 국가고시를 포함한 대부분의 국가시행 공무원 채용시험의 개방성과 공정성이 세계 여느 나라 못지않게 높이 평가받는 점은 다행이다. 하지만 공기업은 아직도 채용 공정성 시비가 종종 일어나고 있다는 것은 큰 문제로 보인다. 공공기관도 국민의 세금이 투입되어 운영된다는 점에서 채용 공정성 문제 역시 기본적으로는 국가기관과 큰 차이가 없기 때문이다.

그렇다면 일반 사기업은 어떠한가? 사기업 중에서도 상장기업은 채용의 주체가 회사의 주인인 주주다. 주주는 회사의 이사회에 운영을 위임하고 이사회는 최고경영자를 비롯한 경영진에게 다시 위임한다. 경영진을 포함한 회사의 구성원들은 주주의 심부름꾼이다. 그들은 사업상 결정을 내리거나 경영상 판단을 할 때 법률이나 사회적 책임의 범위 안에서 최대한 주주의 이익을 대표해서 행동해야 한다. 개인의 이해관계에 따라 위임된 권한을 오용하거나 사적으로 남용하는 것은 주주가 허용한 권한 밖의 것이다. 채용도 이러한 범위 내에 속하며 당연히 마음대로 해서는 안 된다.

다만 회사의 지분이 전적으로 개인에게 속한 개인기업은 채용 주체로 따지면 기업의 소유주 개인이 전권을 가지고 있다. 하지만 그렇다고 그들도 사람을 함부로 뽑을 순 없다. 자신이 뽑은 사람이 자기 사업의 성패를 좌우할 수도 있는데 함부로 뽑겠는가? 그들이 전권을 가지고 결정을 내린 대신 이에 관한 결과와 책임도 고스란히 개인의 몫으로 돌아온다. 위임을 받은 사람이라도 그 결과가 전적으로 자신에게 돌아온다면 불공정한 방법을 통해 자격이 없거나 조직에 흠이 될 사람을 쉽게 뽑을 수 없을 것이다.

그러나 아무리 개인기업이라도 또 다른 중요한 문제가 있다. 바로 채용에 지원하는 불특정 다수의 지원자에 관한 것이다. 특히 공개채용을 할 때 지원자들은 모집공고에 명시된 기본적인 지원조건이나 자격조건을 충족하는 한 당연히 회사가 공정하게 채용 절차를 진행할 것이라고 기대하게 된다. 지원자들은 이러한 신뢰를 바탕으로 시간과 경제적인 투자를 한다. 그런데 기업이 특정한 사람을 미리 내정해놓거나 채용평가에서 합리적 이유 없이 불공정하게 사람을 뽑아 선의의 다른 지원자가 상대적으로 피해를 보게 되는 경우는 현재의 채용 공정법이 아니라도 문제가 된다. 기업은 지원자의 피해에 대한 책임이 있으며 그 책임은 개인기업이라고 해서 면책될 수 없다.

또 다른 문제는 채용의 근본적인 목표에 관한 것이다. 채용은 왜 하는가? 단지 사람을 뽑기 위해서가 아니다. 조직의 목적을 달성하는 데 필요한 '적절한 사람'을 뽑아 '적절한 자리'에다 '적절한 시기'에 배치하는 것이 기본적인 목표다. 이러한 채용의 목표를 달성하기 위한 과정은 우선 적절한 사람을 뽑는 것에서 시작한다. 적절한 사람은 그냥 뽑히는 것이 아니다. 체계적이고 적극적인 모집활동을 통해 질 높은 지원자들이 많이 지원하게 만들어야 한다.

지원자들에게 인기가 많다는 것은 고용주가 소위 높은 '채용 브랜드' 가치를 지니고 있다는 뜻이 된다. 조직의 채용 브랜드 가치가 높을수록 우수한 인재들이 많이 몰린다. 채용 브랜드 관리를 '고용주 가치 제안'이라고 부르기도 한다. 기업이 구성원에게 제공하는 포괄적인 가치를 의미하는 '구성원 가치 제안'[3]과 기본적으로 동일한 의미지만 '고용주'라는 표기는 채용 전략을 더 강조하는 효과가 있다. 그러나 채용 브랜드는 단지 모집활동을 통해서만 만들어지지 않는다. 급여나 복리후생 수준과 더불어 직업 안정성, 기업문화, 사회적 평판, 신뢰도 등이 복합적으로 작용한다. 그중에서도 공정하고도 투명한 채용 절차는 높은 채용 브랜드를 형성하는 데 필수요소다. 지원자에게는 채용된 이후의 인사정책이나 기업문화를 가늠해볼 수 있는 중요한 척도의 하나가 되기도 한다.

질 높은 지원자를 확보하는 노력과 더불어 그다음 과제는 그들 중에서 누구를 뽑을 것인가 하는 문제다. 누가 앞으로 조직에 크게 기여할 수 있을지, 누가 조직에 재앙을 가져다줄 것인지 알기가 쉽지 않다. 역사가 오래된 고민 중의 하나이며 실로 어려운 문제다. 제2차 세계대전 중 동일 조건에서 어렵게 양성한 전투기 조종사들 사이에서도 현격한 성과 차이가 있는 것이 실전을 통해 밝혀졌다. 이로 인해 적성검사나 면접기법 등 적절한 사람을 선발하는 방법이나 도구에 관한 체계적인 연구가 시작되었다. 하지만 아직 완벽한 방법은 없다. 다만 좀 더 합리적이고 타당도 높은 방법들을 찾을 뿐이다.

좋은 선발 도구란 선발시험에서의 점수와 입사 후 수행하는 업무성과 사이에 정의 상관관계가 성립되는 것을 말한다. 선발시험에서 좋은 점수를 받을수록 추후 업무성과가 오히려 나빠지는 선발 방법은 최악의 도구다. 근래 기업 채용에서 타당도가 높은 것으로 나타나는 선발 도구는 적성검사와 면접이다. 특히 면접은 (사실 인류에게 가장 오래된 선발 방법으로) 방법의 편이성과 상대적인 높은 타당도로 인해 대부분의 채용에서 사용되고 있다. 반대로 간혹 면접자의 주관적 평가에 의존하는 특성상 불공정한 선발을 합리화하는 역할을 하기도 한다. 필기나 적성검사와 같은 객관적인 도구는 선발의 타당도를 높임과 동시에 이러한 점을 보완한다. 최근에는 면접에 인공지능 기술을 이용하기도 하는데 아직 지원자의 부정적 인식이 높고 타당도나 신뢰도 측면에서도 개선할 점이 많아 보인다. 나도 한때 자체적인 분석을 거쳐 도입을 검토한 적이 있으나 타당도가 높지 않아 도입하지 않았다.

조직에 필요한 구성원의 역량은 시대와 환경에 따라 변하기 때문에 선발 방법은 항상 융통성이 있어야 한다. 이를테면 법전을 달달 외우는 사람이 선발될 확률이 높은 사법고시에서 로스쿨을 통한 방식으로 변한 것도 하나의 사례가 된다. 중요한 포지션인 경우 비용이 좀 들더라도 서치펌이나 전문 헤드헌터의 도움을 받는 것도 필요하다. 향후 기업성과에 미치는 영향에 비하면 비용은 큰 문제가 되지 않는다. 요즘은 고객이 속한 산업과 직무에 특화된 헤드헌터들이 맞춤형 채용 서비스를 제공하기도 한다.

기껏 인재를 잘 뽑아놓고도 직무 배치를 잘못하면 능력을 사장시키거나 인재가 퇴직하기도 한다. 좋은 사람을 뽑아 적소에 배치할 수 있어야 한다. 그리고 필요한 사람을 적시에 뽑을 수도 있어야 한다. HR의 가장 중요한 미션 중의 하나다. 대부분의 일류기업은 좋은 인재를 뽑기 위해 채용에 전사적인 투자와 노력을 아끼지 않는다. 좋은 채용시스템은 좋은 인재를 끌어들이고 조직을 성공으로 이끄는 핵심 요소다.

좋은 사람 뽑기

메타(전 페이스북)의 최고경영자인 마크 저커버그는 회사에 필요한 핵심인재를 뽑을 때 독특한 채용 방법을 사용한다. 페이스북은 실리콘밸리의 첨단 기업 중에서도 전형 절차가 까다로운 회사 중 하나로 알려져 있다. 하지만 저커버그가 페이스북에 정말 필요한 주요 인물이라고 판단하면 통상의 전형 절차는 무시된다. 그는 해당 인물에게 직접 이메일을 보내 본사로 초청한 다음 함께 실리콘밸리의 숲속을 산책하면서 페이스북의 장래 비전을 설명하고 그 사람과 같이 일하고 싶다는 의사를 직접 전달한다. 산책이 끝나고 사무실로 다시 돌아왔을 때 산책 동반자는 집기가 완전히 갖추어진 자신의 사무공간을 소개받는다. 지금 당장 와도 좋다는 의사의 표시다. 이를 통해 최고경영자의 인재에 대한 안목과 인정을 확인한 대부분의 영입 대상자는 결국 페이스북에 합류하게 된다.

셰릴 샌드버그는 2008년 페이스북에 최고운영책임자COO로 입사하여 14년을 근무하면서 광고 기반 수익 모델을 도입하고 회사 전반의 운영에 커다란 발자취를 남긴 것으로 평가된다. 그 또한 저커버그가 이러한 방식으로 여섯 번이나 설득하여 스카우트한 사람이다. 유비가 제갈량을 삼고초려 끝에 데려온 것보다도 더한 노력이다. 샌드버그는 얼마 전 재단을 세워 자선활동에 집중하기 위해 퇴사했지만 메타의 이사회에는 계속 남아 있다.

현재는 치열한 인재 전쟁의 시대다. 위에 언급한 페이스북의 사례에서 보듯 많은 최고경영자가 직접 발로 뛰어 핵심인재를 '모셔' 온다. 스티브 잡스나 빌 게이츠 등 IT 업계의 전설적인 최고경영자는 저커버그에 앞서 파격적인 방법을 통해 핵심인재를 영입한 원조이다. 내 지인이 글로벌 IT 기업의 한국지사장 자리와 다른 회사의 입사 제의를 동시에 받아 고민 중이었는데 그중 한 회사의 회장이 직접 본사로 초청하여 결국 입사하게 한 것을 본 적도 있다.

인재를 뽑기 위해서는 기본적으로 2가지 전제가 따른다. 우선은 인재를 어떻게 알아보느냐 하는 문제다. 그다음은 어떻게 우리 회사로 입사하게 하느냐 하는 문제다. 그리고 이러한 전제는 채용 대상 직무가 회사의 전략적 역량을 뒷받침하는 핵심 직무이냐, 아니면 단순 경력직이냐에 따라 달라진다. 공개채용을 통해 학교를 갓 졸업한 신입사원을 뽑는 경우는 또 다르다.

보통 대부분의 글로벌 기업이나 대기업은 체계화된 선발 절차와 도구를 갖고 있다. 이는 통상 서류전형, 적성검사(혹은 자격시험), 면접, 신체검사 등의 절차로 이루어진다. 이러한 과정은 회사의 명성이 높을수록 지원자 수가 모집정원을 훨씬 초과하는 상황에서 이루어진다. 지원자 수가 모집정원에 미달하는 경우가 있는 중소기업이나 제조업에서는 이러한 선발 절차를 고집하기 어려운 경우가 많다. 그래서 이러한 선발 절차는 소수의 우수한 지원자를 선발한다는 의미도 있지만 그 몇십 배 혹은 몇백 배나 되는 탈락자를 가려내기 위한 수단으로 사용하는 의미도 크다.

회사가 사람을 뽑을 때 범할 수 있는 오류에는 크게 2가지가 있다. 뽑아야 할 사람을 놓치는 경우와 뽑지 말아야 할 사람을 뽑는 경우다. 특히 신입사원은 직무에 대한 경험이 없고 실제 근무 성과를 검증할 수 있는 직접적인 자료가 없어서 미래 인재를 알아보기가 쉽지 않다.

창의성이 중시되고 빠르게 변화하는 환경에서 전통적으로 사용해오던 학교 성적 같은 전형자료가 좋은 사람을 예측하는 데 어떤 의미가 있을까? 학교에서 공부를 잘했다고 꼭 업무도 잘할 것이라는 보장이 없을뿐더러 오히려 공부는 좀 덜 잘했어도 다양한 과외 활동을 통해 문제해결 능력이 뛰어난 사람이 기업에 더욱 필요한 인재가 될 수 있기 때문이다. 직무역량이나 자격Hard skill 같은 것은 추후 교육을 통해 보강하거나 습득할 수 있다. 그러나 인성이나 가치관 같은 내적 품성Soft Skill[4]은 쉽게 알아보기가 어렵고 또 나중에 바꾸기도 쉽지 않다.

이러한 배경으로 인해 채용에서 면접의 비중이 커지고 있다. 한 조사를 보면 국내 기업의 인사담당자 88%가 신입사원 선발 과정에서 면접을 가장 중요시한다고 대답할 정도로 크게 인식되고 있다. 이에 따라 많은 기업이 다양한 방법을 통한 면접기법을 동원하고 있다. 그렇다면 면접은 믿을 만한가?

각종 선발 도구의 타당도에 관한 연구를 보면 면접자가 그냥 무작위로 행하는 전통적인 방법의 면접 타당도는 0.05~0.19 정도밖에 되지 않는다. 한마디로 전통적인 면접을 통해 100명을 채용한다면 무려 81~95명이 제대로 뽑히지 않을 수 있다는 말이다. 사람이 면접을 통해 채용한 지원자와 원숭이에게 리스트를 주어 무작위로 선택하게 한 지원자의 타당도가 추후 업무성과에서 뚜렷한 차이가 없더라는 연구도 있다.

그동안 많은 연구와 시도가 있었지만 아직도 절대적으로 효과가 있다고 잘라 말할 수 있는 면접기법은 없다. 면접은 면접자의 자질이나 직관력 등 다양한 변수가 존재하기 때문이다. 그래서 여러 가지 면접기법이 동원되고 있다. 다행히도 면접자 교육과 함께 사전에 질문내용 등을 체계적으로 미리 준비하고 시행하는 구조화 면접이 상대적으로 타당도가 높은 것(0.48~0.61)으로 보고되고 있다. 그중에서도 행동 기반 면접 기법의 타당도가 가장 높다. 학창 시절 학업이나 과외활동과 전 직장에서의 실패와 성공 경험 등 과거에 실제로 겪은 사례나 문제해결 방식 등을 분석해 채용 직무에 대한 미래의 성공 가능성을 예측하는 방식이다. 경력사원은 전 직장에서의 검증 가능한 기록이나 성취 혹은 평판이 채용 결정에 중요한 자료가 된다. 그리고 입사 지원자의 입장에서는 회사의 보편적인 보상과 복리후생 수준, 근무환경, 성장 기회 등이 주요 입사 유인요인이 된다.

하지만 핵심 직무에 대한 전형 절차나 입사 조건은 융통성 있게 할 필요가 있다. 이 수준의 인재는 보통 탁월한 성과나 명성으로 이미 업계에 알려진 경우가 많기 때문에 앞선 사례처럼 최고경영자가 직접 접촉하는 등 파격적인 방법이 효과가 크다. 우리나라 자동차 디자인 수준을 한 단계 높인 것으로 알려진 국내 자동차업체의 최고 디자인 임원도 이러한 방식으로 영입된 적이 있다. 그들에 대한 유인요인은 최고경영자와 비전과 철학을 공유하는 것으로부터 출발하는 경우가 많다. 좋은 사람을 뽑으려면 최고경영자의 직접적인 관심과 열의가 필수적이다.

압박 면접과 블라인드 채용

2007년 개봉한 맷 데이먼 주연의 연작 액션 영화 '본 아이덴티티Bourne Identity' 시리즈의 세 번째 작품인 「본 얼티메이텀」은 극중 주인공 제이슨 본이 악몽을 꾸는 것으로 시작한다. 나중에 그 악몽의 근원이 국방부 산하 비밀정보국의 요원 선발 과정에서 자신이 겪은 혹독한 심문 때문이라는 것을 알게 된다는 내용이다. 정보기관의 이러한 테스트는 기업에서 '압박 면접'으로 불리는 면접 기법의 기원이 된다.

채용 과정에서 면접의 중요성이 크게 인식됨에 따라 많은 기업이 다양한 면접기법을 동원하고 있다. 활동 관찰 면접, 행동과학적 면접, 프레젠테이션 면접, 역량 기반 면접, 블라인드 인터뷰 등 여러 면접기법이 있다. 그냥 마주 앉아 얼굴만 보면서 이야기하면 간단할 것 같은 면접에 이렇게 많은 기법이 있는 것은 열 길 물속은 알아도 한 길 사람 속은 모른다는 속담처럼 사람을 제대로 평가하기가 쉽지 않기 때문이다. 그래서 좋은 사람을 뽑을 확률을 조금이라도 높이기 위해 여러 가지 다양한 시도를 해보는 것이다.

면접기법 중에는 역량 기반 면접, 활동 관찰 면접, 행동과학적 면접처럼 전문적인 연구에 따른 것도 있지만 술자리 면접, 노래방 면접, 목욕탕 면접 등 그 정체나 배경이 모호하고 목적과 효과가 의심스러운 유형의 면접도 있다. 그중 하나가 소위 압박 면접이라는 것이다. 압박 면접이란 학문적인 정의가 존재하지도 않지만 대체로 채용 면접 과정에서 지원자의 상황 대처 능력, 임기응변력, 순발력, 판단력, 자제력 등을 평가한다는 명분으로 지원자를 극도의 스트레스 상황에 몰아넣는 면접방식을 말한다. 종종 구글에서 사용한다는 "맨홀 뚜껑은 왜 둥글게 생겼는지 아는가?" "저울 없이 전투기의 무게를 달 방법은 무엇인가?"와 같은 질문법을 압박 면접의 한 종류로 알기도 하는데 논리적 추론 능력, 문제해결 능력, 순발력, 창의성 등을 평가하기 위한 '정상적인' 면접기법 중의 하나다.

지원자의 진술 내용 중 이력서의 기재 사항과 배치되는 부분이 있거나 진술이 모호한 경우 혹은 거짓 진술로 의심되는 경우가 있어 추가적인 질문을 통해 규명해나가는 과정은 자연스러운 면접 과정의 일부이다. 압박 면접과는 다르다. 기본적으로 지원자는 면접방식이 어떠하든 면접 과정에서 어느 정도 스트레스를 받게 마련이다. 하지만 이는 평가를 구실로 지원자를 모욕하거나 의도적으로 심한 스트레스 상황에 빠뜨리는 것과는 본질적으로 같지 않다.

문제가 되는 대표적인 압박 면접의 방식에는 지원자에게 고의로 모욕감을 주는 질문이나 언급(예를 들어 "지방대 출신인데 취업하기가 쉬울까요?" "나이도 많은데 장사나 하지 그래요."), 비웃거나 일그러진 표정 짓기, 무시하기, 사생활을 침해하는 질문이나 언급, 성차별적이거나 성희롱적인 질문이나 언급 등이 있다. 이쯤 되면 어떠한 명분이나 구실로도 정당성을 가질 수 없게 된다. 특히 이러한 방식은 기본적으로 지원자를 존중하지 않는 선을 넘어 지원자의 인격과 인권을 침해하고 심할 때는 범죄행위를 구성한다. 압박 면접은 원래 이스라엘의 모사드 같은 비밀 정보기관의 요원이 작전 수행 중 적국에서 체포되거나 극한 상황에 빠졌을 때의 대처능력이나 생존능력을 평가하기 위한 목적으로 개발된 것으로 알려져 있다. 앞에서 소개한 영화의 주인공 제이슨 본이 그 사례가 된다. 하지만 지금은 정보기관에서조차 영화에서와 같은 일은 상상하기가 힘든 세상이다.

압박 면접을 사용하는 배경은 대체로 선발기법에 대해 무지하거나 지원자를 대하는 철학이 부재하거나 면접을 빙자한 고의적인 성희롱적인 행위 등으로 보인다. 압박 면접이 적절한 방법으로 이루어진다고 해도 기술적인 측면에서 평가 효과를 전혀 신뢰할 수 없다. 이를테면 사회심리학자인 사이언 베일락Sian Beilock과 토머스 카Thomas H. Carr의 연구는 고성과자일수록 외부적인 심리적 압박감이 심할수록 복잡한 문제를 푸는 데 방해를 받음으로써 성과가 떨어진다Choking Effect[5]고 했다. 이러한 연구는 압박 면접의 구실을 정면으로 반박한다.

설혹 평가 효과가 크다고 해도 지원자를 모욕하고 비인격적인 방식으로 지원자를 평가하는 방식은 용납되기가 힘들다. 기업의 이미지에도 도움이 될 리가 없다. 무엇보다도 지원자를 그렇게 대우할 권리는 누구에게도 없다. 면접의 기술도 중요하지만 지원자를 존중하는 것이 인재를 유치하는 가장 기본적인 바탕이다.

또 한 가지 논란거리는 편견을 막는다는 이유로 학력이나 경력 등 지원자의 구체적인 배경을 가리고 행하는 '블라인드 면접'이다. 사실 블라인드 면접의 기원은 1952년 보스턴 심포니 오케스트라로 알려져 있다. 당시만 하더라도 서양의 오케스트라는 대부분 백인 남성 위주로 구성되어 있었다. 성별 다양성을 높이기 위해 단원을 뽑는 오디션에서 커튼으로 연주자를 가리고 평가한 데서 비롯되었다. 실제로 블라인드 채용의 효과가 가장 큰 분야가 오케스트라인 것으로 보고되고 있다. 2016년 『뉴욕타임스』가 보도한 하버드대학교와 프린스턴대학교의 연구[6]를 보면 블라인드 채용을 통해 25~46%의 여성 연주자가 더 많이 채용된 것으로 나타났다.

하지만 일부 기업이 블라인드 기법을 채용에 도입하면서 그 효용성을 두고 논쟁이 생겼다. 특히 성차별을 막기 위한 목적으로 블라인드 채용을 시행하기도 하나 보편적이지는 않다. 채용 결정에 필요한 종합적인 정보를 제한하고 지원자의 배경을 가리는 것 자체가 지원자의 외모나 말 솜씨에 좌우되기 쉬운 또 다른 편견을 가져올 수 있다는 것이 주된 이유다. 그리고 대면 면접에서는 블라인드가 현실적으로 어려워 서류전형 단계에서 시행하는 것이 일반적이다. 국내에서는 성차별보다는 학력이나 출신 등에 따른 편견을 방지하고 능력 위주로 채용한다는 명분으로 서류전형을 비롯해 면접 단계에서도 시행하는 경우가 대부분이다.

몇 년 전 정부기관이나 공공기관에서 도입하기 시작해 사기업에도 이의 도입을 권고하는 등 소위 블라인드 채용방식에 관한 논란은 지금도 여전하다. 그 당시 정부 인사혁신처는 블라인드 채용제도를 도입하면서 「국가공무원 임용시험 및 실무수습 업무처리 지침」 개정안을 마련해 행정예고를 하고 다음과 같이 블라인드 채용의 도입 취지와 내용을 공고했다. 우선 도입 취지를 보면 학력과 가족관계 등 직무능력과 무관하게 채용에 영향을 미칠 수 있는 요소는 철저히 배제하면서 직무수행능력은 체계적이고 전문적으로 평가하고자 한다는 것이다.

공무원 공개경쟁 채용시험은 2005년부터 응시원서에 학력란을 폐지하고 구조화한 면접을 도입해 시행하고 있다. 그러나 각 부처에서 주관하는 경력채용에는 임의로 학력과 가족관계 등 인적사항을 요구하는 경우가 있었다. 새로운 제도하에서는 외모에 따른 선입견을 배제하기 위하여 사진 없는 응시원서와 이력서를 사용하게 했다(단, 필기시험 원서에는 본인 확인을 위해 사진 부착함). 한편 직무역량 중심의 평가를 강화하기 위하여 채용직무에 대한 직무기술서를 작성하여 시험공고 시에 공지하고 또 면접관의 면접역량 강화를 위한 지원과 함께 검증된 면접관 풀을 확보했다.

블라인드 채용에 대한 정부의 이러한 제도가 발표되자 사회의 반응은 찬반으로 엇갈렸다. 찬성의견을 보면 채용 시 학연, 지연, 혈연, 불필요한 스펙에 의한 차별을 방지하고 직무능력에 따라 채용할 수 있는 점을 찬성 이유로 들었다. 반면 지금까지의 노력과 성취도에 대한 평가가 무시당하고 인재 판단에 대한 근거가 오히려 불명확해져 외모나 면접 시의 임기응변과 언변에 따른 오류 선발의 가능성이 있다는 점이 반대 의견의 근거였다.

참고로 취업준비생과 인사담당자들을 대상으로 한 그 당시 조사[7]를 보면 취업준비생의 71.9%, 인사담당자의 80.9%가 블라인드 채용의 도입에 찬성하는 것으로 대답했다. 일단 채용의 두 당사자는 블라인드 채용의 도입에 대해 긍정적으로 인식하는 것으로 나타났다. 그러면 사기업에서 블라인드 채용이 과연 정답인가? 여기에 관한 나의 생각은 분명하다. 우선 채용의 방식에 관한 문제는 지극히 기술적인 문제이기 때문에 정부의 선발방식이라면 몰라도 적어도 기업의 인재 선발방식에 정부가 어떤 방식으로든 개입하는 것은 불필요하고 부적절하다. 다만 소수자 차별 방지를 위한 미국의 '적극적 우대조치' 정책과 같이 이력서에 사진을 붙이거나 나이를 표기하지 않게 하는 등 정부의 정책적 측면에서 개입은 필요에 따라 가능할 것으로 본다.

기업의 인재채용 방식은 기본적으로 다음의 세 가지 원칙에 따라 운영된다.

① 선발도구나 선발방식의 신뢰도와 타당도 확보

② 인재의 조직 적합도 판별
③ 선발방식의 경제성 확보

블라인드 채용이라는 특별한 선발방식이 이러한 과제를 해결할 수 있을까? 기업마다 자사에 필요한 전략적 요구역량이 존재한다. 인재의 선발은 이러한 전략적 요구역량을 뒷받침하기 위한 과정이다. 이를 위해 인재의 직무역량은 필수적이다. 그런데 그 직무역량은 잠재적인 것일 수도 있고 현재적인 것일 수도 있다. 구글은 거리에 붙인 광고판의 수학 문제를 풀어 그 해답을 비밀번호로 사용해야 개발업무에 지원할 수 있게 했다. 이 방법이 좋고 나쁘고는 구글이 알아서 판단하며 그 책임도 구글의 몫이다.

아직도 현저히 우수하다고 말할 정도의 면접기법이 딱히 없다. 사람이 사람을 평가하는 데는 수많은 변수가 작용하기 때문이다. 그렇기에 지원자의 다양한 정보나 배경은 입체적인 채용판단을 하는 데 여전히 유용하다. 스스로 필요로 하는 인재상을 정확히 이해하고 이러한 사람을 효과적으로 선발할 수 있는 것도 그 기업의 역량이다. 지원자에 대한 정보를 제한한다고 좋은 사람을 뽑을 수 있을 것이란 견해에는 동의하지 않는다. 정보는 어떻게 활용하느냐의 문제에 불과하다. 블라인드 채용의 원래 취지도 좋은 사람을 뽑기 위한 것으로 생각한다.

이를 위해서는 선발에 대한 보다 전문적이고 기술적인 접근과 함께 훈련된 면접자의 확보도 중요하다. 아울러 면접의 기술도 중요하지만 그 이전에 기업에서 필요한 인재의 모델과 필요역량을 파악하는 것이 인재를 채용하는 데서 우선이다. 블라인드 채용도 결국은 이러한 채용의 기본적인 목적에 배치될 수 없다.

　면접자의 편견을 방지하고 채용 공정성을 높이기 위한 노력은 필요하다. 하지만 이러한 노력이 효과가 있는지는 별개의 문제다. 미국의 어느 기업은 면접 시 성차별을 막기 위해 대면면접 대신 전화면접을 하면서 지원자의 음성을 변조하는 기술까지 사용해 화제가 된 적이 있다. 앞선 사례처럼 음악 연주와 같은 실기에서는 블라인드 테스트가 효과적이다. 국내 대학 입시에서도 음악이나 미술은 실기 테스트에서 커튼으로 응시자를 가리고 시험을 본다. 하지만 이렇게 해도 응시자와 채점자가 서로 알아볼 수 있는 신호를 사용하여 입시 부정이 된 경우가 있다.

　지원자에 관한 정보를 제한하는 것이 해결책이 아니다. 조직문화가 더 중요하다. 조직문화가 지원자에 대한 편견을 허용한다면 블라인드 채용으로 '편견 없이' 사람을 뽑았다 해도 입사 후에는 어떻게 할 것인가? 요는 편견을 막고 공정한 방법으로 인재를 채용하는 조직문화다. 참고로 현재는 정부기관과 공기업에서도 블라인드 채용을 폐지하는 추세이다.

2장

인재를 어떻게 육성할 것인가

1.
인재는 탁월한 성과를 만드는 사람이다

1990년대 들어 기업 간 인재 확보 경쟁이 치열해지며 인재 전쟁이란 말이 생겨난 지도 벌써 30년이 지났다. 하지만 최근 모바일 플랫폼 비즈니스 등 새로운 종류의 비즈니스가 급격히 발전함에 따라 인재 전쟁은 오히려 세계를 무대로 확대되고 있다. 소위 지식근로자에 대한 요구도 더욱 커지고 있다. 산업화 시대와 비교해서 현재의 핵심 지식근로자가 기업의 성과에 미치는 파급력은 실로 막대하다.

시스코의 존 체임버스 John Chambers 회장은 20년 전 한 인터뷰에서 "세계적인 수준의 기술자 다섯 명이면 평범한 기술자 200명을 능가할 수 있다."라고 했다. 마이크로소프트의 수석 과학자인 네이선 미어볼드 Nathan Myhrbold는 "최고 수준의 소프트웨어 개발자 한 사람의 생산성이 평범한 개발자의 1만 배에 달한다."라고 했다.

세계 기업 역사에 이름을 남긴 유명한 경영자들도 핵심인재의 중요성을 강조한다. "일류 엔지니어 한 명이 평범한 인력 300명보다 낫다(엘런 유스티스 전 구글 부회장)." "핵심인재 20명이 없었다면 오늘의 마이크로소프트란 회사도 없다(빌 게이츠 전 마이크로소프트 회장)." "21세기는 탁월한 한 명의 천재가 천 명, 만 명을 먹여 살리는 시대이자 지적 창조력의 시대다(이건희 전 삼성 회장)." "내 시간의 75%는 핵심인재를 찾고 배치하고 보상하는 데 썼다(잭 웰치 전 GE 회장)."

이는 비단 IT 업계에 한정된 이야기가 아니다. 기술의 발전은 모든 산업의 구석구석에서 기존의 패러다임을 바꾸고 있다. 점진적인 변화가 아니라 어느 날 갑자기 몇십 년간 지속되어 왔던 게임의 룰이 바뀌고 판 자체가 뒤집히는 일이 비일비재하게 일어나고 있다. 이러한 혁명적인 변화가 바로 기존의 인재관을 벗어난 소수의 창의적인 핵심인재들에 의해서 만들어지고 있다. 그렇다고 기업의 모든 구성원이 핵심인재일 필요는 없다. 대다수 구성원은 조직의 기본적인 기능을 통상적으로 수행한다. 그들의 역할도 여전히 중요하다. 다만 얼마나 효과적으로 업무를 수행하느냐의 문제가 있다. 핵심인재는 사업의 판도를 바꾼다.

기업에서 말하는 인재란 용어는 딱히 사전적 정의는 아니다. 넓게는 미래의 잠재적 역량을 가진 신입사원을 포함하기도 한다. 좁게는 현재에 고성과를 보이는 핵심인재(일반적으로 전체 구성원의 10~15% 수준)를 말한다. 그리고 핵심인재에 대한 인식도 우리 기업과 외국 기업 간에 다소 차이가 있다. 대한상공회의소의 조사[1]를 보면 우리 기업은 핵심인재의 정의를 '핵심 사업이나 신사업을 이

끌어가는 리더' '조직의 차세대 리더와 CEO 후계자' '주요 직책의 담당자' '반복적인 고성과자' 순으로 정의하고 있다. 이는 핵심인재를 보는 우리 기업의 인식이 실제적인 성과보다는 맡고 있는 직책에 중점을 두고 있음을 보여준다.

이와 비교해 한 외국계 글로벌 기업은 핵심인재를 '조직의 전략적 역량을 달성하는 데 핵심적인 역할을 하는 고성과자'로 정의해 조직역량과 함께 개인의 실제 성과를 강조하고 있다. 현재 아무리 중요한 직책에 있는 핵심인재라도 매년 체계적으로 실시하는 핵심인재평가 과정을 통해 그때그때 핵심인재 여부가 바뀔 수 있다. 잠재적 역량도 동시에 평가한다. 현재의 성과와 잠재적 역량에서 모두 최고 등급을 받는 핵심인재는 승진이나 보상에서 파격적인 대우를 받는다. 회사의 전략적 역량을 좌우하는 소위 전략적 직책의 중요도가 높을수록 핵심인재가 그 자리로 보임되는 것은 매우 중요하다. 경쟁기업과의 성패는 대부분 여기에서 결정된다. 단지 중요한 직무를 담당하고 있다고 해서 핵심인재인 것은 아니다. 고성과를 보이는 핵심인재가 책임을 맡고 또 그 자리에서도 고성과를 보일 수 있어야 조직이 성공한다.

그러면 어떤 사람들이 인재가 되는가? 여러 연구를 종합하면 고성과자들의 개인적인 특질로 첫째, 성격·재능, 둘째, 행동양식·가치관·사고방식, 셋째, 지식·기량을 꼽을 수 있다. 이 중에서 첫째와 둘째는 소프트 스킬로 내면에 숨어 있기 때문에 선발 과정에서 후보자의 실체를 파악하기가 쉽지 않다. 셋째는 하드 스킬로 외형적으로 검증하기가 비교적 쉽다. 소프트 스킬은 선발 후에도 변하기가 쉽지 않기 때문에 애초 선발 과정에서 적합한 후보자를 뽑는 것이 중요하다. 이 때문에 요즈음 선발 도구에서 초점이 되는 부분이다. 재능은 생득적이라서 어쩔 수 없더라도 가치관이나 사고방식은 가정교육이나 유아교육에서 시작되는 학교 교육이 영향을 미친다. 하지만 이 역시 입사 전의 문제이며 후에는 바꾸기가 힘들다. 소프트 스킬은 구성원의 윤리성을 구성하는 부분이기도 하다.

인재는 우선 윤리관이 확고하다. 매사에 자기 주도적이고 자발적이며 책임감이 강하다. 특히 요즈음 인재는 창의력과 회복탄력성이 큰 것이 특징이다. 그러나 이러한 소프트 스킬은 조직문화가 그들을 수용할 수 있는지에 따라 결과가 확연히 달라질 수 있다. 어떤 기업에서는 스타가 될 수 있는 인재가 어떤 기업에서는 문제아 취급을 받을 수도 있다. 인재는 인재를 받아들일 수 있는 곳에서만 빛을 발한다.

인재는 하드 스킬 면에서도 확실한 차별성을 갖고 있다. 그들의 특징은 끊임없이 탐구하고 학습하며 문제해결력이 뛰어나다. 원래 소프트 스킬로 알려졌으나 교육에 따라 후천적인 함양이 가능한 뛰어난 리더십도 성과가 높은 인재가 보이는 특질 중의 하나다. 훌륭한 리더는 본인의 성과뿐만 아니라 함께 일하는 구성원의 동기를 유발해 성과를 높인다. 특히 요즈음 들어 리더십은 기업 차원을 넘어 정치권과 공직사회 등 우리 사회 곳곳에서 문제의 핵심으로 지적될 정도로 중요한 요소로 대두되고 있다. 이순신 장군을 주제로 한 영화가 초유의 흥행을 기록한 이유도 훌륭한 리더에 대한 갈망 때문이다.

인재 중에서도 최고의 인재는 한 국가나 기업 전체를 성공적으로 이끄는 훌륭한 리더십을 갖춘 리더일 것이다. 이러한 리더는 대개 앞서 언급한 인재의 조건을 두루 갖추고 있다. 하지만 간혹 미국의 레이건 대통령처럼 전문성은 덜하더라도 확실한 목표와 비전으로 탁월한 인재를 선발하고 효과적으로 활용하는 능력에 힘입어 훌륭한 리더로 평가받기도 한다. 인재를 제대로 알아보는 것도 리더의 중요한 역량이다.

훌륭한 리더도 환경의 영향을 받는다. 그러나 정말로 위대한 리더는 불리한 환경까지 바꾸어가면서 성과를 낸다. 누가 인재인가를 알아보는 것도 중요하지만 그러한 인재를 받아들이고 유지할 수 있는 시스템을 갖추고 리더를 양성하는 것도 훌륭한 인재를 지속적으로 확보하는 데 있어 필수적인 요소다.

그렇다면 '인재'란 애초에 어떻게 만들어지는 것일까? 인재의 일반적인 정의는 '한 분야 혹은 여러 분야에서 보통 사람들의 범주를 뛰어넘는 탁월한 성과와 성공을 보여주는 소수의 사람들'을 지칭한다. 보통 이들을 '탤런트Talent'라고 하는데 경영사상가 말콤 글래드웰은 '아웃라이어Outlier'[2]라고 표현한다. 허준이, 임윤찬, 김연아, 박태환, 타이거 우즈, 마이클 조던, 파블로 피카소, 레오나르도 다 빈치, 잭 웰치, 스티브 잡스, 빌 게이츠, 마리 퀴리, 알베르트 아인슈타인, 스티븐 호킹 등이 이런 범주에서 얼른 떠오르는 사람들이다. 나이, 성별, 출신을 떠나 모두 자기 분야에서 최고의 경지에 올랐거나 현재 최고의 경지에 있는 사람들이다. 그렇다면 이들이 보통 사람들과 다른 점은 무엇인가? 타고난 재능, 지능지수, 뛰어난 사회성,

자라온 환경, 학습 등 여러 가지 변수가 있을 수 있다. 하지만 한 가지 단호하고도 핵심적인 요소를 찾는다면 그것은 무엇일까?

핵심인재로 불리는 소수 인재가 보이는 탁월함이 전체 조직이나 사회에 미치는 영향이 지대하다. 그러다 보니 특히 기업에서는 직원을 채용하거나 미래의 리더를 선발하고 육성하는 과정에서 소수 인재의 성공방정식에 관심이 크다. 초기에는 지능지수나 한 분야에 대한 타고난 재능이 인재가 탁월한 성과를 내는 핵심 요소로 간주되었다. 그래서 지능검사는 여러 종류의 선발과정에서 지표로 사용된 주요 선발 도구의 하나가 되었다. 심지어 성격검사도 성공하는 인재를 예측하는 도구로 사용되었으며 인성검사로 불리는 일부 검사는 현재까지도 사용되고 있다. 그러나 이러한 검사의 결과는 타당도와 신뢰도에 문제가 있어 더 이상 성공을 위한 핵심 요소로 간주되고 있지 않다.

특히 성격검사는 인권 침해 등 여러 가지 문제점을 내포하고 있다. 소위 체계화된 직무별 적성검사는 나름대로 타당도를 가진 것으로 알려져 있다. 하지만 압도적인 요소는 역시 아니다. 한때는 EQ라 불리는 사회적 감성지수가 또 다른 성공 요소로 주목을 받기도 했지만 측정 요소가 뚜렷하지 않고 성과와의 상관관계를 직접적으로 증명하지 못한다. 가치관과 행동양식도 그것 자체만으로 탁월한 성과를 내지 못한다.

많은 연구에서 꼽는 탁월한 성과를 내는 핵심 요소는 '신중하고도 체계적으로 계획되고 또 탁월함에 이르기까지 수없이 반복하는 학습이나 연습'이다. 지능이나 재능을 완전히 무시할 수는 없지만 어느 정도 기본을 넘어서면 이것이 성공을 좌우하는 절대적인 요소가 되지 못한다. 그리고 가치관이나 행동양식은 사람이 포기하지 않고 지속적인 학습을 할 수 있게 하는 간접적인 원동력이 된다. 열정과 집중이 없으면 반복된 학습을 경지에 오를 때까지 해내기가 어렵고 탁월한 성과도 내기 힘들기 때문이다. 지루하고 힘든 반복적인 훈련을 참아내고 누구에게나 찾아오는 힘든 고비(경영전략가 세스 고딘은 이를 딥Dip[3]이라고 표현함)를 극복할 수 있는 능력과 의지가 차이를 가르는 핵심이다.

오로지 체계화되고 반복된 학습만이 성공을 보장한다. 학습을 반복하는 과정에서 실수를 극복하고 끝내 탁월한 성과를 내는 인재가 된다. 세계적인 수준의 선수와 그렇지 않은 선수의 차이는 여러 가지 방해요인을 극복하고 얼마나 지속적으로 '체계적, 심층적, 반복적' 훈련을 할 수 있느냐의 차이다. 그러나 학습은 도전과 개선을 동반하는 반복이어야 한다. 같은 수준을 아무리 반복해도 탁월함은 만들어지지 않는다. 그리고 학습이 체계적일수록 보다 효과적으로 인재가 만들어진다. 하지만 이러한 학습과정을 기업의 교육훈련 과정에서 기대하기는 현실적으로 쉽지 않다. 채용이 중요한 이유다.

다중지능 이론을 창시한 교육심리학자 하워드 가드너는 이러한 과정을 IDF*로 표현했다.[4] 가드너는 이를 한 분야에서 탁월한 창의

---

* IDF의 두 문자 중 인디비주얼리티Individuality는 개인의 특성이고 도메인Domain은 해당 분야의 교육을 체계적으로 받을 기회이다. 필드Field는 교육받은 지식과 학습의 결과물을 협업이나 경쟁의 장에서 실제로 활용하고 성과를 창출하고 경험과 역량을 심화할 수 있는 장을 뜻한다.

적 성과를 내는 사람들의 성공조건으로 꼽았다. 이와 더불어 탁월한 성과를 달성하는 인재의 조건으로 해당 분야에 대한 각별한 관심, 어느 한순간 찾아와 지속적인 학습을 강력히 유도하는 각성, 탁월한 성과를 위해서는 영혼을 팔 수도 있다는 소위 '파우스트적' 몰입과 특별한 의지를 들었다. 여기서 파우스트적 몰입이란 우리 선조들이 말한 불광불급不狂不及, 즉 미쳐야 이룬다는 말과 같은 뜻이다. 미치는 사람에게는 아무리 반복되는 학습과 노력도 지루하지 않을 것이다.

그리고 마지막으로 중요한 요소 하나는 윤리적 감수성이다. 아무리 탁월한 성과라도 윤리가 뒷받침되지 않으면 오히려 독이 될 수도 있다. 윤리적인 마음자세는 탁월한 성과가 가야 할 방향을 제시한다. 이러한 모든 과정을 거치지 않고 인재가 만들어지는 경우는 없다.

2. 인재를 전략적으로 육성하고 관리하라

경력개발계획

예전엔 회사에서 신입사원들이 미래의 경력 목표를 위해 할 수 있는 일이 별로 없었다. 대부분의 국내 기업들이 입사 전형부터 직무별이 아니라 종합 채용 형식으로 직원을 선발했다. 그다음엔 집단 연수를 거쳐서 성적순으로 혹은 각 부서의 발탁에 따라 직무를 배치했다. 그러다 보니 지원자 입장에서는 희망과 적성에 따른 직무별 지원이 되지 않았다. 지원 시에 제1지망, 제2지망을 표시할 수 있는 경우에는 그나마 성적 여하에 따라 신입사원의 희망 사항이 반영될 수 있는 정도였다.

그리고 일단 한번 배치된 다음에는 열심히 하는 것 외에는 회사 내 경력경로에서 자기 앞날에 자신이 미칠 수 있는 영향의 범위는 극히 제한적이었다. 발탁승진 인사가 전혀 없지는 않았지만 대부분 연공 서열에 의해 승진하고 사전 예고 없이 인사발령이 나면 내일이라도 당장 새로운 업무로 이동해야 했다. 개인의 역량과 적성이 각 구성원의 경력경로에 제도적으로 반영될 기회가 거의 없었다. 회사가 제공하는 직원개발 프로그램은 누구나 받아야 하는 정형화된 계층별, 직무별 교육이 전부였다. 이러한 환경에서 개인이 경력경로를 위해 할 수 있는 일은 무조건 주어진 환경에 적응하고 상사의 지시에 따라 열심히 하는 것이다. 적응하지 못한 개인은 도태되거나 회사를 떠나고 살아남는 개인은 그다음 단계로 진입할 기회를 얻는다. 이 과정은 온전히 개인 스스로가 알아서 해야 하는 일이다. 최고경영자의 후계자도 사전 계획에 의해 개발되는 것이 아니라 그러한 단계를 반복하면서 사다리를 끝까지 오른 사람 중에서 '우연히' 탄생했다. 물론 사다리를 끝까지 오른 사람들은 대부분 치열한 경쟁을 거친 출중한 인재였지만 처음부터 육성된 경우는 많지 않았다.

이렇게 구성원 개인이 업무환경에 적응하는 적자생존의 과정은 큰 맥락에서 보아 인사제도가 오래전부터 체계화된 선진기업에서도 별반 다르지 않으며 꼭 나쁜 것도 아니다. 어떻게 보면 이렇게 처절한 생존경쟁을 거치면서 단련된 임원이나 경영자는 결과적으로 또 다른 유형의 경쟁력을 가질 수도 있다. 그러나 이러한 방식이 현재에도 여전히 유효한가 하는 문제가 있다. 직원의 경력개발계획CDP, Career Development Plan이 다시 관심을 받는 배경이다.

경력개발계획이라는 개념은 회사가 개인의 적성, 역량, 경력 목표를 최대한 고려해 적극적이고 체계적으로 개인의 경력개발을 돕는 것이다. 입사 지원 시부터 희망 직무별로 지원을 받고 입사 후에는 회사가 교육, 코칭, 멘토링 프로그램 등을 통해 체계적으로 직원을 육성하고 개발한다. 이러한 과정은 성과관리 프로그램과 함께 운영되며 현장교육 OJT, On the Job Training, 직무 로테이션, 정기적인 교육과 훈련 등의 프로그램과 연계된다. 이를 위해서 회사는 성과관리, 교육과 훈련, 보상제도 등 관련 인사제도를 체계화하고 개별 관리자들이 이를 적극적으로 뒷받침할 수 있도록 이해도를 높이는 노력을 해야 한다.

무엇보다도 중요한 것은 구성원 개인이 스스로 냉철한 평가를 하고 경력 목표에 대한 확고한 의지를 갖고 경력개발을 위해 노력하는 것이다. 경력 목표는 기본적으로 구성원이 세우고 관리해야 하며 회사와 관리자는 이를 도울 뿐이다. 경력개발계획은 현재 하는 일이 단지 싫어서 도피하거나 성과 부진을 변명하기 위한 프로그램이 아니다. 그래서 어느 정도 경력이 쌓인 직원이 적성이 맞지 않다고 직무 전환을 요청하는 경우는 서로 신중히 검토해야 할 필요가 있다. 경력개발계획은 현재 업무를 성실하게 수행하는 것에서 출발하며 회사와 구성원이 목표를 공유한다. 회사는 구성원의 몰입과 성장을 돕고 그래서 구성원의 역량이 높아지면 회사의 성과도 함께 향상되는 윈-윈 개념이다.

후계자 승계계획

경력개발계획은 '후계자 승계계획'과 밀접하게 연계된다. 후계자 승계계획은 장기적 관점에서 조직의 주요 직무의 승계와 핵심인력의 배치와 개발을 사전에 계획하여 체계적으로 관리하는 것을 말한다. 경영학자 마셜 골드스미스Marshall Goldsmith는 계획만 갖고는 부족하고 체계적인 개발이 더 중요하다며 후계자 승계계획 대신 승계개발Succession Development[5]로 부르기도 한다. 후계자 승계계획은 사전 계획과 개발을 통해 능력이 검증된 조직 내 준비인력을 공백이 생긴 직무에 즉시 승계시킴으로써 갑작스러운 직무 및 경영 공백을 최소화하고 경영 리스크를 줄여 조직을 보다 안정적으로 운영할 수 있도록 돕는다. 그러기 위해서 인재를 조기에 발굴하여 장기적으로 육성해야 한다. 이러한 과정은 인재 발굴을 위한 합리적인 평가시스템, 효과적인 교육프로그램, 윤리적 마인드 함양, 장기적인 관점에서 보직과 승진관리, 철저한 성과 및 보상관리 등을 통해 이루어진다.

기원전 431~404년까지 고대 그리스의 아테네와 스파르타 간에 27년간 계속된 펠로폰네소스 전쟁은 고대 그리스 도시국가 간 판도를 바꾸고 이후의 정치, 역사, 문화에까지 커다란 영향을 끼쳤다. 전쟁 전 그리스에서 가장 강대한 도시국가였던 아테네는 스파르타에 항복함으로써 종속국으로 전락했다. 반면 스파르타는 그리스 도시국가들을 주도하는 국가가 되었다.

기원전 406년 펠로폰네소스 전쟁 중 향후 아테네의 운명에 결정적 영향을 미치는 아르기누사이 해전이 일어난다. 이 해전은 아테네의 승리로 끝나지만 아이러니컬하게도 결국 마지막 승리가 된다. 이 해전에서 아테네는 지상전에서는 강하지만 해전에서는 불리한 위치에 있던 스파르타를 몰아붙여 승리를 거두었으나 25척의 함선을 잃는다. 그리고 포위망 구축에도 실패해 일부 스파르타군이 탈출한다. 이때 피해를 본 25척의 아테네 함선 중 최소 12척은 아직 가라앉지 않아 약 1,000여 명의 병사가 잔해에 매달려 있었다. 그러나 폭풍우가 몰아치고 있어 살아남은 함선들은 일단 항구로 철수한 후 향후 대책을 논의하기로 한다. 그리고 현직 장군이 아닌 두 명의 선장에게 바다에 빠진 병력의 구조를 맡기고 8명의 해군 제독들이 스파르타군의 추격에 나섰다. 하지만 구조를 맡은 병사들은 폭풍우가 치는 거친 바다에 공포를 느껴 선장들의 명령을 거부하고 구조에 나서지 않았다. 또한 8명의 해군 제독들도 폭풍우 때문에 달아나는 스파르타 함대의 추격에 실패했다.

이는 불운하게도 나중에 엄청난 정치적 사건으로 비화된다. 아테네 시민들은 처음에는 승리의 소식을 듣고 환호했고 민회도 제독들을 칭송하는 결의안을 통과시켰다. 그러나 제독들이 폭풍우가 몰아치는 바다 위에서 표류하고 있던 1,000여 명의 병사를 구조하지 않았다는 사실이 알려졌다. 그러자 군중심리에 휩쓸린 아테네 시민들과 민회는 분노했다. 결국 아테네 시민을 대표하는 민회는 구출 실패의 책임을 물어 승전을 이끈 8명의 제독에게 사형을 선고하고 해외로 망명한 2명을 제외한 6명 전원을 처형한다. 이때 제독들을 변호한 유일한 사람이 소크라테스였지만 막지 못하고 자신도 역시 곤경에 빠진다. 이로 인해 아테네는 숙련된 해군의 지휘부를 아무 대책 없이 스스로 일거에 제거하게 된다. 그리고 1년 후인 기원전 405년 스파르타군이 침공해 일어난 아이고스포타모이 해전에서 주요 지휘관을 잃은 아테네는 180척의 함선 중 168척을 잃고 완전히 궤멸되었고 6개월 후 스파르타에 항복한다. 나중에 아테네인들은 제독들의 처형을 후회했으나 이미 나라는 패망한 다음이었다.

이 사건은 아테네식 직접 민주주의 혹은 중우정치의 폐단을 거론할 때 대표적으로 언급되는 역사적 사건이다. 아울러 후계자 승계계획도 없이 핵심적인 지휘부의 공백을 초래하는 중대한 결정을 안일하게 처리한 국가나 조직이 어떻게 무너지는지에 대한 분명한 교훈을 주는 사례이기도 하다.

반대의 사례로 조직의 체계적 승계계획으로 유명한 GE는 2017년 1월 1일부로 제프리 이멜트 회장이 물러나고 후임으로 존 플래너리John Flannery 헬스케어 담당 사장을 새로운 최고경영자로 선임했다. 이러한 승계는 6년 전부터 미리 진행된 체계적인 승계계획의 결과였다. 전임 이멜트 회장도 비슷한 과정을 거쳐 잭 웰치 회장이 발탁했다. 이와 함께 GE는 최고인사책임자인 수전 피터스Susan Peters 수석 부사장이 내부 뉴스레터에 기고한 글을 통해 현재 시행 중인 GE의 최고경영자 선임과정을 공개했다. 우선 피터스가 GE의 최고인사책임자CHRO로서 가장 중요한 업무가 GE의 리더들, 특히 고위 임원을 발굴하고 성장을 돕는 것이라고 직접 밝힌 점은 승계계획의 중요성을 한마디로 보여준다. GE의 최고경영자 선임과정을 인용하면 다음과 같다.

첫째, 잠재 후보자들에게 여러 가지 리더십 역할을 부여했을 때 그 결과를 보는 데 수년이 걸린다는 것을 알고 있었다. 이에 따라 의도적으로 주요 리더들을 더욱 복잡한 환경에 노출시켜 새롭고 도전적인 경험을 하도록 했다. 둘째, 2012년까지 직무기술서를 작성하고 이를 계속 발전시켜 환경, 기업 전략, 문화를 바탕으로 차기 최고경영자에게 요구되는 자질, 기술, 경험을 반영하는 데 주력했다. 셋째, 현재와 미래에 필요한 리더의 자질을 최대한 이해하기 위해 외부 리더 100여 명의 사례와 관련 자료를 조사하고 연구했다. 이렇게 내외부 연구자료를 정리해 GE의 차기 CEO에 요구되는 '리더십 역량'이 무엇인지 규정했다. 후보자의 현재 모습보다 빠른 학습 능력, 풍부한 경험, 상황에 대한 유연한 대처 능력이 성공적인 최고경영자를 예측하는 데 더 유의미하다는 점을 반영했다.

2012년 GE이사회는 GE의 핵심 리더십 기준을 토대로 사내 후보자들을 관찰하고 내외부 후보자들을 평가했다. 이러한 과정을 위해 참고한 수년 전 자료에는 후보자들이 글로벌 사업을 이끈 경험, 성과, 사업실적, 임원평가, 리더십 역량, 동료평가 피드백 등이 포함되었다. 그 결과 GE이사회는 외부 후보자보다 내부 후보자가 승계에 더 적절하다고 판단했다. 이후 내부 후보자들은 계속해서 더 크고 복잡한 역할을 부여받아 리더로서 스스로 시험하고 회사의 최고위 리더십 역할을 맡기 위한 리더십 개발을 해왔다.

2013년이 되자 후임 CEO 승계 시기를 신중하게 검토했다. GE의 사업계획 프로세스, 포트폴리오 변화, 신임 최고경영자의 취임과 현 최고경영자·회장의 퇴임에 따른 적절한 인수인계 기간 등을 고려했다. 4년 전 GE이사회와 제프 이멜트 회장은 2017년 여름을 목표로 최고경영자를 교체하기로 결정했다.

최종 단계는 면접이었다. GE이사회는 최고경영자의 역할과 GE에 대한 비전을 후보자들에게 직접 들었다. 이사회는 후보자들에게 매우 어려운 질문을 던지며 시험했고 그들의 생각을 경청했다. 다음과 같은 질문들이 포함되어 있다.

- 현 리더십 팀이 당신의 리더십 중 가장 높게 평가하는 부분은 무엇이라고 보는가?
- 현재 환경 속에서 성공하기 위해 GE를 어떻게 포지셔닝할 것인가?
- 자본 배분, 사업 포트폴리오 관리 등을 포함해 어떠한 전략적 변화를 추구할 것인가?
- GE 문화 중 계속 유지할 만큼 유익하다고 생각하는 문화는 무엇인가? 어떤 부분을 변화시킬 계획인가?
- 지금까지 당신이 받은 피드백 중 가장 어렵고 힘들었던 피드백은 무엇인가?
- 당신의 어떠한 직업적인 경험이나 개인적인 경험이 글로벌 관점을 형성하는 데 도움이 되었는가?
- 당신은 어떻게 배우는가?

참고로 GE이사회가 존 플래너리를 최고경영자로 선택하면서 높이 평가한 역량은 평생학습자, 글로벌 경험을 지닌 강력한 리더십, 조직관리 능력, 크게 생각하고 깊게 파고드는 역량, 적응력 있고 탄력적인 리더십, 직원들과 관계를 형성하고 팀을 이끌어가는 탁월한 역량 등이다. 이러한 평가는 한 번으로 끝나는 것이 아니라 후보자가 회장으로 선임된 후에도 이사회는 계속 평가를 진행한다. 필요한 경우 다시 최고경영자를 교체하는 자료로 사용된다. 존 플래너리 회장은 불과 1년 2개월 만에 해임되고 로런스 걸프가 회장으로 임명되었다.

승계계획은 조직에서 어떤 직무를 맡은 사람이든 언젠가 그 자리를 떠날 수밖에 없다는 단순한 전제에서 출발한다. 특히 그 직무가 조직에 미치는 영향이 크고 중요할수록 그 공백에 따른 위험부담이 상대적으로 커진다. 이러한 점에서 승계계획은 중요 직무에 공석이 생길 경우를 대비해 사전에 이에 따른 인적자원의 변화를 예측하고 위험을 관리하기 위한 인사계획의 일부다. 승계계획은 주로 CEO를 포함한 경영진을 대상으로 하는 것이 보통이지만 꼭 여기에만 국한되지 않는다.

특히 요즘과 같이 외부 경영환경이 급격하게 변화하는 시대에는 조직의 목표를 달성하기 위한 조직역량을 확보하는 데 필요한 핵심 직무가 모두 대상이 될 수 있다. 특히 대체하기 힘들거나 특정 역량과 오랜 연륜과 경험이 필요한 직무일수록 이러한 요구는 더욱 커진다. 승계계획은 일반적으로 조직 내부의 자질 있는 구성원을 발굴하여 잠재력을 개발하고 동기를 유발함으로써 조직의 요구가 있을 시 적시 적소에 배치하는 것을 목표로 한다. 하지만 조직의 사정이나 후계자의 준비 정도에 따라서 외부 채용에 의한 승계도 검토한다. 다만 승계계획이 장기적이고 체계적이라면 외부 영입의 필요성은 그만큼 줄어들 것이다. 또 승계계획은 조직 목표와 전략적으로 연계되어야 하며 이를 위해서 다음과 같은 요소를 고려해야 한다.

- 조직의 전략적 방향, 목표, 우선순위에 따라 현재와 미래에 필요한 조직의 요구역량을 파악한다.
- 기존 구성원의 역량을 파악한다.
- 승계계획 대상인 핵심 직무에 필요한 요구역량과 대상 구성원의 역량에 대한 갭을 분석하고 직원을 개발시킨다.
- 승진에 필요한 기간을 파악하고 이에 따른 개발계획을 세운다. 필요에 따라 외부 채용계획도 검토한다.

조직에서 승계계획이 필요한 이유를 구체적으로 살펴보면 다음과 같다.

- 핵심 직무에 공백이 생길 시 이를 즉각 회복하여 사업에 미치는 충격을 최소화한다.
- 핵심인재의 동기를 유발하고 핵심 직무에 대한 지속적인 인재 파이프라인 역할을 한다.
- 전략적 목표를 달성하기 위한 조직의 방향과 이에 따라 요구되는 인적자원에 대한 구성원의 이해를 높이고 조직을 한 방향으로 정렬한다.

- 경력개발계획의 일부가 됨으로써 고성과자를 조직에 붙잡고 우수한 외부 지원자를 유치하는 데 도움이 된다.
- 회사의 외부 이미지를 높이는 데 기여한다.
- 조직이 구성원을 가치 있게 여긴다는 메시지를 준다.

다음은 효과적인 승계계획을 위한 접근방법이다.

- 조직의 전략적 목표와 연계하여 승계계획을 실행하기 위한 측정 가능한 목표를 수립한다.
- 조직의 상황과 우선순위를 고려하여 1년 단위로 계획을 점검한다.
- 조직도상의 계층에 따른 역량 모델을 마련한다. 이는 전략적 목표를 달성하기 위한 미래의 조직 요구역량을 확보하기 위한 계획을 포함한다.
- 승계계획 프로세스에서 현업의 중간 관리자, 임원, CEO, 이사회 등 주요 사업 파트너들의 협조와 역할을 신중하고도 분명하게 규정한다. 종종 승계계획에 대해 현 직무에 있는 구성원들이 불안해하거나 비협조적인 경우가 많다.
- 전략적 조직역량 차원에서 계층별 인재풀을 수립한다.
- 정기적으로 대상 구성원에 대한 강점과 개선 분야를 파악하고 지속적인 개발과 평가를 개별적으로 진행한다.
- 매년 승계계획 대상 전체 구성원에 대한 전사 차원의 평가와 함께 수립한 목표의 성과를 점검한다.

최근 국내 많은 기업에서 1970년대의 성장을 주도한 제1, 2세대 경영자들의 고령화로 인해 최고경영자를 비롯한 핵심 직무의 승계 문제가 중요한 경영 현안으로 등장하고 있다. 그럼에도 불구하고 아직 이를 체계적으로 도입한 회사는 그렇게 많지 않아 보인다. 특히 국내 기업과 같이 오너나 최고경영자에 대한 의존도가 높은 경우일수록 리더십의 갑작스러운 부재는 심각한 경영 위기를 가져오기 쉽다. 미국의 월트디즈니 같은 우량기업도 1966년 월트 디즈니 회장의 사망 이후 리더십 공백으로 인해 경영 위기를 겪었고 회복하는 데 20년 이상이 걸렸다. 또 주요 임원의 승계가 제대로 이루어지지 않으면 기업이 부담해야 할 기회비용이 임원 연봉의 10~20배에 이른다는 연구는 비용 측면에서도 승계계획이 효과적이라는 점을 보여준다. 특히 승계계획은 하고 싶을 때 아무 때나 시행하여 바로 결과가 나오는 것이 아닌 만큼 충분한 시간을 두고 평가, 보상, 교육제도와 연계하여 체계적이고 신중하게 도입해야 한다. 빨리 도입할수록 경영 위기는 그만큼 줄어든다. 나도 최고인사책임자CHRO로서 최고경영자 승계계획에 참여하여 새로운 CEO 선정과정을 직접적으로 지원한 경험이 몇 차례 있다.

국가나 기업에서 특히 구성원의 운명을 좌우할 수 있는 중요한 결정을 내리는 자리에 제대로 준비되지 않은 리더가 앉아 있다면 이는 참으로 조마조마한 일이다. 공공 부문에선 지방자치제의 확대 등으로 우리 삶에 커다란 영향을 미치는 자리에 선출직이 많이 늘어났다. 이러한 자리에 사명 의식과 제대로 된 역량을 갖춘 리더를 선출하는 문제는 국가적 과제이자 딜레마다. 기업은 선출직과는 달리 절차상 체계적으로 미리 계획할 수 있다. 좋은 구성원과 훌륭한 리더는 결국 개발과 육성을 통해 준비되는 것이다.

3장

인재를 어떻게 리더로 만들 것인가

1.
인재에서 리더로 키운다

　이순신 장군을 주인공으로 한 영화 「명량」은 1,760만 명의 관객을 기록하여 역대 한국 영화 흥행 1위를 지키고 있다. 이미 우리 민족의 영웅으로 추앙받는 이순신 장군이 다시 조명을 받는 배경에는 우리 사회를 이끌 좋은 리더와 좋은 리더십에 대한 갈증 때문이라는 분석도 있다. 수많은 국가적 위기와 사건 사고에서 리더가 보여준 리더십에 대한 실망이 이러한 갈증으로 나타난 것으로 보인다. 이순신 장군과 같은 위대한 리더가 절체절명의 위기에 처한 바로 그때 그 자리에 있었다는 것은 우리 민족에게는 천운이다.

　하지만 리더가 이순신 장군처럼 꼭 영웅적일 필요는 없다. 크든 작든 한 집단에서 자신이 '리더로서 맡은 책임을 제대로 다하는 것'이 리더십의 기본적인 요체다. 그런데 리더의 '책임'에는 집단 구성원들을 이끌어 집단의 목표를 효과적으로 달성하는 것이 포함된다. 리더라면 자기 혼자서 일하는 것이 아니라 집단 내 구성원들과 함께 일한다는 전제가 따르기 때문이다.

어떤 규모의 집단이나 조직에서도 리더는 있게 마련이다. 리더가 존재하는 한 어떤 형태로든 집단에 강한 영향을 미친다. 그래서 리더십의 문제는 바로 리더의 문제가 된다. 자질이 안 되는 리더가 이끄는 집단은 '반드시' 문제가 생긴다. 또 이러한 리더는 스스로 문제를 해결하지 못하는 경우가 많다. 특히 긴박하고 위급한 재난 상황에서 훌륭한 리더의 존재와 리더십은 임진왜란에서 보듯 집단 전체의 운명을 좌우한다. 특히 공직을 맡은 리더는 도덕적 책무를 넘어 사회적 책무와 법적 책임도 따른다. 하지만 이러한 책임감 때문에 좋은 리더가 만들어지는 것은 아니다.

2011년 3월 11일 오후 2시 46분 일본 미야기현 이시노마키시. 해변에서 4킬로미터 떨어진 오카와 초등학교는 지진이 일어나자 매뉴얼에 따라 학생들을 운동장으로 대피시켰다. 14분 후에 쓰나미 경보가 발령되자 일부 학부모는 학생들을 직접 데리고 귀가했다. 그러나 교장이 휴가로 자리를 비운 상태에서 교사들은 누구도 대피를 위한 최종 결정을 내리지 않고 논쟁을 하면서 시간을 허비했다. 우왕좌왕하던 중 지진 발생 40분이 지나고 당국의 재난 경보 차량이 쓰나미가 임박했으니 피난하라는 다급한 방송을 했다. 그제서야 교사들은 200미터 떨어진 제방으로 대피하기로 하고 학생들을 이동시켰다. 그 순간 쓰나미가 이들을 덮쳤고 대피하던 학생 108명 중 74명, 교사 11명 중 10명이 사망했다. 나중에 사고조사위원회는 이 참사는 사전에 막을 수 있었으나 교사들의 잘못된 판단으로 일어났다고 결론을 내렸다. 리더와 리더십의 부재가 부른 인재였던 것이다. 반대의 경우도 있다. 2010년 8월 5일 칠레의 산호세 광산 지하 700미터 갱도 중간 부분에서 붕괴사고가 일어나 광부 33명이 매몰되었다. 매몰된 지 17일 만에 33명이 생존해 있다는 사실이 외부에 알려졌고 본격적인 구조작업이 시작되었다. 그리고 매몰된 지 69일 만인 2010년 10월 14일 작업조장 루이스 우르수아를 마지막으로 구조함으로써 매몰된 광부 33명 전원을 구조하는 데 성공했다.

세계가 지켜본 광부들의 구조과정은 사람들에게 많은 감동을 주었다. 미국 나사와 민간 기업의 첨단기술이 동원되었고 세계 여러 나라의 도움도 있었지만 전원 구조 성공의 뒷면에는 역시 훌륭한 리더와 훌륭한 리더십이 있었다. 우선 칠레의 피녜라 대통령과 로렌스 골본 광업부 장관은 강한 신념과 리더십으로 일사불란하게 구조작업을 지휘하여 비극적인 매몰사고를 오히려 국민 단합의 계기로 전환했다.

그러나 무엇보다도 결정적인 성공의 원인은 작업조장에 불과했던 루이스 우르수아의 탁월한 리더십 때문이었다. 광부들이 갇힌 갱도는 섭씨 32도가 넘는 고온이었고 칠흑같이 어두웠다. 그 공간에 먹을 것은 유통기한이 지난 우유, 적은 양의 통조림과 과자, 발굴용 공업용수가 전부였고 약간의 전지가 있었다. 전원이 사망할 수도 있는 절망적인 상황과 극심한 공포 속에서 우르수아가 솔선해서 리더로 나섰다. 매몰 초기에는 파벌이 생겨 주먹다짐까지 벌어지고 독자적으로 행동하는 사람들도 있었다. 하지만 우르수아는 인원을 3교대로 나누어 잠을 자게 하고 각자에게 의사, 목사, 오락

반장 등의 역할을 맡기고 매일 과업을 부여함으로써 광부들이 무력감에서 벗어나게 했다. 또 구조가 장기화될 것을 고려하여 남아 있는 음식물의 배분을 제한하는 등 리더가 취해야 할 전략적, 기술적 역할도 다했다. 그는 광부들이 차례로 구조되는 것을 돕고 맨 마지막에 구조되었다. 이처럼 재난 상황이나 전쟁 상황에서 리더의 역할은 조직이나 국가의 존망을 가를 정도로 특히 중요하다. 임진왜란 때의 이순신 장군이나 제2차 세계대전에서 처칠이 보여준 리더십도 전형적인 본보기다.

리더란 복수의 사람들이 속한 집단이나 조직을 이끄는 사람을 말한다. 그리고 그들이 사람들을 이끄는 행위가 리더십이다. 홀로 존재하는 리더란 없다. 그래서 리더의 리더십은 집단에 필연적이고도 직접적인 영향을 미친다. 리더는 집단의 목표를 달성할 책임을 진다. 유기적으로 뭉친 조직은 당연히 조직의 목표가 있다. 대중교통의 승객이나 특정 장소의 군중처럼 소위 비공식 집단은 뚜렷한 목표나 리더가 없는 것처럼 보이기도 한다. 그런데 이 경우에도 재난상황이나 집단적 이익침해의 경우처럼 안전이나 공통의 이익을 보호하기 위해 집단을 이끄는 리더가 어느 순간 나타난다.

리더는 리더가 되는 과정에서의 정당성을 기준으로 크게 '정당한 리더'와 그렇지 못한 리더로 나눌 수 있다. 정당한 리더는 집단의 규범이나 절차에 따라 정당하고 합법적으로 지명되고 또 본인이 이를 수락한 경우를 말한다. 이렇게 선출된 리더는 집단을 통제할 수 있는 '정당한 권력'을 가지며 또 이에 상응하는 책임도 동시에 진다. 보통 선출의 정당성을 확보하지 못한 리더는 집단의 저항을 초래하여 조직목표를 달성하기가 어렵다. 그래서 그들은 소위 '강제적 권력'을 사용하여 집단을 통제하려는 경향을 보인다. 독재 권력이 자주 사용하는 방식이다. 어떻든 리더는 그 책임을 피할 수 없다. 한편 평소에는 정당한 리더가 필요 없는 비공식 집단에서도 재난 상황을 맞아서는 갑자기 리더가 선출되기도 한다. 이렇게 선출된 리더도 정당하지만 정당한 권력이 규범화되어 있지 않기 때문에 리더의 재량적 리더십이 집단의 목표 달성에 큰 영향을 미친다.

기업에서의 리더십은 CEO 주가란 말이 있을 정도로 기업의 성패에 커다란 영향을 미친다. LG경영연구원[1]에 따르면 우리나라 직장인들이 리더의 리더십에 대해 갖는 만족감이 100점 만점 기준으로 44.1점에 불과해 기업도 심각한 리더십 문제가 있는 것으로 나타났다. 현재의 리더와 다시 일하고 싶다는 응답은 39.5점이고 부하가 인식하는 상사의 도덕성 수준도 46.9점으로 역시 심각한 수준이다. 도덕성은 리더십을 떠받치는 중요한 요소의 하나다. 리더십은 구성원의 조직성과 인식에도 직접적인 영향을 미쳤다. 리더십에 만족한다고 대답한 상위 25%는 조직성과도 좋다고 대답했고(70.7점) 하위 25%에서 조직성과가 좋다는 인식은 31.9점으로 두 그룹 사이에 무려 38.8점의 차이가 났다. 당연하지만 리더십이 좋은 리더가 조직성과도 좋은 것이다. 나아가 리더십이 좋지 않은 리더는 구성원의 이직에도 심각한 영향을 미침으로써 인재의 유출을 촉발한다.

조직에서 구성원이 리더를 따르게 하는 리더십의 원천은 일반적으로 조직 권력과 리더의 전문성으로부터 생기는 전문성 권력과 리더의 품성이나 카리스마 등을 존경해서 생기는 관계성 권력 등이 있다. 조직 권력은 리더에게 기본적으로 필요한 것이지만 좋은 리더일수록 조직 권력에 대한 의존도가 낮다. 하지만 좋은 리더는 구성원에게 윤리적인 문제가 있거나 사규를 반복적으로 위반하거나 기회를 충분히 주었음에도 업무태도에 개선이 없거나 업무성과가 저조한 경우와 같이 조직 권력의 사용이 불가피할 때는 이를 단호하게 사용한다.

좋은 리더는 구성원에게 방향과 비전을 제시하고 한 방향으로 정렬한다. 또 구성원에게 동기를 부여하고 영감을 준다. 조직과 자원을 유효적절하게 관리함으로써 궁극적으로 조직의 목표를 효과적으로 달성한다. 간혹 사이비 종교의 교주처럼 실체가 없는 막연한 비전에 현혹되어 리더를 따르기도 하는데 정상적인 리더십 형태는 아니다. 과정은 무시하고 목표 달성만을 추구하는 리더도 좋은 리더가 아니다. 리더에게 필요한 자질은 투철한 사명감, 높은 윤리의식, 결단력, 용기, 헌신, 변화에 대한 민감성, 효과적인 의사소통, 권력의 생리를 이해하고 현명하게 사용하는 능력 등을 들 수 있다. 이에 따라 좋은 리더는 대개 다음과 같은 특징을 갖고 있다.

- 남의 말을 경청한다.
- 적절한 시기에 결정을 내린다.
- 책임을 아래로 미루지 않는다.
- 비판에 인내하며 필요하면 수용한다.
- 자기관리에 철저하다.

- 선의를 갖고 있다.
- 구성원을 항상 존중한다.
- 신상필벌에는 단호하다.
- 성과를 공정하게 분배한다.
- 조직의 목표를 달성한다.

반면에 나쁜 리더의 대표적인 특징은 왜곡된 가치관이나 잘못된 목표를 가지고 구성원을 이끈다는 점이다. 때로는 효율적으로 보이기도 하지만 결국은 집단을 파멸로 이끈다. 히틀러가 대표적인 사례다. 그러나 좋은 리더도 가끔 이제까지의 성공에 도취되어 실수를 범한다. 대표적인 것이 주어진 권력의 증가와 높아진 주위의 인정에 따른 자가 진단과 자각 능력의 저하로 생기는 아집과 독선이다. 다른 사람의 말을 경청하지 않고 객관적인 데이터나 명백한 경고 신호를 무시한다. 또 과거 성공했던 경험에 지나치게 의존함으로써 변화의 흐름을 놓친다.

2008~2016년까지 스페인 축구 대표팀을 맡았던 비센테 델 보스케Vicente Del Bosque Gonzalez 감독은 UEFA 챔피언스 리그 최다 우승한 기록과 짧은 패스를 빠르게 주고받는 '티키타카' 축구로 2010년 월드컵과 2012년 유로컵에서 잇달아 우승한 기록이 있는 명장이다. 2012년엔 피파FIFA로부터 올해의 감독상을 받았다. 하지만 불과 2년 후 개최된 2014년 브라질 월드컵에서 스페인 대표팀이 네덜란드에 5:1, 칠레에 2:0으로 패한 뒤 16강전에서 탈락하며 급격하게 몰락했다. 변화에 대한 조언에 귀 기울이지 않고 옛날

의 성공 멤버 그대로 변화 없는 틀에 박힌 전술을 고집함으로써 실패를 자초한 것이다. 그렇지만 훌륭한 리더는 복원력도 뛰어나기 때문에 빨리 실수를 교정하고 원래의 트랙으로 돌아온다. 하지만 계속해서 변화에 둔감하고 자기 성찰이 없는 완고한 리더는 조직 구성원의 사기를 꺾고 조직을 망가뜨리고 궁극적으로는 자기 자신도 망친다.

좋은 리더는 분명한 비전과 함께 확고한 목표가 있으며 이를 효과적으로 구성원들에게 전달한다. 또 긍정적인 사고와 열정으로 조직을 올바른 방향으로 이끈다. 조직 구성원들이 스스로 문제를 해결하도록 학습 개발시키고 과감하게 아래로 권한을 위임한다. 좋은 리더는 항상 경청하고 숙고하되 때가 되면 결정을 내리는 것을 미루지 않으며 일이 잘못됐을 때도 책임을 아래로 미루지 않는다.

나쁜 리더는 구성원에 대한 감정적 배려가 부족하고 목표 자체만 추구한다. 윤리의식이 부족하고 사사로운 감정에 얽매여 의사결정을 하는 수가 많다. 정보를 독점하며 아래로 위임하지 않는다. 이 때문에 자신은 '쓸데없이' 항상 바쁘다. 우유부단하여 의사결정을 자주 미루며 결과가 나쁠 경우 부하직원을 종종 희생양으로 삼는다. 일관성이 없다. 자기관리에 철저하지 못하며 신체적이나 정서적으로 불안정한 경우가 많다. 이로 인해 충동적이거나 신중하지 못한 결정을 내린다. 나쁜 리더는 인재를 알아보지 못하고 양성하거나 후계자를 키우지도 않는다.

그들은 '항상 좋은 게 좋은 것이다.'라고 생각하며 신상필벌에 대한 개념이 희미하다. 보상은 공정하지 못하며 아부하는 자를 총애

한다. 배타적이며 완고하고 변화의 흐름에 둔감하다. 그래서 위기에 대처하는 능력이 부족하다. 모험하려 들지 않으며 무사안일하고 기득권을 지키는 것에 급급하다. 구성원의 창조적인 생각은 '튀는 것'으로 치부한다. 능력보다는 조직 내 정치에 지나치게 의존한다. 그러니 전문성이 부족하다. 강압적으로 구성원들을 대하며 '조직 권력'이 구성원을 이끄는 유일한 무기다. 그래서 직위가 없으면 리더십이 동시에 소멸한다. 회사나 자리를 떠나면 평상시 동료나 구성원들로부터 연락이 없는 경우가 많다. 그리고 결과적으로 조직목표 달성에 실패하는 리더도 좋은 리더가 아니다.

 좋은 리더십은 어느 정도 타고나기는 하지만 후천적인 노력과 훈련을 통해서도 기를 수 있다. 좋은 리더가 되기 위해서는 끊임없이 노력해야 한다.

2. 리더십은 권력이 아니다

　평범한 대학생들을 A, B 두 그룹으로 나눈 후 A그룹에는 특정한 과제를 수행하게 하고 B그룹에는 A그룹 학생들이 수행한 과제를 평가하게 했다. 그리고 나서 두 그룹 간 상호관계와 영향력을 연구하는 모의실험을 했다. 수행과제를 평가하는 현장에는 평가를 받는 A그룹 학생들과 평가를 하는 B그룹 학생들 앞에 쿠키를 놓아두었다.

　두 그룹 사이에 흥미로운 현상이 관찰되었다. A그룹 학생들은 평가가 끝날 때까지 공손한 자세를 유지했고 앞에 놓인 쿠키에는 손도 대지 않았다. 하지만 B그룹 학생들은 평가가 진행될수록 점차 펜으로 책상을 두드리거나 의자를 뒤로 젖히는 등 권위주의적 태도를 보이기 시작했고 쿠키에도 주저 없이 손을 댔다. 같은 또래의 같은 배경을 가진 학생들이 이렇게 상이한 행동 특성을 보이는 이유는 무엇일까? 이 실험에서 두 그룹 사이에 행동 특성의 차이가 나타난 것은 역할이나 지위가 가져온 '권력'이라는 요소가 작용한 결과였다.

북한의 김정은 위원장이 권력을 잡은 지 얼마 되지 않아 북한 관련 TV 뉴스를 본 적이 있다. 당중앙위원회 회의에 김정은과 같이 참석한 고모부 장성택이 다른 군 장성이나 고위 간부와는 달리 의자에 삐딱하게 몸을 기대거나 김정은이 이야기하는 도중에도 시선을 집중하지 않는 장면이 눈길을 끌었다. 아무리 고모부라고 해도 북한과 같은 권위주의 체제에서 장성택의 이러한 행동이 상당히 위험하다는 생각이 언뜻 뇌리를 스쳤다. 장성택이 보인 행동이 앞의 모의실험에서 보이는 B그룹 학생들의 행동 특성과 상당히 닮았기 때문이다.

이는 경직된 북한 체제에서 장성택이 김정은 앞에서도 그렇게 행동할 수 있는 권력을 가진 실세라는 의미로 해석하기에 충분한 신호였다. 그 후에 나온 보도도 주의 깊게 살펴보았더니 장성택은 그 당시 또 다른 공개 행사의 경례 의식에서 김정은의 부인 이설주보다도 손을 먼저 내렸다. 탈권위주의적인 자유로운 환경이라면 몰라도 북한과 같은 경직된 독재체제에서 그것도 그 당시 아직 권력 기반이 확고하게 다져지지 않았던 김정은에게 장성택의 이러한 행동이 상당히 위협적인 요소로 해석될 여지가 있다는 생각이 들었다. 이는 모두 권력이라는 변수가 사람의 행동과 태도에 직접적인 영향을 미치는 사례를 보여준다. 권력이라는 것은 쉽게 사람을 변화시킨다. 역사를 보면 권력의 속성은 부모와 자식 사이를 갈라놓을 정도로 비정하다. 그로부터 얼마 지나 장성택이 고사포로 잔

인하게 처형되었다는 보도가 나왔다. 당시 나는 그때의 생각이 나서 한참 동안 얼어붙었다.

권력은 개인 또는 집단이 다른 개인이나 집단을 자기의 의사에 따라 행동하게 하는 힘이며 조직 내에서는 구성원을 복종시키거나 통제할 수 있는 수단이 된다. 그렇기 때문에 권력을 가졌다고 생각하는 사람은 무의식적으로든 의식적으로든 자기가 권력을 가졌다는 것을 다른 사람에게 표현하거나 과시하고자 한다. 이러한 현상은 침팬지나 사자와 같은 다른 동물군에서도 종종 발견된다. 다만 사람의 경우는 더 복합적인 요소가 작용한다. 조직에서는 집단의 크기와 상관없이 일어나고 리더가 아닌 경우에도 일어난다. '완장을 찬다'는 표현처럼 어떤 일을 처리할 수 있는 권한이 주어지면 이러한 권한이 집단의 목표를 달성하기 위해 임시로 위임된 것이라는 것을 잊고 '완장'을 개인에게 주어진 특권으로 착각하는 경우도 생긴다. 관료주의도 여기에서 싹튼다.

미국의 사회학자 아미타이 에치오니Amitai Etzioni는 권력의 속성을 크게 세 가지인 강제적 권력, 보상적 권력, 규범적 권력으로 구분했다.[2] 강제적 권력은 권력자가 가할 수 있는 신체적, 정신적 고통을 수반하는 처벌을 피하려는 데서 발생한다. 보상적 권력은 재정적, 물질적 자원이나 보상을 통제하는 것을 기반으로 한다. 규범적 권력은 권력을 가진 사람의 권위, 품성에 대한 존경, 사회적 규범과 상징성과 관련된다.

권력은 이를 행사하는 과정에서 다른 사람에게 필연적으로 영향을 미치며 그 결과는 조직이나 개인의 성과, 동의, 복종, 저항 등의 형태로 나타난다. 그리고 이러한 결과는 대부분의 권력의 정당성과 합법성, 권력 행사의 목적과 범위와 대상과 절차, 그리고 권력 행사에 따른 비용 등에 따라 달라진다. 개인이나 조직을 막론하고 정당하지 않게 잘못 행사되는 권력에 대한 결과는 저항이다. 이러한 저항을 해소하는 최선의 방법은 권력을 회수하거나 취소하는 것이다. 이를 강제로 제어하기 위해 사용되는 권력은 대부분 원천적으로 정당하지 않은 강제적 권력일 수밖에 없으며 내면적인 저항을 심화한다. 이 경우에도 외면적으로는 복종으로 결과가 나타날 수도 있지만 강제적 권력을 두려워해서일 뿐이지 마음으로 복종하는 것이 아니다. 앞에서는 복종하고 뒤에서는 다른 면종복배面從腹背와 같이 '복종하지 않는 복종'은 인간관계나 조직의 성과에 부정적인 영향을 미치며 동시에 구성원 관리에 불확실성과 불필요한 비용을 늘린다.

권력을 말할 때 떼어놓을 수 없는 것이 권력을 행사하는 사람에 관한 것이다. 권력은 그 자체로서는 의미가 없고 사람과 결합될 때 생명력이 생긴다. 크건 작건 권력을 행사하는 사람은 조직을 가지고 이러한 조직이나 집단을 이끄는 사람을 리더라고 부른다. 기본적으로 조직의 성과는 그 조직의 구성원이 만든다. 그리고 구성원이 성과를 낼 수 있게 이끄는 사람은 리더. 리더의 역할은 구성원의 동기를 유발하여 자발적 몰입을 최대한으로 끌어내는 것이다. 이것이 좋은 리더십의 함축적인 전형이다.

그러면 권력은 리더십과 어떤 관계가 있는가? 결국은 리더십의 원천도 하나의 권력이다. 그래서 리더십의 속성은 권력의 속성을 바탕으로 한다. 통상 리더십의 원천으로 작용하는 권력은 앞서 언급한 강제적 권력과 보상적 권력(조직적 권력으로 표현할 수 있음) 외에 리더를 개인적으로 좋아하거나 존경하는 데서 오는 관계적 권력과 리더가 가진 전문성으로부터 확보되는 전문적 권력이 추가된다. 리더에게 조직적 권력은 조직의 기강을 세우거나 공정한 조직운영을 위해서 필요한 권력이다. 하지만 조직적 권력에 지나치게 의존하는 리더는 결코 좋은 리더가 아니다.

기본적으로 리더십은 관계적 권력과 전문적 권력이 바탕이 되어야 하며 조직적 권력은 최소한으로 사용해야 한다. 하지만 필요할 때는 단호하게 사용해야 한다. 조직적 권력은 또 적절한 사람을 적절한 시점에 적절한 지위로 이동하여 인적자원을 효과적으로 활용하는 목적으로 사용할 수도 있다. 하지만 자발적 몰입은 절대로 조직적 권력 그 자체로는 얻을 수가 없다. 신뢰와 자발성은 사람의 마음을 얻는 데서 출발한다. 관계적 권력이 중요한 이유다. 그리고 구성원의 일에 대해 잘 모르는 리더가 조직을 효율적으로 지휘하기는 쉽지 않다. 그래서 리더에게 전문성이 중요하다. 알아야 따른다. 이것이 전문적 권력이다. 좋은 리더는 권력의 함정에 빠져 교만해지지 않고 조직적 권력을 현명하게 사용할 줄 아는 사람이다.

3.
조직이 위대한 리더십을 만든다

　이순신 장군이야말로 흠잡을 데가 없는 위대한 리더의 전형이다. 장군은 28세에 처음 무과시험인 훈련원 별과에 도전하지만 낙마로 인한 다리 부상으로 첫 시험에서 낙방한다. 달리며 활을 쏘는 기사騎射 과목의 시험 도중 말에서 떨어졌으나 포기하지 않고 버드나무 가지의 껍질을 벗겨 상처를 감싼 후 끝까지 시험을 치렀다. 이는 어려운 상황에서도 포기하지 않는 장군의 성격적 특질을 보여준다. 조직에서 고성과자나 스타트업의 창업자 등 성공한 기업가에게 공통으로 나타나는 소프트 스킬의 하나다.
　기술이나 지식처럼 외부적으로 나타나는 역량이 하드 스킬이라면 소프트 스킬은 의지, 인내심, 가치관처럼 내면적으로 숨어 있는 역량이다. 뛰어난 리더는 위기 시에도 긍정적인 마인드를 갖고 포기하지 않고 적극적으로 문제의 해결 방법을 찾는다. 그리고 집단의 구성원에게 비전과 용기를 주고 구성원들을 한 방향으로 정렬한다.

그리고 4년 후인 32세(1576년, 선조 9년)에 3년마다 한 번 있는 식년 무과의 병과에 응시하여 29명 중 4등이라는 그렇게 인상적이지 않은 성적으로 급제하면서 관직 경력을 시작한다. 하지만 무과 합격자가 대부분 체계적인 훈련을 받은 현직 군인이었던 점을 고려하면 나쁘지 않은 성적이었다. 병서 강독 과목에서는 탁월한 기량을 보였다.

그 당시 무인들은 무예 연마에 우선을 두어 병법 공부는 소홀히 하던 경향이 있던 차라 시험관에게 깊은 인상을 남겼다. 요즈음으로 보면 비교적 늦게 관직에 입문했지만 그 해 무과 합격자의 평균 나이가 34세이고 최고령 합격자가 45세인 것을 고려하면 32세에 합격한 장군의 나이가 많은 편은 아니다. 이때 장군은 이미 기마, 궁술, 병법에 능통했다. 평소에 끊임없이 학습하고 단련한 결과였다. 요즈음 리더의 필수 역량이기도 한 학습민첩성이 뛰어났다.

이때가 임진왜란을 16년 앞둔 시점이었다. 무과 시험의 갑과 1등은 초임 품계가 종6품, 2등과 3등은 정7품, 을과 합격자는 정8품, 병과 합격자는 조선 시대 관직의 직급체계 중 가장 말단인 종9품이었다. 이에 따라 이순신 장군이 첫 번째로 부여받은 직급과 직위는 종9품의 권관으로 부임지는 변방 중의 변방인 함경도 동구비보였다. 관직 입문 후 첫 3년은 그런대로 순조로워 35세 때인 1579년 2월 종8품으로 승차하여 첫 시험 낙방의 기억이 있는 훈련원의 봉사 직위를 받고 귀경한다.

하지만 6개월 후 상관인 정5품 병조정랑 서익이 자격 없는 측근을 승진시키는 것을 반대하다 서산 해미에 있는 충청절도사의 군관으로 좌천된다. 이순신 장군이 겪은 경력상의 첫 번째 좌절이지만 한편으론 말단 무관의 이름과 강직함을 중앙정부에 알리는 계기가 된다. 이 사건에서 장군의 엄격한 윤리성과 함께 원칙을 지키고 불의와 타협하지 않는 리더로서의 또 다른 특질이 나타난다.

그러나 상황은 곧바로 역전되어 9개월 후인 1580년 7월 관직 경력 4년이자 장군의 나이 36세 때 첫 번째 불차탁용의 당사자가 된다. 무려 4계급을 건너뛴 종4품의 직급으로 승차하여 지금의 고흥에 있는 전라좌수영 발포 수군만호로 발탁된다. 불차탁용不次擢用이란 관계官階의 차서次序를 뛰어넘어 인재를 발탁하는 것으로 현재의 발탁인사와 같은 개념이다. 매우 보수적인 관료사회였던 조선 시대에도 발탁인사가 드물지 않았다. 한꺼번에 4계급 승진은 정말로 파격적인 발탁인사였다.

하지만 1년 반 후인 1581년 12월 악연이 있는 전 상관인 서익이 군영감찰직인 군기경차관이라는 직호를 가지고 전라좌수영을 감찰하여 병기 점검 소홀을 구실로 이순신 장군을 모함하면서 경력 경로 중 첫 번째 파직을 당하게 된다. 그리고 5개월 후인 1582년 강등된 종8품의 직급으로 훈련원 봉사에 복직됨으로써 관직 생활을 재개한다. 발탁승진 2년이 지나 원래 자리로 돌아온 것이다.

함경도 남병사 군관으로 발령이 난 다음 얼마 안 돼 다시 종9품으로 강등되어 함경도 건원보 군관으로 배치된다. 관직 생활 7년 반을 하고도 최초의 임용 시 직급으로 되돌아간 것이다. 하지만 한 달 후 여진족 정벌 공로를 인정받아 정7품의 훈련원 참군 자리에 보직되어 중앙으로 돌아온다. 지금 생각해보면 아무리 조선 시대라 해도 무슨 이런 인사가 있나 하는 생각이 절로 든다. 당사자인 장군께서는 어떠하셨을까? 하지만 이는 이순신 장군의 경력경로 중 초반에 불과한 이야기다.

40세인 1584년 부친의 별세로 2년을 휴직한다. 1586년 선조 19년 1월 종6품의 사복시 주부 직급으로 승차된 후 16일 만에 종4품으로 다시 불차탁용되어 함경도 조산보 만호로 보임된다. 그러나 바로 다음 해인 1587년 9월 여진족 침입과 관련하여 병사 이일의 무고로 다시 한번 파직되어 첫 번째 백의종군을 한다. 그다음 해인 1588년 1월에 여진족 정벌 공로로 다시 특사된 후 두 번째 휴직한다. 1589년 12월에 복직되어 종6품인 정읍 현감으로 직급이 회복된다. 46세 때인 1590년 7월 유성룡의 천거로 다시 3계급 불차탁용되어 종3품의 고사리진 병마첨절제사로 발령이 났으나 3사와 대신들의 반대로 취소된다. 한 달 후 역시 종3품인 만포진 수군첨절제사로 다시 보임되었으나 같은 이유로 다시 한번 취소되고 그다음 해 2월까지 정읍 현감으로 유임된다. 참으로 어이가 없는 인사라 하겠다.

그러나 우리 민족에게는 정말로 천운이라 할 불차탁용이 다시 한번 실현된다. 두 번째 첨절제사 발령이 취소된 지 6개월 후인 1591년 선조 24년 신묘년 2월 종4품인 진도군수로 발령되자마자 바로 종3품인 가리포진 수군첨절제사로 발령된다. 또다시 부임하기도 전에 정3품인 전라좌도 수군절제사에 임명된다. 이때가 임진왜란 발발 14개월을 앞둔 시점이었다. 여기에서 우리는 위대한 리더가 지니는 인내심과 절제, 고결한 인품, 겸손함, 조직과 국가에 대한 소명의식과 함께 헌신과 봉사정신을 볼 수 있다.

인사권자의 별별 희한하고 해괴한 인사 조처를 견뎌내고 빙빙 돌아 드디어 절체절명에 처한 민족을 위기에서 구할 수 있는 바로 그 자리에 바로 그 사람이 들어간 것이다. 장군은 그 자리에 오기 전 16년 동안 한 번에 4계급 특진(불차탁용)을 포함한 5번의 승진도 했지만 2번의 좌천, 한 번의 백의종군을 포함한 2번의 파직, 2번의 승진 취소, 2번의 휴직과 2번의 복직을 겪었다.

그해 연호인 신묘년처럼 정말로 신묘하게도 하늘이 도운 일이었다. 그러고도 끝이 아니어서 전란 중에도 한 번의 승진, 한 번의 파직, 한 번의 백의종군을 더 겪는다. 장군은 왜란 중 신설된 종2품 삼도수군통제사로 승차했으나 다시 한번 무능한 인사권자의 견제로 파직과 백의종군을 거쳐 53세 때인 1597년 삼도수군통제사로 복귀했다. 하지만 애통하게도 그다음 해인 1598년 노량해전을 승리로 이끈 후 전사한다. 장군의 관직 경력 22년째이자 54세가 되던 해였다. 7년 전쟁의 마지막 해전이었다. 그 이후 1604년 선조 37년 좌의정 추증을 거쳐 드디어 1793년 정조 17년에 정1품의 영의정에 추증됨으로써 가장 말단 관료에서 사후에나마 가장 윗자리 경력을 완성했다. 명나라의 만력제는 생전에 명나라 정1품 대명수군도독을 제수했다.

이순신 장군은 임란 중 바다에서 23번을 싸워 23번을 이겼다. 이 과정에서 장군은 전술적 전문성, 목표에 대한 명확한 공유, 구성원에 대한 배려, 때로는 필요한 조직적 권력의 행사, 단호한 결단력 등 위대한 리더가 가져야 할 모든 것을 보여주었다. 세계 해전사를 통틀어 인품이나 리더십, 전략전술, 전함을 비롯한 장비의 운용 등 모든 면에서 이순신 장군에 필적할 만한 위대한 지휘관을 찾기는 쉽지 않다.

또 이순신 장군의 관직 경력을 전체적으로 살펴보면 인재를 육성하는 것도 중요하지만 그 전에 인재를 발탁하기 위해 조직이 어떻게 해야 하는지 중요한 통찰을 얻게 된다.

4.
리더를 알아보고 적시에 발탁하라

 인사권자로부터 어느 날 갑자기 발탁되어 중책을 맡는 것은 조직에 속한 많은 사람이 한 번쯤은 꿈꾸는 일일 것이다. 이순신 장군은 좌천, 강등, 파직 등의 고난을 여러 번 겪는 와중에도 그 능력을 알아보는 사람에 의해 그때그때 다시 발탁되어 정말로 필요한 적시에 이루어진 드라마틱한 마지막 발탁인사를 통해 적소에 보임됨으로써 나라를 구했다.
 하지만 역사에는 평범하거나 동료들보다 뒤떨어져 있다가 혜성같이 발탁되어 탁월한 성과를 보인 대기만성형 인재들도 있다. 제2차 세계대전의 영웅이자 전임자와 후임자 사이이기도 한 조지 마셜George Marshall과 드와이트 아이젠하워Dwight David Eisenhower가 대표적이다. 조직이 성공하는 데는 현재의 리더가 가진 리더십도 중요하지만 뛰어난 리더를 적시에 발탁하는 것도 중요하다.
 조지 마셜은 1939년부터 1945년까지 미국 육군참모총장을 역임했다. 이어 1947년 국무장관, 1950년 국방장관에 지명되어 한국전쟁과도 관련이 있다. 특히 제2차 세계대전 중 육군참모총장으로서 뛰어난 리더십을 발휘하여 승전으로 이끄는 데 핵심적인 역할을 했다. 그는 전쟁에서 야전 지휘관을 맡은 경력이 없었고 웨스트포인트 출신이 아님에도 불구하고 미국 육군의 역사에서 가장 훌륭한 참모총장으로 평가받는다. 1897년에 과정이 어렵기로 이름난 버지니아 주립 사관학교에 입학해 1901년 100명의 입학 동기 중 오직 34명만이 졸업한 가운데 5등으로 사관학교를 마친다. 그의 학창 시절은 평범해서 일반 학업성적은 중간 정도였다. 다만 군사교육 부문에서는 뛰어난 성적을 보였다. 하지만 그는 어릴 때부터 군인이 되겠다는 확고한 의지를 가지고 학창 시절부터 성실하게 매진했다.

졸업 후 주 방위군 장교로 임관된 이후 14년이라는 긴 세월을 그야말로 평범하게 보낸다. 1914년 제1차 세계대전이 발발할 무렵까지 대위 계급에 머문 그는 이후 1년 동안의 뛰어난 공적을 인정받아 중령으로 발탁 진급되었다. 1917년 4월 미국이 제1차 세계대전에 참전하기로 결정하자 미군의 유럽 원정군에 지원하여 제1사단장의 참모 직책으로 유럽으로 파견된다. 이듬해 그를 중령 진급 시 추천한 후 주목하던 후임 사령관인 블러드 장군으로부터 다시 발탁돼 사단의 핵심 참모인 작전 참모로 보임된다. 이 자리는 비록 야전 지휘관은 아니지만 리더십을 발휘해야 할 일들이 많았다.

여기서 그는 탁월한 업무능력으로 1군단 참모장이던 크레이그 준장의 눈에 띄었다. 나중에 크레이그 장군이 1938년 참모총장으로 부임할 때 그를 참모차장으로 발탁하는 계기가 됐다. 그는 제1차 세계대전 내내 전투부대를 지휘하기 위해 부단히 노력했다. 아이러니컬하게도 그의 뛰어난 참모 능력으로 인해 지휘관들이 번번이 참모직에 붙잡는 바람에 기회를 얻지 못했다. 1920~1924년까지 4년 동안 육군참모총장 전속부관을 거친 후 잠시 연대장과 부연대장을 맡아 역시 탁월한 지휘 능력을 보여주었지만 얼마 되지 않아 본인의 희망과는 달리 1927~1932년까지 중령으로서 보병학교 부교장으로 근무한다. 여기서도 그는 따분한 교관 업무에도 불구하고 많은 인상적인 업적을 거두었다.

그 이후 1936년까지는 대령으로 일리노이주 방위군 선임 교관을 지내고 드디어 1936년 준장으로 승진되어 제5보병 여단을 맡게 된다. 하지만 장교로 임관된 지 35년 만인 제1차 세계대전이 끝난 후로부터도 무려 18년이 지난 후에 장군이 된 것이다. 그는 전쟁이 끝나고 얼마 후 대령으로 진급했다. 제1차 세계대전이 끝나기 바로 전에 준장 직위인 1군 작전 본부장으로 임명되었지만 1918년 종전이 되면서 진급은 이루어지지 않았다.

오히려 1920년에는 전시계급을 평시 계급으로 전환함에 따라 대령에서 소령으로 계급이 하향 조정되었고 다시 대령이 되는 데 13년이 더 걸렸다. 참으로 인고의 세월을 거친 장성 진급이었다. 이와 비교해 조지 마셜이 버지니아 주립 사관학교를 졸업한 지 2년 후에 웨스트포인트를 졸업한 더글러스 맥아더의 경력은 극명하게 갈린다. 맥아더는 1918년 준장으로 진급하고 전쟁이 끝날 무렵에는 소장으로 진급하여 42사단장이 되었다. 마셜이 중령이던

1930년에는 대장으로 진급하여 육군참모총장이 되었다. 패스트 트랙과 대기만성형의 전형적인 비교 사례다. 하지만 최종적으로는 맥아더 장군이 한국전쟁 중 강제 전역된 반면 마셜은 1950년 국방성 장관이 된다.

그는 1936년 준장으로 진급하여 제5보병 여단을 맡아 탁월한 성과를 보인 후 1938년 2월 크레이그 참모총장의 보좌관으로 발탁되어 워싱턴에 입성한다. 이때부터 조지 마셜의 눈부신 약진이 시작된다. 6개월 후 준장 계급 그대로 참모차장이 되었다. 8개월 후인 1939년 4월 드디어 역시 준장 계급을 단 채로 루스벨트 대통령에 의해 선배들인 20명의 소장과 4명의 중장을 뛰어넘어 육군 참모총장으로 전격 발탁되었다.

웨스트포인트 출신이 아닌 두 번째 참모총장이었다. 이때가 1939년 9월에 발발한 제2차 세계대전 5개월 전이었다. 임진왜란 14개월 전 발탁된 이순신 장군이 연상된다. 3개월 후인 1939년 7월에 소장, 8월에 중장, 9월에 대장으로 진급했다. 쿠데타나 전시가 아닌 시점에 이렇게 파격적인 발탁인사가 일어난 것은 유례가 없었던 일이다. 그는 추천자와 인사권자의 기대대로 눈부신 업적을 남겼다. 상사, 부하, 심지어 언론과 의회에 이르기까지 모든 파트너로부터 폭넓은 신뢰를 얻었고 연합국의 전쟁 승리에 심대한 공헌을 하게 되었다.

특히 그가 상관으로서 혹은 교관으로서 길러내거나 발탁한 많은 인재도 쟁쟁한 장성들로 성장하여 제2차 세계대전의 승전에 많은 공헌을 했다. 그중에는 드와이트 아이젠하워를 비롯해 17년 동안 중위에 머물다 나중에 참모총장이 되는 콜린스 대장도 있다. 조지 마셜은 스스로가 깜짝 놀랄 발탁인사의 대상이 되기도 했지만 뛰어난 안목과 리더십으로 인사권자의 입장에서 과감한 발탁인사를 단행한 현명한 리더이기도 했다.

발탁인사가 이루어지기 위해선 간혹 인사권자가 인재를 친히 알아보고 직접 발탁하는 경우도 있으나 대기만성형인 경우에는 대부분의 사례에 인재를 곁에서 쭉 지켜본 한때의 상관이나 혹은 다른 부서의 책임자가 인사권자에게 천거하는 경우가 많다. 이미 앞서가고 있는 동료가 추천하기도 한다. 발탁되지 않았으면 소리 없이 사라졌을 인재가 이렇게 기회를 얻은 후 물 만난 고기처럼 뛰어난 능력을 발휘하는 것이다. 이순신 장군도 어려서부터 장군의 됨됨이와 능력을 잘 알고 있던 유성룡이란 현명하고 용기 있는 추천자와 율곡 이이 등의 후원자가 있었기에 되풀이되는 시련에도 불구하고 결국은 결정적인 시점에 결정적인 자리에 발탁될 수 있었다.

조지 마셜도 제1사단장이었던 블러드 장군이나 제1군단장과 전임 육군참모총장을 지낸 크레이그 장군과 같이 인재를 알아보는 추천자의 안목과 용기가 있었기에 발탁될 수 있었다. 아이젠하워 역시 웨스트포인트 2년 후배였으나 이미 장군이 된 마크 클라크, 전임 전쟁기획부장이며 친구인 게로우 준장, 제3군사령관으로서 장성 진급을 추천한 크루거 중장, 그리고 직속상관 겸 전임 육군참모총장인 조지 마셜의 추천과 발탁이 없었다면 역사에 드러나지 않았을 것이다.

아이젠하워는 처음에는 해군사관학교에 지원하여 입학시험에서 주 전체 수석을 차지했음에도 불구하고 나이가 많다는 이유로 입학이 거부되었다. 이에 연령 제한이 없는 육군사관학교에 다시 지원하여 1915년 164명의 졸업자 중 61등이라는 평범한 성적으로 웨스트포인트를 졸업한다. 그는 사관학교 재학시절 성적이 뛰어나거나 모범적인 생도는 아니었지만 외향적이고 쾌활한 성격, 사려 깊은 인간관계, 긍정적인 사고방식과 탁월한 리더십으로 주변 사람들과 잘 어울렸다. 특히 뛰어난 설득력으로 여러 면에서 영향력을 발휘했다.

졸업 후 초기 경력 진도는 빨랐다. 1918년 제1차 세계대전 중 대위를 거쳐 불과 임관된 지 3년 만에 동기생 중 단 8명만이 진급한 중령이 되었다. 하지만 전쟁이 끝나 전시계급이 평시계급으로 전환되면서 같은 해 소령으로 계급이 조정되었고 그 이후 18년간 소령 계급에 머물게 되었다. 그 사이 미국 육군지휘참모대학교에 입학하여 1926년 1등으로 졸업하면서 1932년 당시 육군참모총장이던 더글러스 맥아더 장군의 보좌관으로 발탁되는 전기를 마련했다. 1935년 필리핀에 주둔한 맥아더 원수의 보좌관으로 원정을 다녀온 후인 1936년 18년 만에 소령에서 중령으로 진급하고 3년 후인 1939년에 대령으로 진급했다.

제2차 세계대전 중인 1940년엔 친구인 전쟁기획부장 게로우 준장의 추천으로 조지 마셜이 있는 육군성의 참모로 발탁되었으나 야전군을 지휘하고 싶다는 생각에 정중히 거절했다. 그 후 1941년 6월 크루거 중장이 지휘하던 제3군사령부로 발령받아 크루거 장군을 보좌하는 기회를 얻었다. 여기서 아이젠하워의 능력을 눈여

겨본 크루거 중장의 추천으로 1941년 10월에 드디어 1915년 임관 이후 26년 만에 준장으로 진급하여 장군이 되었다. 이때 절친한 친구이자 나중에 아이젠하워의 직속 부하가 되어 유럽 전선에서 제3군을 지휘하게 되는 웨스트포인트 6년 선배 조지 패튼 장군은 이미 소장으로 진급하여 제2기갑사단을 맡고 있었다.

  준장으로 진급한 후 얼마 되지 않아 게로우 준장의 후임을 찾던 조지 마셜 육군참모총장은 드와이트 아이젠하워의 육군사관학교 2년 후배인 클라크 장군에게 새로운 전쟁기획부장의 추천을 의뢰했다. 클라크 장군은 아이젠하워의 능력을 높이 평가하고 강력히 추천한다. 바로 2년 후 클라크 장군은 거꾸로 북아프리카 전선의 작전사령관으로 부임한 아이젠하워 중장의 보좌관이 되고 3성 장군의 계급장을 아이젠하워가 직접 달아주는 특별한 인연이 되었다. 전쟁기획부장에 추천되기까지 조지 마셜은 아이젠하워를 한 번도 본 적이 없었지만 탁월한 업무 능력에 대해서 이미 들은 바가 있었다. 크루거 중장은 아이젠하워를 보내기 싫었음에도 추천한다. 조지 마셜은 1941년 12월 아이젠하워를 전쟁기획부장에 임명했다.

  이 시점은 아이젠하워 개인으로 보아서는 경력상 폭발적인 약진의 시발점이기도 했다. 조직으로 보아서는 파격적인 발탁인사로 선택된 제2차 세계대전의 두 영웅이 서로 최대한의 시너지를 발휘하여 각자의 위치에서 혁혁한 성과를 보여주는 계기가 되었다. 전쟁기획부장으로서 조지 마셜의 절대적인 신임을 확보한 아이젠하워는 1942년 2월 작전처장이 되었고 6월에는 유럽 지역 작전사령관으로 임명됨과 동시에 소장으로 진급했다. 그 후 채 1년이 되지 않은 1943년에 중장으로 진급하여 북아프리카 작전사령관이 됐고 그해 12월에 대장으로 연합군 최고사령관이 되었다. 1944년엔 미국 역사상 4명뿐인 육군 원수로 진급하여 이미 육군 원수가 된 조지 마셜을 뒤따랐고 1945년에는 조지 마셜의 후임으로 드디어 육군참모총장이 되었다. 준장이 되기까지 26년이 걸렸던 세월을 5성 장군과 육군참모총장이 되는 데는 채 4년이 걸리지 않았다. 여러모로 자신을 발탁한 조지 마셜과 많이 닮았다. 그리고 잘 알려진 대로 1953년 미국의 제34대 대통령으로 선출됨으로써 경력의 대미를 장식했다.

성공적인 발탁인사는 추천자의 혜안과 공평무사한 일 처리, 인사권자의 용기와 함께 발탁 대상자의 개인 역량, 확고한 가치관과 조직에 대한 충성심, 인내심, 그리고 약간의 행운을 필요로 하는 포괄적인 노력의 결과다. 그리고 발탁인사에는 시대적인 환경과 조건도 밀접하게 관련된다. 조선 시대나 제1, 2차 세계대전을 전후해서는 지금과 같은 치열한 인재전쟁이 없었다. 그래서 인재의 입장에서도 전직 등 선택의 여지가 많지 않아 조직 내부에 머물렀기 때문에 뒤늦게라도 발탁할 수 있었다. 하지만 지금은 다르다. 자기를 알아주지 않는 인재는 언제든지 조직을 떠난다. 그야말로 인재에겐 떠날 곳도 오라는 곳도 많다. 인재를 유치하고 관리하고 후계자를 조기에 육성하고 또 유지하는 것은 뛰어난 리더를 확보하는 데 꼭 필요한 과정이다. 그리고 뛰어난 리더를 알아보고 적시에 발탁하는 것도 중요하다.

5.
공사의 구분이 조직의 명운을 가른다

해호解狐라는 사람이 있었다. 어느 날 임명권자인 간주簡主에게 자신의 개인적인 원수를 추천하여 재상이 되도록 했다. 그러자 그 원수는 해호가 자신을 용서한 것으로 알고 그의 집을 찾아가 인사를 하려고 했다. 그러나 해호는 활을 쏘아 그를 쫓아내면서 이렇게 말했다. "당신을 추천한 것은 당신이 적임자라고 내가 공무상 믿었기 때문이다. 그리고 당신을 원수로 생각하는 것은 나의 개인적인 원한이다. 그러나 단지 그러한 개인적인 원한이 있다 해서 당신을 추천하지 않을 수는 없는 것이다. 그래서 사적인 원한을 공무에 끌어들이지 않았다. 하지만 지금 당신을 원수로 생각하는 것은 처음과 다를 바 없다."

『한비자』「제33편 외저설」 부분에 나오는 거불피수擧不避讎라는 고사성어가 생기게 된 일화다. 한비자는 한나라의 왕족 출신으로 공과 사를 논할 시 빼놓을 수 없는 정치 사상가다. 그는 공적인 영역과 사적인 영역을 엄격히 구분하여 이에 대한 논리적 체계를 세웠다. 그는 공과 사는 상반되며 애초 서로 이해가 일치하리라 생각하는 것이 어리석다고 했다. 일찌감치 공과 사는 항상 충돌할 수밖에 없는 세상사의 기본적인 이치를 꿰뚫고 있었던 셈이다.

그리고 그는 전국시대의 어지러운 정치 상황에서 국가를 공公으로 보고 개인을 사私로 보았다. 더 나아가 군주가 바로 국가라는 생각을 하던 시대에 군주의 공적 지위와 사적 영역을 구분하여 심지어 군주라도 공공성이 확보되지 않은 사적 이익을 기반으로 한 의사결정은 합당하지 않다고 보았다. 그래서 선공후사先公後私라는 말은 이러한 공공성을 기반으로 할 때만 정당성을 갖는다. 그러나 때때로 정치가들은 선공후사라는 개념을 포장해 사적인 이익을 추구하는 도구로 사용하기도 한다. 2,600년 전의 사람이 간파한 지혜가 오늘날에도 생생하게 작동하는 것이 놀랍다. 그리고 이러한 원칙은 사적인 영역에도 예외 없이 적용된다.

영어로 공은 퍼블릭Public, 사는 프라이빗Private으로 표현한다. 퍼블릭은 인구를 뜻하는 파퓰레이션Population과 어원이 같은데 '사람들에 속한다'는 포풀루스Populus에서 왔다. 반대로 프라이빗은 사람들의 집단으로부터 자유로워진다는 개념에서 유래했다. 어원상으로는 공적인 개념이 먼저 출발한 후 사적인 개념이 이로부터 나온 것이 흥미롭다. 사실 서양에서의 사적인 것이란 의미는 정치제도나 사회의 발전과정에서 쟁취된 개인의 권리라는 뜻을 상당 부분 내포하고 있다. 서양에서도 일찍이는 로마의 공화정으로부터 중세 봉건제도를 거쳐 관료주의가 정착되는 근대 이후에 이르기까지 퍼블릭은 국가를 뜻했다. 국가는 공공성을 그 정당성의 근거로 삼았다. 다만 일부 군주와 독재자들이 정치적 목적에 따라 국가와 군주를 의도적으로 동일시하거나 착각했을 뿐이다.

그러나 국가조직뿐만 아니라 각종 사회조직으로 관료제가 확산되고 특히 17세기 들어 현대적인 사기업의 개념이 생겨남에 따라 공이란 의미가 꼭 퍼블릭을 뜻하지 않을 수도 있게 되었다. 요새는 사기업에서도 공과 사를 구분하라는 말을 자연스럽게 사용한다. 그러나 여기에서 말하는 공이란 뜻은 공공성을 바탕으로 한 퍼블릭의 개념이 아니다. 오히려 조직의 집단적인 사적 이익을 뜻하는 프라이빗이란 뜻이다. 이러한 상황에서는 공과 공이 충돌하기도 한다. 물론 정치가, 국가조직, 공공기관에서 공은 여전히 공공성이 우선이다. 다만 공기업은 좀 애매한 위치다. 그래서 공과 사를 단순히 퍼블릭과 프라이빗으로 개념 짓는 것은 번역 문제 이상의 의미를 지닌다.

현대에서 대부분 조직은 사기업에 속한다. 그리고 공공기관과 사기업에서의 공과 사의 개념은 분명히 다르다. 예를 들어 공공기관에서 예산을 사사로이 사용하면 국민의 세금을 남용하는 것이 되어 명백히 공공의 이익에 반한다. 그러나 사기업에서 공과 사를 구별 못 해 예산을 사사로이 사용하면 사기업 내에서 사적인 이익에는 반하는 것이 되지만 공공의 이익과는 직접적인 관계가 없다. 그래서 국민으로부터 공공의 이익을 위해서 일하라는 위임을 받은 공공기관의 구성원은 사기업의 구성원보다 더 엄격한 가치관과 마음자세가 요구된다. 이러한 배경에 따라 사기업에서의 공과 사를 굳이 영어로 달리 표현하면 공은 비즈니스Business, 사는 퍼스널 Personal이 된다. 우리말로 '업무적' 혹은 '개인적'으로 치환할 수 있다. 업무적이란 어떤 일을 개인적인 목적이 아니라 업무상 목적에 따라 처리한다는 뜻이다. 그러면 사기업에서 공과 사를 구분한다는 것은 어떤 의미를 지닐까?

공공기관에서는 오직 공공의 이익을 담보하는 것만이 공으로서 정당성을 갖는다. 반면에 사기업에서는 주주의 이익을 보호하는 것이 업무적 행위로서 정당성을 갖는다. 그래서 주주의 이익에 반하는 행위나 개인의 이익을 주주의 이익보다 우선하는 '개인적인' 행위는 정당하지 못하다. 다만 사기업에서 주주의 이익을 보호하는 것은 공공의 이익에 반하지 않는 범위 내에서란 전제조건이 따른다.

조직 구성원은 직무수행의 의무와 더불어 직무수행 과정에서 필요한 크고 작은 각종 권한을 부여받는다. 공과 사 혹은 '업무적'과 '개인적'에 대한 논의는 본질적으로 이 권한의 사용에 관한 것이다. 이러한 권한의 대표적인 것이 인사권 및 상벌권, 인적자원 통제권, 자금과 물자의 통제권이다. 소위 권權이다. 그러나 한 조직의 구성원은 불가피하게 개인으로서의 지위와 조직 구성원으로서의 지위를 동시에 갖는다. 여기에서 종종 공과 사가 분리되지 않고 충돌을 일으킨다.

사기업에서의 구성원에 대한 업무적 권한은 주주의 위임으로부터 비롯되고 또 위임받은 범위 내에서만 행사가 가능하다. 그리고 이러한 위임의 구체적인 범위는 회사의 정관, 취업규칙, 기타 사내 규정 및 각종 법률에 따라 정해져 있거나 통제된다. 그리고 업무적 권한의 범위가 어떠하든 한 가지 분명한 것은 이러한 권한을 개인적으로 남용해서는 안 된다는 것이다. 그러나 현실적으로 이를 일일이 구분하거나 감시하기가 쉽지 않다.

그래서 대부분의 선진기업에서는 직원 행동강령 혹은 윤리강령이라는 것을 별도로 제정하여 구체적인 지침을 구성원들에게 알려준다. 그리고 이를 위반할 시에는 높은 수준의 징계조치를 한다. 직원 행동강령은 일상 업무 전반에 걸쳐 구성원들이 준수해야 할 행동 및 윤리기준을 규정하고 있다. 여기에는 직장에서의 행동, 윤리적 의무, 업무성실성, 업무와 개인적 이해관계의 충돌, 고객관계, 사업관행, 기업윤리, 사회적 책임 등 회사의 운영과 구성원의 행동에 대한 방향성이 제시되어 있다. 이러한 직원 행동강령에 규정되어 있는 몇 가지 사례를 소개한다.

법률과 윤리기준

우리는 성실하게 사업을 운영하고 업무에 적용되는 모든 지역과 국가의 법률을 준수한다. 또한 법과 기준이 국가별 특성에 따라 다를 수 있음을 인식한다.

투명성

우리는 고객, 주주, 직원, 공급업체, 사업 파트너, 기관과 단체를 대할 때 정직해야 할 의무를 갖는다. 투명성과 정직성은 우리의 모든 사내외 커뮤니케이션 활동의 지침이 되는 기본 원칙이다.

주주에 대한 의무 및 신뢰

우리는 주주와 투자자의 신뢰 유지를 위해 기업을 올바르고 투명하게 경영해야 할 의무를 진다. 우리는 주주가치를 높이기 위해 노력한다.

개인의 책임과 참여

우리는 직원들이 기업가 정신에 어긋나지 않은 방법으로 업무를 수행하고 개인 책임을 인정할 것을 기대한다. 우리는 신뢰와 헌신으로 공동의 목표를 달성하기 위해 임직원의 적극적인 참여를 장려한다.

상호존중 및 개방성

이사회 구성원, 임원, 관리자, 모든 직원은 직급, 사업부문, 지역을 가리지 않고 상호존중, 개방성, 정직성, 신뢰, 협동정신을 가져야 한다. 우리는 공정하고 솔직하게 토론하고 다양한 의견을 구하기 위해 노력한다. 서로 의견이 다를 수 있음을 인정하고 신속하고 열린 마음으로 아이디어와 의견을 제시하고 사적인 이익에 따라 의사결정을 내리지 않는다. 우리는 또한 법 또는 본 윤리강령에 어긋나는 방법으로 업무성과를 올릴 것을 절대 장려하거나 지시하지 않는다. 또한 회사는 어떠한 유형의 직장 내 폭력이나 괴롭힘도 용납하지 않으며 직원들은 서로 존중해야 한다.

선물 및 혜택

선물과 혜택은 일반적인 사업관행이 윤리적이라고 인정될 때만 허용된다. 회사의 직원은 누구도 고객, 공급업체, 기타 사업 파트너에게 선물이나 기타 개인적인 혜택을 요구해서는 안 된다.

이해의 상충

모든 직원은 기업의 이익이 개인적인 관계에서 오는 이익과 이해 상충의 소지가 있을 때 상사에게 공개해야 한다. 이러한 관계에는 혈연, 결혼, 기타 사적 관계 등의 개인적인 친분관계가 포함된다.

윤리강령 위반에 대한 조치

윤리규정을 준수하지 않은 직원은 해당 규정에 따라 징계 조치를 한다. 또 기업은 정당한 사유 없이 어떠한 직원에게도 윤리강령의 규정을 준수해야 하는 의무를 면책하지 않는다.

위의 사례를 보면 사기업에서 구성원들이 업무적, 개인적으로 구분해 지켜야 할 행동수칙들과 함께 이해관계 충돌 시 지켜야 할 수칙까지 소상히 명시되어 있다. 더 나아가 업무수행 시 주주의 이익도 중요하지만 구성원들이 '선량한 기업시민'으로서 공공의 이익을 우선으로 고려해야 한다는 원칙도 분명히 제시하고 있다.

조직의 구성원이라는 측면에서 리더도 공사의 구분에 있어 다른 구성원들과 다를 바가 없다. 하지만 리더는 회사를 대표해 구성원을 직접 관리하는 직무의 특성상 더 높은 수준의 정직성과 윤리성을 필요로 한다. 공과 사의 구분에 엄격해야 한다는 것은 리더에게 요구되는 기본 역량이다.

4장

인재를 어떻게 평가하고 보상할 것인가

1.
성과관리를 어떻게 할 것인가

　연말 연초에는 HR도 바빠진다. 이때 연간 성취한 업적을 바탕으로 구성원 개개인의 성과를 평가하고 그에 따른 보상과 승진심사를 하는 등 성과관리 사이클상 HR의 주요한 과제들이 집중적으로 몰려 있다. 그중에서도 가장 핵심적인 부분은 바로 성과평가에 관한 부분이다.

　성과평가는 흔히 인사고과, 업적평가, 근무평정 등으로 부른다. 영어로는 퍼포먼스 어프레이절Performance Appraisal, 퍼포먼스 레이팅Performance Rating, 퍼포먼스 이벨류에이션Performance Evaluation 등의 용어로 표현한다. 성과관리 과정 전체를 의미하기도 하지만 좁게는 업무성과에 대한 평가등급을 부여하는 과정을 의미한다. 그리고 성과평가 결과는 보상, 승진, 교육, 후계자 계획에 기본적인 자료로 사용된다. 그래서 성과관리 제도는 인사제도의 척추로 불린다. 하지만 성과평가를 1년 중 연말에 한 번 하고 마는 단순한 요식 행위로 인식하는 경우도 많다. 고과등급을 돌아가면서 주거나 혹은 승진 순서가 된 사람에게 거꾸로 고과등급을 맞춰주는 경우도 생긴다.

제대로 된 성과관리는 인사 관련 결정을 위한 기본 자료를 넘어 경력개발과 교육 등 종합적이고도 전략적인 역할을 한다. 하지만 성과관리제도는 다른 인사제도와 체계적으로 연계되지 않고 그 자체만으로 존재해서는 별 의미가 없다. 인적자원 관리의 전 과정을 기업의 조직목표와 연계된 하나의 흐름으로 인식하고 보상이나 교육 등 각 세부 인사제도를 성과관리제도와 유기적으로 결합해야 한다. 성과관리제도는 연말에 한차례 하는 성과평가 자체가 목표가 아니라 연중 일어나는 성과관리의 전 과정이 목표가 되어야 한다. 체계적인 성과관리제도는 대부분 '목표관리'를 기본으로 한다.

목표관리도 애초에는 목표에 따른 업적평가에만 평면적으로 초점을 맞춰서 개인의 업무능률을 향상하는 것이 목적이었다. 하지만 시간이 지나면서 애초 목표를 확장하여 업적평가뿐만 아니라 구성원 간 대화와 의사소통, 개인의 경력개발과 교육, 일상적인 피드백과 코칭이 포함된 종합적인 개념으로 발전했다. 부여된 구성원 개인의 업무목표에 대한 성과평가로만 그치지 않고 개인의 발전을 기업이 지원하여 기업과 구성원이 함께 성장하는 개념으로 바뀐 것이다.

기업은 체계적인 성과관리제도를 운영함으로써 구성원에게 목표와 방향을 제시하고 자극과 동기를 부여할 수 있다. 또 상사의 코칭과 지속적인 피드백을 통해 구성원을 개발하고 일선 관리자에게는 책임감과 주인의식을 고양할 수 있다. 이를 통해 기업은 생산성 향상과 함께 조직목표를 효율적으로 달성하게 되는 것이다.

성과관리제도의 흐름은 보통 ① 목표수립 단계 ② 코칭과 피드백 단계, ③ 직원개발계획 수립 단계, ④ 중간 평가 단계 ⑤ 최종 성과평가 단계로 이루어져 있다. 코칭이나 피드백은 일정한 시기가 있는 것이 아니라 일상적으로 하는 것이다. 일상적인 코칭과 피드백에 대한 비중이 커짐에 따라 최근에는 구글처럼 중간 평가를 폐지하는 기업도 늘고 있다. 코칭은 예전에는 카운셀링이란 용어를 사용했다. 그런데 직원의 상담 요구가 있을 때만 응한다는 수동적인 의미의 뉘앙스가 있고 관리자의 좀 더 적극적인 개입이 필요하다는 뜻에서 요즈음에는 코칭이라는 용어가 일반화되었다. 코칭에는 통상 현재 업무에 대한 피드백이 함께 따른다.

목표관리식 성과관리제도를 도입하는 데 자주 등장하는 질문 중 하나가 목표수립 시 계량화하기 힘든 목표를 가진 지원 부서 직원들의 목표를 어떻게 수립하느냐는 것이다. 하지만 실제로 운영해 보면 크게 문제가 되지 않는다. 목표에 대한 구체적인 서술, 기대수준, 성과달성 기한 등에 대한 구체적인 공유만으로도 목표수립과 성과평가가 충분히 가능하다. 대부분 관리자와 구성원은 목표에 관한 서술만으로도 무엇을 할 것인지 서로 알고 있기 때문이다. 그리고 SMART(구체적인Specific, 측정가능한Measurable, 달성가능한Achievable, 현실성 있고 업무상관 관계가 있는Realistic/Relevant, 목표달성 기한이 있는Time-bound) 원칙을 활용하는 것이 목표수립에 도움이 된다.

성과평가 시에 부딪히는 또 다른 기술적인 문제는 평가오류에 관한 것이다. 평가오류는 관대화 오류, 중간화 오류 등의 기술적인 문제도 있지만 기업문화나 관리자가 갖는 공정성에 대한 기본적인 인식이 더 중요한 요소로 작용한다. 관리자가 성과평가에 대한 분명한 이해와 공정성을 지니고 있다면 기술적인 오류는 상대적으로 큰 문제가 아니다. 잡코리아의 2022년 조사[1]를 보면 우리나라 직장인의 75.8%가 평가 결과에 불만족이라고 답했다. 그중 49.2%는 기업의 업적평가가 공정하지 않다는 점을 불만족 사유로 꼽았다. 그리고 이들 중 50.8%는 이직 의향이 있다고 대답했다. 공정성 문제는 성과관리제도의 효용성 문제에서 가장 중요한 요소이다. 참고로 가장 빈번한 기술적인 오류는 '최근 업적 중시 오류'로 알려져 있다.

최종 성과평가는 연계된 보상제도에 따라 연간 정기 임금인상 형태의 개별적 성과급이나 인센티브와 보너스 형태의 집단 성과급을 차별적으로 지급하는 근거로 사용된다. 여기에서 체계적인 보상제도의 연계 문제는 큰 의미를 지닌다. 구성원들의 동기유발에 큰 영향을 미치는 두 가지 요소는 성과에 대한 인정과 그 인정에 대한 보상이다. 제대로 인정을 해주는 것이 공정한 성과평가다. 그리고 그 인정을 합리적인 보상으로 연결하는 것이 체계적인 보상제도다. 제대로 된 성과관리제도가 없는 보상제도는 합리적인 관리가 쉽지 않다. 하지만 성과관리제도가 체계적이라 해도 보상제도가 뒷받침하지 못하면 효율적인 보상관리는 힘들다. 이를테면 연공주의적인 임금제도는 그냥 두고 성과를 바탕으로 한 성과관리제도를 효과적으로 운영하기는 힘들다. 성과평가에서 평가등급을 부여하는 문제도 체계적이고 합리적인 보상과 관련이 있다.

효과적인 성과관리를 위해서는 다음 세 가지 사항이 특히 중요하다.

첫째, 최고경영자로부터 전 직원에 이르기까지 개인의 업무수행 목표를 조직 단계별로 회사의 조직목표 및 전략과 연계를 하는 것이다. 조직목표와 개인목표를 연계함으로써 급격히 변화하는 환경에서 전 임직원이 목표에 대한 분명한 공감대를 갖고 보다 능동적이고 유연하게 대처할 수 있기 때문이다. 구글이나 세일즈포스가 도입하여 근래 들어 다시 조명을 받는 목표 및 성과지표관리OKR, Objective and Key Result 방식도 개인의 목표와 조직의 목표를 연계하는 것을 바탕으로 한다. 존 도어John Doerr[2]가 인텔의 회장 앤디 그로브Andy Grove에게 배워 확산시킨 OKR은 조직이 더 도전적인 목표를 수립하고 달성하기 위한 분명한 성과지표를 각 부서 단위 및 개별 구성원과 공유하여 조직의 목표와 개인의 목표를 일치시키는 것을 강조한다. 결국 조직 목표, 부서 목표, 개인 목표를 유기적으로 연계하는 것이 핵심이다. 최근에는 정보기술의 발전에 힘입어 성과관리 시스템이 IT화됨에 따라 이러한 접근방식이 보다 간편해졌다. 사업실적에 따라 개별 구성원 단위, 부서 단위, 혹은 전사 단위로 성과급을 지급하는 변동급여제도의 확산도 성과관리제도의 한 추세다.

둘째, 구성원들의 조직문화에 대한 적응도나 업무수행과정에 있어서 윤리성도 업적평가의 중요한 요소이다.

셋째, 성과에 대한 평가와 함께 구성원에게 피드백과 코칭을 제공하고 구성원의 역량을 개발하는 것도 성과관리제도의 중요한 목표이다.

성과관리제도도 사업환경의 변화에 따라 접근방법이 변한다. 스탠퍼드대학교 경영대학원 제프리 페퍼Jeffrey Pfeffer 교수[3]는 현재의 개인별 성과관리제도의 문제점을 지적했다. "개인별 성과관리제도는 이론적, 경험적 근거가 분명하지 않으며 잘못된 성과관리제도는 오히려 조직의 건강을 해칠 수도 있다." 1954년 피터 드러커가 저서 『경영의 실제』[4]에서 목표관리를 개인별 성과관리제도를 위한 새로운 개념으로 제시한 이후 목표관리MBO와 강제배분식 성과평가Stack Ranking(또는 Rank and Yank)를 근간으로 하는 개인별 성과관리제도는 글로벌 스탠더드가 되었다. 특히 초기에 이 제도를 도입한 GE, IBM 같은 초우량기업의 높은 기업성과와 연결되면서 가장 보편적인 성과관리 제도로 자리 잡았다.

이러한 목표관리식의 개인별 성과관리제도의 접근방법에 대해서는 수십 년 동안 문제 제기가 많지 않았다. 그보다는 한때 일본 기업들이 보인 높은 생산성에 근거하여 온정주의적 성과제도가 주목받으면서 미국식 개인별 성과관리제도가 가지는 문제점에 관한 논쟁이 있었다. 또 우리나라에서는 미국식 성과관리제도를 도입하더라도 개인별 성과에다 팀별 성과를 반영하는 것이 필요하다는 등 우리나라의 사회문화적 배경을 고려해야 한다는 논의도 있었다. 그러나 1990년대 후반 경제위기의 주된 요인 중 하나가 연공주의를 바탕으로 한 성과관리제도의 미비에서 비롯되었다는 주장이 힘을 얻었고 그에 따라 대기업을 중심으로 많은 기업에서 개인별 성과관리제도를 앞다투어 도입했다. 또 2000년대 들어 일본 기업들의 성과가 쇠퇴하고 애플, 구글 등 IT 산업을 중심으로 미국 기업들이 다시 약진하면서 개인별 성과관리제도의 도입이 별다른 저항감 없이 확산되었다.

그러나 2010년이 되자 그동안의 전통적인 개인별 성과관리제도의 효과에 의문이 제기되기 시작했다. 70년 전에 마련된 성과관리제도의 틀이 과연 현재와 같이 빠르게 변화하는 복잡한 경영환경 아래에서, 그것도 완전히 다르게 변화한 조직 내 구성원의 인구구조에 비추어 계속해서 효용성이 있는가 하는 문제이다. 최근의 성과관리제도의 변화 추세는 다음과 같다.

첫째, 목표관리를 기반으로 한 성과관리에 관한 것이다. 앞서 기술한 바와 같이 조직의 목표를 달성하기 위해 경영진과 구성원은 우선 조직의 목표를 이해한 후 세부 단위 조직별로 구성원 개개인이 상급 관리자와 함께 해당 사업연도에 대한 목표 및 달성기준을 사전에 설정한다. 이에 따라 개인의 성과를 정기적으로 평가하고 이를 바탕으로 개인에게는 승진에 반영하거나 차별적 보상을 하는 것이 이 제도의 근간이다. 목표관리는 조직의 목표와는 별개로 매일 관성적으로 수행하는 업무를 관찰하는 것만으로 구성원의 성과를 평가하던 이전의 방식에 비해 조직의 성과를 높이는 데 큰 역할을 했다.

이 과정에서 조직의 목표와 개인의 업무목표를 정렬하여 성과관리에 연계하는 것은 여전히 유효하고 중요하다. 그런데 하루가 다르게 급변하는 현재의 경영환경에서 1년 단위의 몇 가지 요약된 항목만으로 설정되는 개인별 업무목표가 여전히 효과적인가 하는 문제가 있다. 물론 전통적인 성과관리 방식도 연초에 목표를 설정한 후 관리자의 코칭이나 중간 평가를 통해 어느 정도 목표나 방향에 대한 조정이 가능하다. 하지만 이러한 방식으로는 한계가 있게 마련이다. 이렇게 목표를 그때그때 수정할 바엔 애초에 연간목표를 세우는 이유가 뭔가 하는 기본적인 물음에 직면하게 된다.

이러한 배경으로 단지 경직되게 연초에 목표를 정해놓고 1년에 한두 번 조정하기보다는 구성원에게 큰 맥락만 공유한 후 그때그때 관리자가 구성원과 함께 과제나 목표의 우선순위를 의논하는 방식이 새로운 추세로 나타났다.[5, 6, 7, 8] 업무수행과정이나 결과에 대해 바로바로 코칭과 피드백을 함으로써 좀 더 유연하게 대처할 수 있고 직원과의 커뮤니케이션 기회도 늘릴 수 있다. 여기서 중요한 것은 맥락이다. 맥락과 우선순위를 중시한 성과관리제도의 대표적인 사례가 넷플릭스다. 맥락을 중시하는 성과관리의 요체는 그 일을 하는 이유와 기대하는 목표를 조직의 최고경영진부터 구성원까지 상호 연계하는 것이다. 무엇을 어떻게 할 것인지는 조직 단계별, 구성원별로 스스로 알아서 할 수 있도록 최대한 자율로 맡긴다. 하지만 결과는 진지하게 평가한다.

MZ세대는 인터넷과 모바일 등 디지털 환경에 능숙하면서 독립적이고 자율적인 근무환경을 선호한다. 그들에게는 더 이상 대기업 취업이 최고의 직업적 목표가 아니다. MZ세대는 직장에 대한 소속감이 낮고 직장을 선택할 때도 개인적 가치를 중요하게 여긴다. 2021년 6월에 취업 플랫폼 사람인이 500개 기업을 대상으로 한 조사[9]에 따르면 응답 기업의 49.2%가 MZ세대의 조기 퇴사율이 높다고 답했다. 조기 퇴사자 중 30%는 입사 후 5개월 이내에 퇴직했다. 그리고 MZ세대가 조기 퇴사를 많이 하는 이유는 '개인 만족이 중요해서'(60.2%)였다. 그들에게 경직된 목표를 주고 타율적으로 관리하는 방식으로는 한계가 있다. 그들에겐 조직 내의 신뢰관계를 증진할 수 있는 투명하고 실시간 커뮤니케이션이 가능한 제도적 환경의 조성이 필요하다. 그래서 관리자의 역할도 구성원들의 일거수일투족을 일일이 관리하는 것보다는 구성원들의 자율성을 최대한 보장할 수 있도록 위임한 후 코치하고 지원하고 조언하는 것이 핵심이 된다.

둘째, 평가등급의 부여에서 정상 분포곡선을 이용한 상대평가 방식의 폐지다. 전통적인 상대평가는 직원들의 성과가 통계학상의 정상 분포곡선을 따를 것이란 오래된 믿음에서 출발한다. 그래서 구성원을 고성과자, 중간성과자, 저성과자라는 큰 틀로 나눈 다음 몇 개의 평가척도 안에 강제로 배분하여 상위에 속하는 고성과자에게 높은 보상을 하고 하위 성과자는 점차적으로 조직에서 퇴출하는 방식이다. 이는 개인별 성과제도를 사용하는 거의 모든 기업에서 보편적으로 적용하고 있는 제도이다. 이제는 폐지되었지만 GE의 활력곡선Vitality Curve[10]이 대표적인 예다.

GE는 전체 직원을 3등급으로 나누어 A등급은 상위 20%, B등급은 중위 70%, C등급은 하위 10%로 상대평가하여 C등급은 회사에서 퇴출하는 정책을 운영했다. 아직도 많은 회사가 GE의 성과평가 모델을 참고하고 있다. 그런데 문제는 노동집약적이고 업무가 표준화된 단순 반복적인 업무를 제외하고는 업무성과가 통계학적인 정규분포를 이루지 않을 수도 있다는 것이다. 그리고 이렇게 하위 고과자를 계속 퇴출한 후에도 여전히 10%의 하위 고과자가 남는 모순도 있다. 이들 10%는 어디로부터 오는 것일까? 채용 때부터 저성과자로 뽑은 것인지 아니면 좋은 성과를 보이던 구성원이 하위 고과자로 전락한 것인지도 명확하지 않다.

구성원의 동기유발적인 측면에서도 강제배분식 평가는 구성원에게 위협감을 주고 내적 몰입을 저하하여 오히려 조직 전체의 성과도 저하한다는 주장도 있다. 고성과자는 한정된 비율의 소수에 들어가야 한다는 압박감으로 몰입을 방해받고 조직에서 가장 큰 비율을 차지하는 중위그룹은 상위 소수 그룹에 들어가지 못할 바에야 굳이 최선을 다할 필요를 느끼지 못하고 대충 정도의 노력만 하는 부정적 영향을 가져온다는 것이다. 이렇게 되면 구성원들이 혁신적이거나 도전적인 일을 회피하는 문화가 생긴다. 그래서 새로운 접근 방식은 성과등급을 매겨 구성원 개개인에게 딱지를 붙이는 대신 성과관리 과정을 일상적인 업무에 대한 코칭과 피드백으로 단순하게 한정한다. 보상은 주어진 예산 범위 내에서 관리자가 구성원의 기여도에 따라서 재량으로 결정한다.

하지만 여기에도 커다란 문제가 있다. 대안 없이 기존의 평가등급을 폐지한 상당수 기업이 보상이나 승진을 위한 객관적인 자료가 사라져 새로운 차원의 어려움이 생긴데다 뚜렷한 이점도 없이 오히려 조직성과만 나빠졌다는 것이다. 게다가 보상이나 승진에 근거가 뚜렷하지 않아 공정성 문제까지 불거졌다. 와중에 일부에서는 성과평가 같은 피드백은 필요 없고 대신 구성원에게 앞으로 뭘 해야 하는지만 알려주는 소위 '피드포워드feedforward'[11, 12]를 해야 한다는 현실과 다소 동떨어진 말장난 같은 주장도 나왔다.

무턱대고 성과등급을 폐지하는 것이 대안이 아니다. 특히 공정성에 민감한 MZ세대를 대상으로 객관적인 성과평가도 없이 '성과에 따른 보상이나 승진'을 시행한 후 그 근거를 합리적으로 설명하기는 쉽지 않다. 성과평가 없이 차별적으로 급여를 인상한 국내 일부 IT 기업에서 구성원들이 집단으로 반발한 것도 이러한 배경으로 보인다. 이렇게 기술적인 어려움과 보상 공정성에 대한 이슈로 인해 이미 평가등급을 폐지한 기업들이 오히려 원래대로 되돌리는 경우가 생기고 있다. GE도 한때 평가등급을 폐지했다가 2021년 다시 3점 척도의 평가등급으로 복귀했다. GE는 '터치Touch'라고 하는 제도를 통해 일상적인 코칭과 피드백에 대한 비중은 늘렸다.

앞에서 지적한 대로 '강제배분식 성과평가Stack Ranking'의 단점이 있는 것도 사실인 만큼 보상을 위해 평가등급을 좀 더 세밀하게 나누더라도 구성원의 대다수를 차지하는 중간 등급 구성원에게는 통합적인 평가등급을 고지하는 '고스트 랭킹Ghost Rating'[13] 기법을 보완적으로 사용하는 것도 한 가지 대안이다. 이를테면 구성원에게 고지하는 평가등급은 '아주 뛰어난 성과' 10%, '맡은 바 업무를 제대로 수행함' 85%, '개선이 현저히 필요함' 5% 정도의 세 가지 척도로만 나누는 방식이다. 대다수에 속하는 85% 정도의 구성원에게는 고과등급을 '좋음' 정도로 포괄적으로 알려준다. 그리고 85% 그룹 내에서도 업무성과에 따른 차별적 보상이 여전히 필요한 경우에는 좀 더 세부적인 평가등급을 따로 부여하여 구성원에게는 통보하지 않고 HR과 부서장만 공유한다. 평가등급은 예전의 5점 척도와 같은 다점 척도에서 3점 척도처럼 더 단순한 형태로 변화하고 있다.

셋째, 빅데이터, IT, 모바일 기술을 새로운 방식의 피드백이나 성과평가에 활용하는 추세도 늘고 있다. 어도비의 '체크인Check-in', IBM의 '체크포인트Check Point', GE의 'PD@GE'와 같이 모바일이나 온라인 프로그램을 활용한 실시간 피드백 툴이 사례이다.

결론적으로 추세가 어떻게 변하든 성과관리에서 조직의 목표와 구성원 개인의 목표를 정렬하는 것은 여전히 중요하고 생략할 수 있는 것이 아니다. 조직이나 부서의 방향과 장단기 목표를 구성원 개개인에게 명확하게 제시해야 한다. 이는 구성원들이 조직목표의 맥락을 이해하는 과정이다. 맥락이 중요하다. 실행은 우선순위에 따라 더 융통성 있게 할 수 있다. 이와 같이 개인목표의 수립은 유연하게 하는 대신 관리자의 상시적인 코칭과 피드백은 강화한다. 투명하고 공정한 평가절차 및 합리적인 보상제도와의 연계도 기본이다. 이와 함께 구성원들의 인구통계학적 구성을 이해하고 업무수행 과정에서 더 폭넓은 위임과 자율성을 부여하여 동기유발을 자극한다. 구성원의 경력개발을 위한 기회도 제공하고 관리자들의 리더십 역량과 커뮤니케이션 능력 역시 개발해야 한다. 상대평가는 절대평가 방식으로 전환하는 것이 바람직하다. 또 다면평가(360도 피드백)를 성과평가에 적용하는 것은 조심해야 한다. 기본적으로 목적이 다르기 때문이다.[14, 15, 16]

2.
보상체계를 어떻게 만들 것인가

연공급제와 직무급제

정권이 바뀔 때마다 공공기관을 대상으로 단골로 등장하는 과제 중 하나가 '성과연봉제'로 불리는 성과급제의 도입을 위한 임금체계 개편에 대한 논란이다. 하지만 이를 자세히 살펴보면 결국은 근무기간이나 직급 등의 연공 요소에 따른 '연공급제(혹은 호봉제)' 대신 성과와 직무의 가치를 함께 고려하려 급여를 지급하는 '직무성과급 제도'를 둘러싼 이슈다.

직무성과급 제도란 한마디로 직무급과 성과급제가 결합된 형태의 임금제도를 말한다. 보수 정부나 진보 정부 모두 연공임금제에 대한 문제의식은 기본적으로 다르지 않지만 접근 방식에는 차이가 있다. 성과주의를 적용하는 방식에는 입장 차이가 있으나 기본적으로 연공급 제도를 개선하기 위해 직무급 제도의 도입이 필요하다는 데는 큰 이견이 없어 보인다.

　공공기관의 인사제도가 하나의 사회적인 풍향계 역할을 하기도 하지만 일반 사기업에서는 제도의 기술적인 측면과 효과성에 더 초점을 둘 필요가 있다. 나아가 제도가 원활하게 정착되기 위해 구성원들의 이해를 얻는 것도 중요한 과정이다. 임금체계 개편에 대한 문제는 방향이 쉽사리 정해지지 않은 채 수시로 사회적인 이슈가 되고 있다. 그중 대표적인 것이 1990년대 말 경제위기를 맞아 우리나라 기업의 구조조정 과정에서 있었던 성과급제 도입에 대한 논의이다. 우리나라 기업의 낮은 생산성이 연공임금제에서 기인한다는 분석에 따라 여러 대기업이 성과급제로 임금체계를 전환했다.

　이렇게 정책적인 전환기마다 임금체계의 개편이 도마 위에 오르는 이유는 기본적으로 연공주의 임금체계가 가진 제도적 한계 때문이다. 연공급제는 회사에 대한 기여도, 업무의 난이도, 근로자의 업무수행 역량이나 숙련도 또는 직무책임 정도 등을 고려하지 않고 학력, 근속연수, 직급에 따라 임금이 계속 오르는 체계다. 그래서 사용자 입장에서 보면 회사에 대한 기여도와 상관없이 계속 증가하는 인건비에 대한 부담과 생산성이 문제가 된다. 특히 요즘과 같이 청년 실업률이 높은 경제환경에서는 세대 간 갈등의 원인이 되기도 한다. 또 당사자인 기성세대도 생산성 문제로 인해 항상 구조조정 대상자로 지목되는 등 고용불안을 안고 있다. 또한 정부 산하의 공공기관이나 공기업 사이에 존재하는 임금 격차도 해결해야 하는 문제다. 공공기관의 사업적 전문성에 따라 시장임금을 반영한 임금 격차는 문제될 것이 없다. 하지만 행정직무처럼 기본적으로 직무 특성상 큰 차이가 없는 유사한 직무 간에 존재하는 커다란 임금 격차는 합리적으로 그 이유를 설명하기가 쉽지 않다.

생산성 문제와 더불어 연공급제가 정규직과 비정규직 사이의 임금 격차를 심화하는 근본적인 원인을 제공한다는 시각도 있다. 이는 연공급제의 정규직은 임금이 계속 상승하는 반면 비정규직이나 무기계약직은 임금상승 속도가 이에 미치지 못하기 때문이다. 동일 직무, 동일 임금을 바탕으로 하는 직무급제는 궁극적으로 비정규직 문제를 해결하기 위한 중요한 대안이기도 하다.

기존의 연공주의 임금체계를 유지한 채 정규직 전환을 추진하는 것은 조직의 비효율성을 더 키울 우려가 있다. 다행히 정부에서도 이러한 방향으로 접근하는 것으로 보인다. 청소업무, 사무보조, 설비업무, 경비업무, 조리업무 등 5개 분야를 직무급을 우선 적용할 대상으로 선정한 것이 한 가지 사례다. 여기에는 근무연한과 상관없이 동일 직무에는 동일 임금을 적용한 다음 숙련도에 따라 임금을 차등화하는 방안을 포함하고 있다.

직무급제와 관련하여 몇 가지 오해가 있다. 첫째, 직무급제에 대한 논의가 성과연봉제의 폐지와 함께 언급되면서 일부에서는 성과연봉제를 폐지하고 직무급제를 도입해야 한다는 등 마치 성과연봉제와 직무급제를 서로 대립되는 개념으로 이해한다는 점이다.

보통 임금체계의 유형은 운영원칙이나 운영방식에 따라 다음과 같이 분류할 수 있다.

운영원칙에 따른 분류
- 업무성과나 능률 등에 따라 임금을 지급하는 성과주의 임금체계(혹은 성과급)
- 스킬, 지식, 역량을 기초로 지급하는 능력주의(능력급·자격급)
- 학력이나 근속연한을 기준으로 하는 연공주의(연공급)

운영방식에 따른 분류
- 직무평가에 따른 직무가치를 바탕으로 한 직무급
- 학력이나 근속연한 등의 연공 요소를 바탕으로 하는 연공급·호봉급
- 직무급, 연공급, 능력급을 혼합한 형태의 직능급

연공급제처럼 운영원칙이나 운영방식으로 보아 표현이 중첩되기도 하지만 개념적으로 직무급제와 성과급제는 서로 대립적인 것이 아니다. 예를 들어 직무급제의 실제 운영에서 가장 보편적인 방식은 성과급을 가미한 소위 '직무성과급'이다. 직무급을 운영하는 기업에서 가장 보편적으로 사용하는 방식이 직무 단위별 단일임금이 아니라 일정 범위를 가진 '범위 직무급'을 기초로 그 위에 업무성과를 반영하여 개인별로 기본급을 차등화하는 직무성과급 임금체계다.

반대의 경우로 노동시장의 환경에 따라 직무급에다 호봉제를 혼합할 수도 있다. 이제껏 성과연봉제를 도입했던 상당수 공공기관이 실제로는 호봉제를 바탕으로 직무급제도를 운영한 경우가 많

았다. 성과급과 직무급은 별개의 개념이다. 직무급을 도입하되 성과급을 적용할 수도 있고 그렇지 않을 수도 있는 것이다. 성과급을 적용하지 않는 직무급의 경우는 직무의 가치에 따라 급여가 동일한 '단일 직무급'을 적용하고 물가 상승률 등을 고려하여 급여 테이블을 매년 조정하는 방식이다. 이 경우는 성과주의를 적용하지 않기 때문에 구성원 간에 개별적인 급여 차이가 없다. 오직 상위 직무로 승진할 때만 차별적 보상이 가능하다. 그래서 직무급을 도입하기 위해 성과급 제도를 포기한다는 것은 앞뒤가 맞지 않는 주장이다. 직무급을 바탕으로 성과급을 적용하는 경우에도 꼭 기본급에 대해서만 개별적인 차등을 할 수 있는 것이 아니다. 수당이나 집단성과급 등의 방식으로 성과급 요소를 융통성 있게 반영할 수도 있다.

둘째, 직군별 분리 혹은 직군별 처우의 차등화는 기본적으로 직무급과는 별개의 개념이다. 이를 혼동하다 보니 직무급을 도입하면서 개별 직무평가가 아니라 팀별 직무평가를 해야 한다는 생소한 주장까지 나온다. 직무급은 동일한 가치의 직무인 경우 수행하는 사람이 다수로 존재하더라도 하나의 직무가치가 기준이 된다. 그래서 직군이 다르더라도 얼마든지 같은 등급으로 평가되는 직무가 존재한다. 이를테면 직군이 다른 총무와 영업직에 같은 직무가치가 존재할 수 있다. 반대로 같은 팀에서도 직무가치가 다른 직무가 당연히 존재한다. 팀별로 직무평가를 하여 개별 구성원에 대한 보상을 어떻게 하자는 것인지 참으로 황당한 주장이다. 그리고 직원의 직무가치에 따른 직무등급이 동일하고 성과가 같다면 직군과 상관없이 동일한 수준의 임금을 받는 것이 직무급의 원칙이다.

직무급의 개요와 운영 사례

직무급은 한마디로 직무를 기준으로 임금을 결정하는 방식으로 직무의 질과 양에 대한 상대적 가치를 분석하고 평가한 후 직무가치에 따라 임금을 책정하는 임금체계를 말한다. 직무급제도의 형태는 간단히 두 가지로 나눌 수 있다. 하나는 동일한 직무등급에 속한 모든 직원에게 동일한 급여액을 적용하는 '단일 직무급'이다. 다른 하나는 급여에 일정한 범위를 두어 같은 직무등급에 속하는 직원이라도 경험, 숙련도, 업무성과에 따라 급여를 차등적으로 적용하는 '범위 직무급'이다.

직무급을 도입하기 위해서는 직무분석과 직무평가가 필수적인 절차이다. 그중에서도 직무평가는 직무의 가치를 합리적이고도 체계적으로 평가하는 수단으로서 직무급의 운영과정에서 가장 중요한 부분이다. 여러 직무의 가치가 상대적으로 다르고 그에 따라 임금도 달라진다는 것은 조직 구성원에게는 대단히 중요한 문제다. 특히 연공급 제도를 운영하는 조직은 직무평가를 하여 기존의 직원을 새로운 직무등급으로 편입하는 작업에서 많은 저항과 어려움을 겪는다. 그래서 직무평가 과정은 대단히 체계적이고도 객관적이어야 한다. 이에 따라 많은 기업이 잘 알려진 몇 가지 객관적인 직무평가 수단을 차용한다. IBM은 표준화된 평가 매뉴얼, 관리자

교육, 현업 관리자의 직무분석, HR의 직무평가 등 자체적인 직무평가 수단과 절차를 가지고 있다.

다음은 직무성과급 제도의 보편적인 운영 절차다.

1단계: 직무분석
직원이 속한 해당 부서의 관리자는 직원에게 직무를 부여하기에 앞서 직무의 목적, 필요한 기술 및 기능, 직무책임 및 역할, 직무수행 방법 등을 분석한다.

2단계: 직무기술
직무분석을 바탕으로 해당 직무 및 직위의 목적에 대한 간단한 설명, 직무책임의 중요도에 따른 우선순위, 직무명세 등을 기술한 직무기술서를 작성한 후 HR에 직무평가를 요청한다. 다만 새로 창출되는 직무가 아니라 이미 존재하는 직무인 경우에는 기존의 직무기술서를 사용하며 별도의 직무평가 절차가 필요하지 않다. 이러한 직무기술서는 채용 등 다양한 목적으로 활용된다.

3단계: 직무평가
가장 중요한 단계로서 일관성과 공정성을 유지하기 위해 HR은 자세한 평가 기준을 담은 매뉴얼을 근거로 직무평가를 한다. 직무평가 요소는 교육, 경력, 업무의 복잡성, 업무를 지시받는 정도, 육체적 노력, 책임의 정도, 타인과의 관계, 업무지식, 의사결정 정도,

분석력 및 창의력, 관리적 책임, 재정적 책임, 직위조건 등이다. 해당 직무를 요소별로 평점화하여 종합적으로 점수를 도출한 후 이를 기준으로 직무등급을 부여한다.

4단계: 직무분류
개별 구성원의 역량에 따라 각기 직무를 할당하고 직무등급을 부여하는 단계다. 구성원이 부여된 업무를 적절히 수행하는지 성과평가를 통해 확인한 후 승진이나 차별적 보상의 근거로 삼는다.

5단계: 외부 임금조사
동종업계 및 노동시장의 급여 수준을 조사하여 합리적이고 경쟁력 있는 급여구조를 수립하는 단계다. 이를 위해 노동시장에서 해당 직무의 급여를 합리적으로 서로 비교할 수 있는 직무 간 급여 정보나 직무등급 관련 자료를 확보할 수 있어야 한다.

6단계: 임금구조 수립
외부 임금조사를 통해 직무등급 별 임금구조를 수립하는 단계다. 임금구조는 범위 직무급 중에서도 각 직무등급의 급여 구간이 일정 부분 서로 겹치는 중복형 구조를 사용한다.

7단계: 개별적 성과에 따른 차별적 보상
성과평가를 통해 확보한 구성원 개인의 업무성취도는 기본급의 인상폭을 결정하는 기본적인 자료로 사용된다. 업무성취도가 높을수록 인상폭이 높다. 같은 등급에서 같은 성취도를 보일 경우는 동일 직무, 동일 임금의 원칙에 따라 현재의 급여가 낮을수록 인상폭이 높다.

직무성과급 제도를 도입하려면 다음과 같은 제도적, 환경적 뒷받침이 필요하다.

- 직무분석과 직무평가 등 체계적인 직무관리 시스템이 뒷받침되어야 한다.
- 체계적인 성과관리 제도가 필요하다. 개별 구성원의 성과가 크게 차이 나지 않는 획일적이고 단순한 직무에는 구성원의 개별 성과를 평가하지 않고 단일 직무급을 적용할 수도 있지만 그렇지 않을 때는 직무급 제도를 운영하면서 호봉제를 유지한다는 것은 비합리적인 일이다.
- 조직 내에서 배치전환, 승진, 승급제도가 합리적으로 운영되어야 한다. 기껏 직무평가를 해놓고 잘못된 직무 부여를 한다면 직무성과급 제도에 대한 구성원의 신뢰를 확보할 수가 없다.
- 노동시장에서 임금이나 직무 정보를 용이하게 교류할 수가 있어야 한다. 직무급을 도입하기 어려운 요소 중 하나가 직무별 시장 임금에 대한 정보의 부재나 미흡이다.
- 보상제도의 공정성과 임금수준에 대한 경쟁력을 확보해야 한다.

기술혁신과 인구구조의 급격한 변화로 인해 연공임금제의 사회적 기반이 이미 무너진 현재의 환경에서 제대로 운영되는 직무성과급 제도는 임금의 공정성과 효율성을 높이고 유능한 인재를 확보하는 수단이기도 하다.

집단 성과급의 효과적인 운영

기본급에 대한 합리적인 성과주의 적용 문제와 더불어 근래 들어 국내 대표적인 대기업들에서 공통으로 일어나는 이슈가 성과배분의 공정성에 관한 것이다. 기본급의 인상이 '개별 성과급'에 대한 문제라면 성과배분제는 '집단 성과급'에 대한 문제다. 이를테면 성과배분의 기준이 무엇인지, 즉 그룹 내에서 자신들이 속한 회사나 부서가 어떤 기준으로 타 계열사나 부서보다 성과급에서 차이가 나는지에 관한 질문이다. 이들은 노조를 통해서 혹은 기업 총수에게 직접 집단적으로 문제를 제기했다. HR이 해결해야 할 기술적인 문제가 최고경영진으로까지 확대된 것이다.

임금의 공정성은 제도 그 자체의 공정성도 중요하지만 절차적으로도 공정해야 한다. 성과배분제는 내가 박사학위 논문으로 연구한 주제이기도 하다. 성과배분제 운영에서 '절차적 공정성'과 '합리적인 산정기준'은 구성원의 업무만족도와 회사의 조직성과에도 직접적인 영향을 미친다. 특히 위에 소개한 사례도 절차적 공정성을 소홀히 해서 생긴 문제이다. 공정성이란 관련된 당사자가 느끼는 주관적 인식을 포함한다. 실상 절차적 공정성을 확보하는 것이 간단한 문제는 아니다.

피자 한 판을 측량 도구 없이 세 사람 모두 공정하게 느끼도록 분배하려면 어떻게 하면 좋을까? 두 사람이 나누는 것은 비교적 간단하다. 소위 '분할 선택법'을 사용하면 된다. 피자를 나누는 사람이 선택을 나중에 하면 된다. 세 사람이 하는 경우는 다소 복잡하지만 역시 같은 방법을 사용할 수 있다. A, B, C 세 사람 중 한 사람이 피자를 나눈 뒤 나머지 두 사람이 먼저 선택하는 방법이다. A가 케이크를 세 조각으로 자르면 A는 맨 나중에 어떤 조각을 가져가도 만족할 것이다.

문제는 B와 C가 만족하는 방법이다. 만일 B와 C가 서로 다른 조각을 원할 경우는 간단하게 해결된다. 문제는 B와 C가 서로 같은 조각을 원하는 경우이다. 이 경우에는 B와 C 두 사람이 다시 분할 선택법을 시행하면 된다. 여기서 중요한 것은 세 조각의 크기가 모두 수학적으로 균등해야 하는 것이 아니다. 피자 조각을 선택하는 과정에 개입하는 절차적 공정성이 결과도 공정하다는 인식을 주는 것이다. 집단성과급의 배분 과정에서 구성원의 공정성 인식도 본질적으로 이와 다를 바 없다. 성과배분제에서는 오히려 성과에 따라 어떻게 차별적으로 지급할 것인지가 공정성의 과제가 된다.

집단 성과급 혹은 성과배분제는 성과급의 산정 단위가 개별 근로자가 아니라 근로자 집단이며, 집단의 단위는 사업장이나 사업부 혹은 회사 등이 된다. 성과의 산정기준에 따라 크게 이익배분제와 성과배분제로 나뉜다. 우리나라에서는 이 2가지를 개념적으로 뚜렷하게 구분하지 않는 경향이 있다. 하지만 구분이 필요하다. 현재 일어나고 있는 집단 성과급의 많은 문제도 여기에서 시작된다.

이익배분제는 기업이 경영활동을 통해 얻은 이익의 일정 몫을 구성원들에게 배분하는 제도이다. 1794년 미국의 재무부 장관을 지낸 앨버트 갤러틴Albert Gallatin이 펜실베이니아주에 위치한 유리 공장에서 처음 실시한 것으로 알려져 있다. 요즈음과 비슷한 근대적 형태의 제도는 1842년 프랑스의 르클레르E. Leclaire에 의해 확립되었다. 굳이 2가지 제도를 '이익'과 '성과'로 구분하는 이유는 제도를 적용하는 기준이 기본적으로 서로 다르기 때문이다. 성과배분제는 1886년 헨리 타운Henry R. Towne[17]이 논문에서 일찌감치 주창했으나 한참이 지난 1935년 위스콘신주 밀워키의 눈부시 Nunn-Bush라는 구두 제조회사에서 처음 실시했다. 이어 모토로라가 도입한 후 전 세계적으로 확산되었다. 이익배분제가 협의의 성과배분제와 다른 점은 전자는 기업이 창출한 이익을 성과배분의 기초로 삼는 반면 후자는 구성원들의 참여와 노력에 따라 비용절감, 생산성 향상, 매출증가 등으로 얻은 경영성과를 사전에 정한 산정기준에 의해 구성원들에게 배분한다는 점이다. 물론 산정기준에는 '이익'이 포함될 수 있다.

이러한 배경으로 인해 이익배분제는 운영에서 구성원의 참여도가 상대적으로 약한 것이 일반적이다. 성과배분을 산정하기 위한 기초를 회계상에 나타난 이익을 기준으로 한다. 기업이 이익을 창출하는 데 구성원들의 노력 이외에 다른 변수가 많기 때문이다. 이로 인해 구성원들의 동기유발에 한계가 있다. 그리고 해당 연도의 이익을 정확히 예상하기가 힘들기 때문에 성과급의 지급 여부와

액수를 사전에 구성원들에게 약속하기가 힘들다. 이러한 점은 추후 결산 결과에 따라 회사가 성과급의 지급 여부, 지급기준, 액수를 임의로 융통성 있게 결정할 수 있는 장점이 있다. 하지만 구성원들에게는 성과급에 대한 불확실성과 함께 사후에 회사의 '자의적인 결정'과 지급기준에 대한 공정성에 의문을 제기하게 만드는 요소로 작용한다. 절차적 공정성이 이슈가 된 대표적인 사례이다. 우리나라 기업에서 현재 벌어지고 있는 이익배분제에 대한 논란의 핵심은 대부분 여기에서 비롯된 것이다.

반면에 성과배분제는 지급액 산정기준을 결정하는 과정에서부터 구성원들의 참여가 시작된다. 산정기준은 매출액이나 영업이익, 재고율, 생산성 향상, 시장점유율 등 매년 회사에서 중요하게 생각하는 지표를 융통성 있게 선정할 수 있다. 산정기준이 정해지면 연초에 사전 발표한 지급 공식에 따라 성과급이 지급된다. 지급 공식은 100% 달성을 기준으로 목표 성과급의 퍼센트(예를 들어 기본급의 10%)를 정한 후 실제 성과에 따라 0%(기준목표 이하 달성)에서 150%(최대 달성) 등으로 지급액을 조절할 수 있다. 그리고 구성원들은 매달 혹은 분기마다 발표되는 성과의 달성 진도를 통해 지급 여부와 지급액을 예상할 수 있어 과정이 투명하다. 실적이 미달되는 경우 구성원들을 더욱 분발하게 하는 등 동기유발 효과도 높다. 또 생산성 향상이나 비용 절감으로 이루어진 성과를 바탕으로 하기 때문에 비용 효율성도 높다.

다만 이익의 창출 여부와 상관없이 지급이 이루어지기 때문에 이익이 아니라 간접적인 산정지표를 사용하는 경우는 사전에 재원을 마련해두어야 한다. 공식대로 달성되면 지급하지 않을 수 없는 법률적인 의무도 따른다. 현재『포춘』500대 기업의 90% 이상이 이 제도를 운영하고 있을 정도로 가장 보편적인 '집단 성과급' 제도다. 간단히 '집단 인센티브 제도'라고 부르기도 한다.

3.
저성과자를 어떻게 관리할 것인가

앞서 소개한 '자유와 책임'이라는 원칙의 넷플릭스는 회사의 규정이나 규칙을 최소화하고 있다. 구성원에게 동종업계 최고의 임금을 지급한다는 원칙도 있다. 그래서 구성원이 타사로 이직하려는 경우 특별한 절차 없이 타사에서 제시하는 급여를 그대로 지급하고 붙잡는다. 하지만 구성원의 업무성과가 저조하면 가차 없이 해고하는 것으로도 유명하다. 이것이 가능한 이유는 구성원들이 입사할 때부터 이러한 조직문화를 알고 있는데다 무엇보다도 '유연한 해고Fire at will'라는 원칙에 따라 미국의 노동관계법이 구성원의 해고에 대해 더 유연하기 때문이다. 이에 비해 우리나라는 해고 경직성이 세계 그 어느 나라보다도 높다. 특히 저성과를 이유로 구성원을 일방적으로 해고하는 것은 법률적으로 커다란 제한이 있다.

회사는 구성원의 해고에 신중해야 한다. 하지만 지속적으로 업무성과가 현저하게 저조한 구성원이 개선의 여지도 없다면 참으로 난감한 문제다. 구성원의 입장에서도 괴로울 것이다. 오히려 더 잘할 다른 기회를 가지는 것이 나을 수도 있다. 하지만 현실에서는 이를 원만하게 처리하기가 쉽지 않고 그 과정에서 심각한 노사관계 문제로 비화하거나 소모적인 법률적 다툼으로 가기도 한다.

저성과 등을 이유로 한 소위 '일반해고'에 대해서는 그동안 많은 사회적 논의와 더불어 노사정 사이에 '대타협'으로 불리는 사회적 합의가 발표되기도 했다. 하지만 결과적으로 법제화를 비롯해 바뀐 것은 없다. 이를 바라보는 노사 간의 시각에 극명한 차이가 있기 때문이다. 특히 논의의 초점이 온통 근로기준법 제23조 제1항에서 규정한 소위 '일반해고'에 대한 '정당한 사유'의 법리적 해석에만 머물러 어떻게 하면 저성과자 해고 시 현행 법률에 저촉되지 않을까 하는 문제에만 집중돼 있다. 그러다 보니 저성과자 관리라고 하면 노사 모두 우선 저성과자의 해고를 떠올리게 되었다. 우여곡절 끝에 발표된 노동부의 지침도 저성과자의 해고에 대한 현재까지의 대법원 판례를 정리한 것에 그치고 말았다. 실제로 이를 바탕으로 법제화가 된다 해도 저성과자 관리에 관한 논의는 앞으로도 이러한 범위를 벗어나지 못하고 계속 맴돌 것이다. 현재의 노동부 지침만 놓고 보더라도 노동계는 '쉬운 해고'를 양산할 소지가 크다고 주장한다. 반면 경영계는 오히려 예전보다 해고 경직성이 심해져 저성과자를 해고하기가 더 힘들어졌다고 주장한다.

이런 이유로 노동계는 저성과자 해고에 대한 법제화는 아예 불가하며 기존의 노동부 지침도 철회되어야 한다고 주장한다. 구성원을 생산성 요소로만 보지 말라는 노동계의 주장도 일리가 있다.

경영계는 오히려 근본적으로 근로기준법을 개정해 저성과자에 대한 해고의 유연성을 높이는 방향으로 가야 한다고 주장하고 있다. 이러한 가운데 저성과자 문제를 국가 차원의 노동생산성 문제나 기업의 좀 더 전략적이고도 합리적인 인력운용과 같은 거시적인 문제로 확대하는 것은 요원해 보인다. 특히 명확한 기준이 없는 점이 가장 큰 문제다. 그러다 보니 최종 판단을 받으려 다툼이 대법원까지 가는 경우도 많다.

국경을 초월한 국제 경쟁이 격화되는 최근 기업환경에서 저성과자 관리 문제는 단지 저성과자 몇 사람을 해고하는 것과 같은 미시적이고 소극적인 측면에서의 관리를 넘어 보다 적극적이고 전략적 인적자원 관리 차원에서 접근할 필요가 있다. 저성과자 관리는 크게 다음의 두 가지 범주로 나눌 수 있다.

첫 번째 범주는 단순히 현재 업무의 성과 부진을 넘어 동료의 업무수행과정에 방해가 되거나 혹은 해당 부서나 회사의 업무에 심각한 지장을 주는 경우다. 회사가 이러한 저성과자를 방치하면 구성원의 동기유발과 직무만족도가 떨어지고 조직 차원에도 문제가 생긴다. 특히 관리직이 문제의 대상일 경우는 구성원을 잘못된 방향으로 이끌고 우수한 구성원이 회사를 떠나게 하는 등 더 심각한 조직 차원의 문제를 일으킨다. 전경련국제경영원이 직장인 607명을 대상으로 저성과자 관리에 관해 조사한 보고서[18]를 보면 직장인의 68.4%가 '조직 내에서 저성과자를 관리하는 제도가 필요하다'고 대답했다. 특기할 것은 이러한 대답 중에서 관리직이 아니라 일반 직원의 비중이 64%나 된다는 것이다. 이는 저성과자 관리 문제가 단지 관리자나 사용자의 관점에서만 볼 문제가 아니라는 점을 보여준다.

두 번째 범주는 현재 업무를 수행하는 데 현저하게 저조한 성과를 보이는 경우다. 예전에 GE가 사용하던 하위 10% 저성과자 퇴출과 같은 상대적인 개념이 아니라 절대적인 기준으로 보더라도 현재의 직무를 제대로 수행하지 못하는 경우를 말한다. 사실 이 경우에도 해고를 결정하기는 쉽지 않다. 외국의 잘 알려진 글로벌 기업들도 단순하게 해고 처리하지 않는다. 보통 교육, 재배치, 급여정책 등을 통해 개선 기회를 주고 그래도 지속적으로 성과가 낮으면 해고한다. 해고가 유연한 기업이나 국가에서도 매년 전 직원의 10% 정도를 저성과를 이유로 해고한다는 것은 현실적이지 않다. 우리나라에서는 특히 법률적으로 가능하지도 않다.

논란의 중심이 되는 일반해고는「노동조합 및 노동관계조정법」제81조 제1호와 제5호에서 규정한 부당노동행위로서의 해고 제한,「남녀고용평등법」제11조와 제19조 제3항의 성차별적으로 행해지는 해고와 육아휴직을 사용한 근로자에 대한 해고 제한,「고용상 연령차별금지 및 고령자고용촉진에 관한 법률」제4조의4에서 규정한 연령 차별행위 금지로서의 해고 제한,「장애인차별금지 및 권리구제 등에 관한 법률」제10조의 규정에 따른 장애인 차별행위 금지로서의 해고 제한,「근로기준법」제104조 제2항의 규정에 의한 법령 위반 사실을 통보한 근로자에 대한 보복성 해고 금지와 같이 개별적 해고에 대한 제한과 동법 제24조에 근거를 두고 있는 경영상 이유에 의한 해고(정리해고)의 제한을 제외하고 동법 제23

조(해고 등의 제한) 제1항에 규정된 '정당한 이유'에 의한 해고를 통칭하는 것이다. 정확하게 말해서 저성과자의 해고와 근로기준법의 '정당한 이유' 사이에 존재하는 다툼에 관한 것이다.

재미있는 사실은 앞에서 언급한 여러 가지 노동 관련 법률 중 해고와 관련된 모든 조항은 해고의 제한에 관해 기술한 것이고 어떤 경우에는 해고할 수 있다고 명시적으로 규정한 조항은 하나도 없다는 것이다. 정리해고나 일반 해고도 해고제한에 관해 먼저 기술하고는 해고제한에 해당되지 않는 경우를 들어 해고가 가능하다는 식이다. 국내 노동법 체계가 갖는 해고에 대한 기본적인 취지를 엿볼 수 있는 부분이다.

더 구체적인 해고사유의 명시는 노사 양측 모두에게 필요하다. 현재 일반해고에 관해 다툼이 발생하면 지방노동위원회와 중앙노동위원회를 거쳐 고등법원과 대법원을 거쳐야만 최종 판결에 이른다. 길게는 몇 년씩 걸리는 비생산적인 절차다. 대법원의 판례도 통일된 기준에 따른 것이 아니라 경우나 사정에 따라 들쭉날쭉해서 기존의 판례는 참조일 뿐 개별적 사안에 대해서는 그야말로 판결을 받아봐야 확실한 결과를 알 수 있다. 해고의 정당성을 다투는 노동위원회 제소 건수만 해도 증가하는 추세다. 이러한 상황은 근로자에게도 결코 바람직한 것이 아니다. 기업은 기나긴 절차를 감당할 비용과 인력을 보유하고 있지만 소송을 진행하는 근로자는 직접 모든 것을 감당해야 하기 때문이다.

저성과자의 해고에 관한 법리적, 제도적 이슈와 이를 효과적으로 관리하기 위해서는 체계적인 접근이 필요하다. 우선 저성과자가 누구인지 정의하는 것이 필요하다. 법리적 배경이 다양해 하나의 획일적인 정의를 내리기가 쉽지는 않다. 대법원의 판례[19] 등을 참조하면 '주어진 역할을 수행하고 업무목표를 달성함에서 그 성과가 일반적으로 기대되는 최저한의 실적에도 지속적으로 미치지 못하는 정도'의 근로자를 말한다. 수습기간 중의 근로자, 부상이나 질병 등 특별한 사유에 의한 직무수행 장애, 회사의 규율 위반, 상사의 명령 위반 등으로 인한 징계성 해고와는 구별된다.

저성과자가 가려지면 이들의 해고에 대한 정당성을 따져봐야 한다. 저성과자 해고의 법률적 근거는 애매함에도 불구하고 「근로기준법」 제23조 제1항 '사용자는 근로자에게 정당한 이유 없이 해고, 휴직, 정직, 전직, 감봉 및 그 밖의 징벌(이하 '부당해고' 등이라 한다)을 하지 못한다'는 규정이다. 즉 '정당한 이유'가 관건인데 저성과자의 해고도 당연히 이러한 '정당한 이유'를 어떻게 충족하느냐의 문제가 된다. '정당한 이유'로 인정받기 위한 사용자의 행위를 판례적, 제도적 배경에 따라 정리하면 다음과 같다.

첫째, 해고 대상자를 선정한다. 저성과자의 정의를 만족하는 사유가 있는 근로자가 대상이 된다.

둘째, 해고회피 노력을 한다. 회사가 근로자에게 내리는 해고조치는 소위 '최후 수단성 원칙'에 따라 해고 결정에 이르기 전에 근로자에게 피드백의 제공이나 코칭, 교육, 성과개선 요구, 가능한 전보조치, 경고 등의 조치를 먼저 취함으로써 근로자에게 저성과를 개선할 기회를 주어야 한다. 그럼에도 불구하고 근로자에게 책임이 있고 사회통념상 근로관계를 계속할 수 없을 정도로 근무성과가 저조하고 이러한 저성과가 일정한 시기가 지나도 개선되거나 제거될 가능성이 희박한 경우에 해고한다.

선진 기업에서는 인사고과 결과 저성과자로 평가되면 성과개선 프로그램PIP을 3~6개월 정도 집중적으로 적용한 후에 해고 여부를 결정한다. 여기에는 고과평가기간이 대부분 1년 단위임을 고려할 때 몇 번의 기회를 주는 것이 정당한가 하는 문제가 있을 수 있다. 회사로서는 저성과자에게 얼마나 오랫동안 개선 기회를 주어야 하느냐가 중요한 사항이다. 대법원 판례를 보면 3년간 계속하여 최하위를 받은 경우는 정당한 해고로 본 반면 1년의 성과 부진 후 7개월 동안 대기 발령했다가 해고한 경우는 부당한 해고로 판단했다. 명확한 정의가 필요한 부분 중 하나다. 나는 2회 이상의 고과평가기간 연속으로 저성과 평가를 받고도 개선의 여지가 희박한 정도면 적당하지 않을까 생각한다.

셋째, 해고하는 데 제도적 합리성이 있어야 한다. 이러한 노력에도 불구하고 저성과의 기준이 명확하지 않은 대부분의 경우 저성과를 어떻게 객관적으로 입증할 것인가 하는 문제가 여전히 남는다. 근로자 평가는 대부분 해당 근로자의 상사가 맡고 있고 평가과정에는 주관이 개입할 수밖에 없기 때문이다. 이러한 문제를 어느 정도 해소할 수 있는 것이 체계적이고도 합리적인 성과관리 및 평가제도의 운영이다. 국내에는 아직 체계화된 성과관리제도가 없는 기업이 많아 해고의 정당성에 관한 다툼을 비롯해 저성과자 관리에 여러 가지 문제를 안고 있다.

목표관리식 평가제도도 이러한 문제를 완화할 수 있는 제도이다. 또 성과평가 시 절대평가와 상대평가의 문제가 있을 수 있는데 판례는 근로자의 직무수행요건과 실제 성과 자체만 판단하는 절대평가 방식을 기준으로 삼고 있다. 이에 바탕을 두지 않는 일정한 비율에 따른 강제배분식 저성과자 판정은 인정하지 않는 경향을 보이는 점도 주목할 점이다. 관리직은 담당하는 부서의 실적도 저성과로 평가하는 요소로 인정하고 있다.

넷째, 절차적 정당성이 있어야 한다. 앞의 '정당한 이유'로서 요건을 모두 충족했다 하더라도 해고 결정을 내리는 과정에서 절차적 정당성에 관한 문제가 있을 수 있다. 징계해고에 관해선 '정당한 이유'가 있더라도 해당 근로자에게 징계위원회에 출석하여 자신을 방어할 기회를 주는 등의 절차적 정당성이 확보되지 않으면 정당한 해고로 인정을 받지 못하는 판례가 다수 있다.

하지만 저성과를 이유로 한 일반해고의 경우 '정당한 이유'가 있음에도 불구하고 절차적 정당성을 문제로 해고의 정당성을 부인한 판례는 찾지 못했다. 그렇다고 어떤 절차에 따라야 한다는 관련 법규가 없는 것도 애매한 부분이다. 역시 명확히 해야 할 부분 중의 하나다. 사실 저성과로 인한 일반해고가 정당한 해고로 인정받기 위해선 앞서 나열한 바와 같은 엄격하고도 긴 시간 동안 여러 가지 요건을 충족하면서 근로자와도 충분히 의사소통해야 한다는 점을 고려하면 일반해고에도 징계해고의 경우와 같은 절차적 요건이 또다시 필요한지는 의문이다.

지금까지 저성과자의 해고와 관련된 여러 가지 법률적 배경을 살펴보았지만 가장 바람직한 것은 기업이 근로자를 해고하지 않고 일을 처리하는 것이다. 근로자 입장에서는 '쉬운' 해고를 걱정하는 것이 이해된다. 하지만 정상적인 기업이라면 시간과 비용을 들여 애써 채용하고 교육한 근로자를 뚜렷한 이유 없이 마구잡이로 해고하는 행위를 쉽게 하지 않는다. 해고하지 않고 일을 처리하는 방식이란 교육을 통해 개선할 수 있다면 최대한 개선하는 것이다. 해고해야 할 경우라도 평소 인간 존중을 바탕으로 한 합리적인 인사제도와 원활한 의사소통을 바탕으로 근로자가 스스로 퇴직의 결정을 내릴 수 있게 도와주거나 합리적인 퇴직 패키지, 전직지원제도 등의 제도적인 지원책을 제공할 수 있다. 이러한 방식은 기업에는 다툼의 여지를 원천적으로 차단하고 또 정당한 해고로 인정받기 위해 저성과자를 장기간 안고 있는 노력과 비용 문제를 피할 수 있는 장점이 있다. 근로자 입장에서도 이를 바탕으로 잘 맞지도, 업무를 잘하지도 못하는 기업을 떠나 인생의 새로운 기회를 모색할 계기가 될 수도 있기 때문이다. 해고를 피하기 위한 회사 측의 이러한 노력은 그럼에도 불구하고 퇴직을 거부하는 저성과자를 해고할 수밖에 없을 때 합리적이고 강력하게 '정당한 이유'를 제공하는 역할도 한다.

통상적으로 기업의 구성원을 생존역량에 따라 세 가지 그룹으로 분류하기도 한다. 상위 15%는 현 직장을 떠나 어디에서도 생존이 가능한 소위 '시장 생존성'이 있는 구성원, 그다음 60%는 유사시나 구조조정 시 재교육 등을 통해 회사 내 다른 직무로 재배치가 가능한 '고용유지 가능성'이 있는 구성원, 나머지 25%는 재교육 등을 하더라도 현 직장 내 재배치가 힘든 구성원이다. 그러나 이러한 분류가 꼭 저성과자 분류기준과 일치하지는 않는다. 저성과의 원인이 개별 구성원의 역량뿐만 아니라 직무수행 태도, 의지, 조직문화와도 관련이 있기 때문이다. 참고로 한국경영자총협회의 「2015년 우리나라 기업의 저성과자 관리 실태조사」[20]를 보면 우리나라 기업의 저성과자 비율은 평균 5~10%라는 대답이 45.4%로 가장 많았다. 또 저성과자가 미치는 부정적 영향 수준이 심각하다(10점 척도 기준 8 이상)는 대답도 51.1%나 되었다. 저성과자 발생 원인으로는 개인의 역량(33.0%)과 태도(29.4%)가 가장 크고 연공형 임금체계로 인한 느슨한 조직문화(15.7%)가 그다음을 차지해 저성과자 관리의 방향에 대한 시사점을 던져주고 있다.

하지만 효율적인 저성과자 관리를 위해서는 합리적인 성과관리 제도가 우선되어야 한다. 이는 저성과자의 발생 가능성 자체를 낮추는 역할과 함께 저성과자 발생 시 평가결과나 저성과자 관리 방안에 대한 저성과자의 수용도와 참여도에 긍정적인 영향을 미친다. 앞서 설명했듯이 대부분의 글로벌 기업에서는 목표관리에 기반한 성과관리 제도를 운용하고 있다. 이러한 성과관리 결과 저성과자로 평가되면 성과개선 프로그램을 3~6개월 정도 집중적으로 적용한 후에 해고 여부를 결정한다.

노동법적인 문제는 나라에 따라 다르다. 하지만 이러한 조치가 적절히 취해졌다면 많은 나라에서 문제가 없는 것이 일반적이다. 오히려 경우에 따라 민사 소송이 발생하기도 한다. 일반적인 성과개선 프로그램의 절차는 다음과 같다.

1단계: 저성과자에 대한 서류화 작업

저성과자의 직속 관리자는 그동안 관찰하고 평가한 자료를 토대로 구성원의 업무수행상 문제점과 개선이 필요한 부분에 대해 서류화 작업을 한다. 구체적인 사실과 사례를 기초로 심각성이나 반복되는 패턴을 지적하여 작성하며 유추하거나 추정한 자료의 사용을 피한다. 서류화에는 대체로 다음과 같은 정보가 포함된다. HR과 협의하는 절차도 이 단계에 포함된다.

- 직원 정보
- 관련 일자
- 성과개선이 필요한 부분이나 갭
- 기대되는 성과 수준
- 실제 달성한 성과 및 결과
- 개선조치
- 직속관리자와 해당 직원의 서명

2단계: 개선계획의 작성

앞서 말한 SMART 원칙*에 따라 구체적인 개선계획을 작성한다. 해당 구성원에게는 주로 3개월 정도 시간을 주고 한 번쯤 연장하기도 한다.

---

* 구체적이고, 측정 가능하고, 달성 가능하고, 현실성 있고, 시간적 목표가 명시된 목표수립 방법

3단계: 개선계획의 검토

작성한 개선계획을 HR이나 전문가로부터 검토받는다.

4단계: 직원 대면 및 통보

작성한 개선계획을 직원에게 설명하고 통보한다. 직원의 의견이나 피드백을 다소간 반영할 수 있으며 이후 서로 서명한다.

5단계: 후속 조치

개선계획에 명시된 대로 개선계획의 진도에 관해 주별, 격주별, 혹은 월간별로 검토를 정기적으로 행한다. 성과목표에 대한 기대나 의문점에 대해 설명, 안내하고 애로사항을 청취하며 도움을 준다.

6단계: 결론

성과개선 프로그램이 순조로우면 기간을 1~3개월 정도 연장할 수도 있다. 만약 직원의 성과가 개선되지 않거나 태도의 변화가 없다면 직속 관리자는 HR과 협의하여 해당 직원에 대한 재배치, 전보, 강등, 혹은 해고 등의 조치를 취한다.

성과개선 프로그램에서 가장 중요한 것은 이 절차의 우선적인 목적이 직원의 업무성과를 개선하는 기회를 주는 것이라는 점이다. 강등이나 해고 등 징계성 조치는 이에 실패했을 때 주어지는 불가피한 선택일 뿐이다. 직원의 업무성과를 개선할 수 있다면 결국 회사에도 도움이 된다. 저성과자를 관리하는 가장 좋은 방법은 성과를 개선하는 것이다.

그럼에도 불구하고 개선되지 않을 경우를 대비한 체계적인 절차 역시 필요하다. 법률적인 정당성과는 별개로 구성원과의 고용관계를 일방적으로 종료하는 것은 종종 구성원과 회사 사이에 커다란 긴장과 다툼을 가져온다. 서로 몇 년씩 소모적인 소송을 벌이거나 사회적인 이슈가 되기도 한다. 이를 피하기 위해서 회사가 취할 수 있는 선제적인 조치는 앞서 설명한 구조조정 시의 접근방법과 기본적으로 다르지 않다. '재정적인 지원' '합의금' 혹은 '특별퇴직금' 등으로 불리는 추가적인 퇴직금을 제안해 대상자가 '자발적 퇴직 합의서'에 서명한 후 자발적으로 회사를 떠나는 기회를 마련하는 것이다.

물론 회사에 심각한 손해를 보게 한 경우 등 해고사유가 명백하다면 정해진 징계 절차를 거쳐 바로 해고할 수 있다. 또 전직지원 제도를 활용할 수도 있다. 이러한 지원은 개인인 해당 구성원에게 현재의 직장을 떠나 외부에서 다른 기회를 찾을 기회를 제공하고 회사에는 현재의 갈등과 향후 발생 가능한 리스크를 원만하게 해소하는 역할을 한다.

4.
윤리기준을 어떻게 만들 것인가

　대가 없는 뇌물은 없다. 기업 내부의 사정도 마찬가지다. 협력업체로부터 뇌물을 받는 사람은 그 업체에 특혜를 줄 수밖에 없다. 그 특혜는 절대 개인적인 호혜에 그칠 수 없고 결국 회사에 손해를 끼친다. 공직자의 부패도 결국은 국고를 축내고 국민에게 피해를 준다. 부정부패는 당사자들을 제외한 조직의 나머지 모두가 피해자가 된다. 궁극적으로는 당사자 자신에게도 좋지 않은 결과가 미친다.
　더 심각한 것은 부패가 성행하는 국가나 조직의 기강과 조직문화에 관한 것이다. 부정부패가 벌어지는 상황에서는 정상적인 규칙이나 정당한 행위가 무시당하거나 작동하지 않는다. 부정한 방법이 득세하는 조직에서 사람들은 규칙을 존중하지 않는다. 정당한 방법으로 이루어진 성취나 성공이 존중받지 못하고 구성원들의 동기유발 의지가 사라진다. 처벌받아야 할 사람이 처벌받지 않고 자격이 없는 사람이 부당한 보상을 받음으로써 조직의 기강이 무너진다. 이를테면 성과에 따른 인사고과를 바탕으로 한 성과주의 제도가 의미를 갖기가 어려워진다. 부정으로 얻는 보상이 열심히 일한 성과의 대가로 얻는 것보다 훨씬 크다면 누가 열심히 일하겠는가? 부정부패는 결국 조직을 위험에 빠뜨리는 독소 역할을 한다. 300여 년간에 걸쳐 축조된 만리장성도 장성을 지키는 군졸 중 몇 명이 침입자의 뇌물을 받고 성문을 열어줌으로써 무너졌다. 그러나 구성원에게 부정부패가 없다는 것과 기업이 윤리경영을 한다는 것은 별개다.

기업의 윤리경영은 크게 두 부분으로 나뉠 수 있다. 하나는 기업 자체의 건전한 경영이념과 사회적 책임의식을 바탕으로 기업이 스스로 하는 윤리적 경영활동이다. 여기에는 기업과 구성원, 기업과 협력업체, 기업과 국가, 기업과 사회 등 개별 당사자와의 관계에 따른 경영활동이 포함된다. 세부적으로 보면 직원을 존중하고 차별하지 않고 협력업체를 정당하게 대하고 국가의 법률과 제반 규정을 준수하고 일정한 수준의 사회적 책임을 다하는 것을 말한다.

또 하나는 구성원과 구성원 사이의 선량한 관계, 협력업체에 대한 정당한 대우, 선량한 기업시민으로서 구성원의 사회와 국가에 대한 책임 준수 등 개별 구성원 차원에서 윤리적 업무 활동을 모니터링하고 관리하는 행위다. 구성원이 뇌물을 받거나 회사 자금을 횡령하거나 배임행위를 하지 않도록 평소에 교육하고 그에 대해 엄격히 관리하는 것도 이러한 범위에 속한다. 그러나 더욱 중요한 것은 기업 차원에서 지켜야 할 윤리적 규범을 먼저 지키는 것이다.

앞서 소개한 사례와 같이 윤리경영을 중시하는 대부분 선진기업은 이 부분에 대해 구성원이 지켜야 할 명확한 행동강령을 갖고 있다. 비록 회사의 이익을 위한 것이라도 윤리강령에 어긋나는 업무 활동은 철저히 규제되고 처벌받는다. 성희롱 등 심각한 위반에는 무관용 원칙이 적용된다. 회사가 법을 어기고 부정한 거래를 묵인 또는 지시하면서 구성원들에게만 윤리적으로 행동하라고 요구하는 것은 정당하지도 않고 실효성도 없다.

요즈음 많은 기업이 윤리강령을 제정하고 있다. 하지만 윤리강령 자체로는 커다란 의미가 없다. 최고경영진을 비롯한 전 구성원이 조직문화를 공유하고 평소에 이러한 윤리강령이 일상적인 업무 활동에 자연스럽게 반영될 수 있는 조직문화적, 제도적 뒷받침이 중요하다. 비록 성과가 뛰어난 구성원이라도 업무수행 과정에서 윤리적 문제가 있다면 기업은 징계 등 단호하고도 철저한 조치를 할 수 있어야 한다. 이것이 궁극적으로 기업을 위하고 구성원을 위하는 길이다. 윤리경영은 결코 사회적 책임의 하나로만 행하는 것이 아니다. 결국 회사를 스스로 보호하여 지속적인 성장을 이끈다.

협력업체 구성원이나 사업 파트너를 대하는 구성원의 의식이나 태도도 중요하다. 우리나라에서만 독특한 용어로 표현하는 소위 '갑과 을'에 관한 문제다. 사업에서 갑과 을 사이의 관계를 상징적으로 말해주는 씁쓸한 유머를 소개한다. 조그마한 사업체를 운영하는 어떤 사람이 캐주얼한 옷을 입을 때면 항상 미국의 유명 패션 브랜드 '갭GAP'의 로고가 가슴에 큼지막하게 새겨진 옷을 즐겨 입는 것을 본 친구가 물었다. "자네는 이 브랜드의 디자인을 참 좋아

하나 봐?" 그러자 그 친구가 말했다. "아니, 디자인을 좋아하는 게 아니네. 을의 입장에서 사업을 하면서 하도 갑에게 서러움을 많이 당해서 옷이라도 '갑GAP'이 되고 싶어 입는 거라네."

우리 사회에서 갑과 을로 지칭되는 두 당사자 사이에서, 특히 갑의 횡포에 의해 일어난 일련의 사건들이 크게 사회적 논란거리가 된 적이 있다. 항공기 비즈니스석에 탑승한 굴지의 공기업 계열사 임원이 기내 서비스 태도를 트집 잡아 승무원을 폭행한 사건이 있었다. 중소기업체의 회장이 사소한 이유로 호텔 도어맨에게 욕설과 함께 폭력을 행사했던 사건도 있었다. 관련 산업에서 선두의 자리를 지키는 소비재 회사의 한 젊은 직원은 자기보다 훨씬 나이가 많은 대리점주에게 폭언과 협박을 하여 해당 기업에 대한 고객들의 불매 운동으로까지 번진 사건도 있다.

그러면 무엇이 갑으로 하여금 을을 부당하게 대하게 만드는 것일까? 여기에는 개인 차원의 문제와 조직문화 차원의 문제가 복합적으로 얽혀 있다. 먼저 개인 차원에서 보면 문제를 일으키는 구성원의 왜곡된 가치관이나 인성적인 문제, 정서적 안정감에 문제가 있는 경우가 많다. 그들은 평소 일터나 사회관계에서도 다른 사람을 존중하거나 배려하는 일에 익숙지 못해 갈등을 일으키기도 한다. 그래서 다른 사람에게 영향력을 미칠 수 있는 소위 갑의 직무가 주어지면 이의를 제기하거나 반발하기가 힘든 을에게 쉽게 권력을 남용하고 부당한 대우를 한다. 때로는 이를 이용해 사리사욕을 취하기도 해 결국엔 조직에 크고 작은 손해를 입힌다. 철저한 교육을 통해 개선하거나 아니면 과감하게 직무에서 배제해야 한다. 그들을 내버려 두면 그에 대한 부담은 고스란히 조직의 몫이 된다.

조직문화 차원의 배경도 대단히 중요하다. 물론 개인적 요소가 함께 작용하겠지만 한 조직이 가진 경영철학, 기업가치, 전통 등 조직문화적 요소는 구성원들이 갑의 위치에서 을에게 어떻게 행동할 것인가를 결정하는 중요한 준거가 된다. 이러한 조직문화적 요소는 구성원들에 대한 교육, 성과관리, 보상, 포상과 징계와 같은 일상적 인사제도와도 밀접한 관계를 맺고 있다. 좋은 조직문화를 가진 조직은 구성원이 업무에서 어떠한 행동이 바람직하고 어떠한 행동이 허용되지 않는지를 평소에 이해하도록 하고 이를 일상적인 업무과정과 성과평가에 반영한다. 또한 감사 조직, 윤리위원회와 같은 자체적인 통제 수단을 갖고 있다. 이러한 조직에서는 기준을 위반한 구성원들이 회사를 위해 위반행위를 했다는 변명이 통하지 않는다. 궁극적으로 이러한 일이 결코 기업에 도움이 되지 않는다는 것을 알기 때문이다.

일반적으로 조직문화 차원에서의 구성원의 행동에 대한 기준은 '직원행동강령' '직원윤리강령'과 같은 이름으로 명문화하고 있다. 그리고 이러한 직원 행동강령은 조직의 가치와 경영철학과 직접적으로 연계된다. 기업의 핵심가치와 따로 노는 직원 행동강령은 실행되기가 힘들고 조직문화로 정착되지도 않는다. 그냥 대외용으로 그치기 쉽다. 그리고 기업 간의 갑과 을 문제는 근본적으로 기업의 사회적 책임에 대한 인식과 함께 협력업체를 비롯한 사업 파트너들과의 상생에 대한 공감과 동의가 있어야 한다. 이러한 기업의 구성원은 을을 함부로 대하지 않는다. 그럼에도 불구하고 이를 위반하는 구성원이 있으면 내부적으로 통제된다. 그리고 이러한 과정은 다른 구성원의 행동에도 영향을 미친다. 명문화된 행동강령과 더불어 구성원에 대한 반복적인 교육도 필수적이다. 협력업체는 기본적으로 사업을 돕는 파트너다.

또 한 가지 중요한 문제는 고성과를 보이는 구성원이 업무수행 과정에서 보이는 윤리성에 관한 문제다. 실제로 조직에서 종종 딜레마가 되기도 한다. 그들이 고성과를 보이는 경우 조직 입장에서는 업무수행 과정에 윤리적 문제가 있더라도 무시하거나 용인하기도 한다. 항상 맡겨진 일을 초과 달성하여 커다란 실적을 가져다주면서 동료나 팀원들에게 리더십까지 발휘하는 소위 '스타' 구성원이 있다. 그런데 이 직원이 업무수행 과정에서 관련 법규나 기업의 윤리기준을 적당히 어겨가면서 성과를 내는 것을 알게 되었다면 어떻게 처리해야 할까? 2가지 방식이 있을 것이다. 하나는 과정이야 어떠하건 이 직원의 실적을 높이 사 포상이나 인센티브, 높은 고과등급, 승진 등으로 보상을 하는 경우다. 다른 하나는 이 직원의 윤리강령 위반을 문제 삼아 위반의 정도에 따라 해고를 포함한 엄격한 징계 조처를 하는 경우다.

'업무수행 과정에서의 윤리성'도 역시 2가지 측면으로 나누어 생각해볼 필요가 있다. 하나는 기업의 사회적 책임이나 공익적 관점이고 다른 하나는 기업 스스로의 기강과 효율성에 대한 관점이다. 전자는 기업의 지배구조, 경영의 투명성, 부정부패에 관한 정책, 내부자 거래, 불공정 거래, 환경정책 등 주로 기업의 외부적 경영활동에 관한 경우이다. 후자는 구성원의 뇌물 수수, 구성원에 대한 불공정 혹은 차별 대우, 성희롱, 회사 자금의 횡령, 회사 기밀의 유출, 혹은 회사 업무와 사적 업무 사이의 이해 충돌 등 구성원이 업무를 수행하는 과정에서의 윤리에 관한 경우이다.

윤리성과 업무성과라는 두 가지 축을 기준으로 구성원을 다음과 같이 네 가지 타입으로 분류할 수 있다.

타입 1: 윤리성은 높으나 업무성과는 저조한 경우
타입 2: 윤리성도 낮으면서 업무성과도 저조한 경우
타입 3: 윤리성도 높고 업무성과도 높은 경우
타입 4: 윤리성은 낮지만 업무성과는 높은 경우

물론 가장 바람직한 타입은 세 번째 타입이다. 두 번째 타입이 가장 문제 있는 구성원이라는 점도 분명하다. 업무성과는 다르지만 두 번째와 네 번째는 일단 직원의 업무수행과정에 윤리적인 문제가 있는 경우이다. 이중 회사의 조직문화에 따라 가장 크게 대응 방식이 엇갈리는 경우는 네 번째 타입으로 위의 질문에 나오는 스타 구성원의 경우이다.

그러면 구성원들이 업무수행 과정에서 비윤리적 행위를 하는 원인은 어디에 있을까? 미국경영자협회AMA의 보고서[21]를 보면 비현실적인 목표와 데드라인에 대한 압박, 경력과 실적에 대한 욕구, 금전적 문제, 냉소적이거나 사기가 저하된 근무환경, 비윤리적 행위 자체에 대한 무지 등이 주요한 원인으로 나타나고 있다. 이러한 주요 원인은 일견 구성원들의 비윤리적 행위가 오직 그들의 개인적인 문제에서만 비롯되는 것처럼 보인다. 물론 비윤리적 행위에 대한 일차적인 책임은 구성원 자신에게 있다. 하지만 찬찬히 들여다보면 그 이면에는 비윤리적 행위를 바라보는 조직 구성원의 시각, 회사의 조직문화, 비윤리적 행위에 대한 회사의 수용 정도 등이 중요한 배경이 됨을 알 수 있다. 회사는 직접 위반행위를 하지는 않는다. 행위는 자연인인 사람이 한다. 그러나 회사에 따라 이러한 비윤리적 행위가 더 빈번하게 일어나거나 이러한 행위가 쉽게 수용되는 정도에는 차이가 있다. 회사의 대응 방식 차이는 결과적으로 내외부적으로 회사가 부담해야 하는 결과의 차이가 된다. 기업은 직원들이 비윤리적 행위를 하지 않도록 노력해야 할 기본적인 책임이 있다. 이를 위해서는 다음과 같은 적극적인 조치가 필요하다.

첫째, 기업 차원의 바람직한 윤리기준을 세우고 구성원들이 일상적인 업무과정에서 생활화할 수 있도록 구체적이고도 명문화된 윤리강령을 마련한다. 그리고 경영활동이나 의사결정에서 기업 차원의 모범을 보인다. 둘째, 전 구성원을 대상으로 지속적이고도 반복적인 윤리교육을 한다. 셋째, 채용과정과 선발결정, 인사고과, 포상제도 등으로 이를 담보할 제도적 장치가 있어야 한다. 넷째, 기업윤리를 전담하는 임원이나 부서를 둔다. 다섯째, 윤리기준의 위반에 대해 엄격하고도 예외 없는 '무관용 원칙'을 견지한다. 비윤리적 행위를 한 구성원을 용납하는 것은 다른 구성원의 또 다른 비윤리적 행위를 초대하는 신호가 된다. 더 나아가 기업윤리 문제는 사회 전체적인 관점에서 볼 때 기업 자체만의 노력으로는 충분하지 않다. 사회문화적인 관행의 변화, 정부 및 공공 부문의 투명성 증대 등과 같은 외부환경적 요소도 중요하다. 구성원 한 사람의 비윤리적 행위가 기업의 존망을 좌우하기도 한다. 그리고 윤리경영을 하면서 구성원들에게 제도적 윤리교육을 하는 기업이 그렇지 않은 기업에 비해 주가가 훨씬 높다는 연구도 있다. 윤리경영이 경영 효율성에도 긍정적인 영향을 미친다는 증거다.

기업의 윤리기준은 직원들에게 일상이나 위기 상황을 불문하고 의사결정의 공통 기준을 제공하고 기업의 장기적인 성공을 보장한다. 또 이러한 기준은 고객, 소비자, 공급자, 사업 파트너, 투자자, 사회 공동체, 경쟁자, 시민단체, 정부 등 이해관계자와의 상호관계 및 회사의 미래에 중요한 영향을 미치는 요소가 되고 있다. 윤리경영이 회사의 경쟁력을 판가름한다. 네 번째 타입의 구성원을 어떻게 관리할 것인가에 대해서는 잭 웰치 전 GE 회장의 책 『잭 웰치, 위대한 승리』에서 제시한 해결책을 소개한다. "회사의 장기적인 성공을 바란다면 이러한 직원은 주저 없이 잘라야 한다."[22]

4부

HR을 하는 사람들

1장

인재가 인재를 키운다

1. HR 담당자의 필수 역량은 무엇인가

HR 담당자에게 요구되는 핵심역량

아래 그림은 대단위로 통합된 HR의 통상적인 업무영역과 조직의 예다. 업무영역에 따라 팀별로 최고인사책임자에게 직접 보고한다. 팀장은 조직의 규모나 상황에 따라 초급 관리자부터 임원까지 다양할 수 있다. 이렇게 조직의 영역과 기능이 정의되면 이를

인사부서의 주요 업무영역

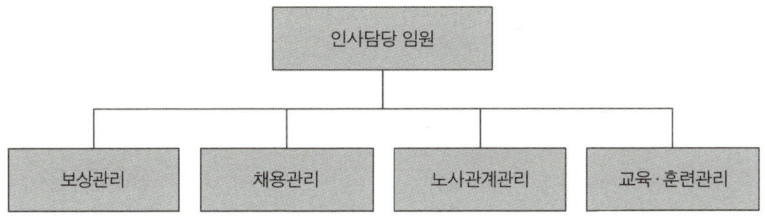

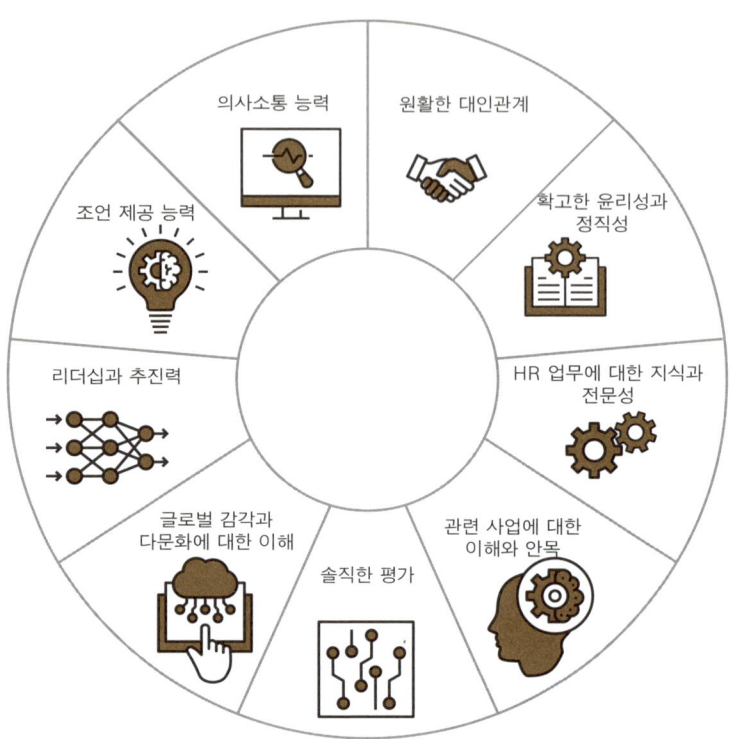

수행하기 위한 구성원의 세부적인 역량을 정의할 수 있다.

위 그림은 HR 구성원에게 필요한 핵심역량을 도식화한 것이다. 특히 업무수행과정에서 타협하지 않는 윤리성과 정직성이 HR 담당자에게 요구되며 이를 위해서는 높은 수준의 열정, 용기, 긍지가 있어야 한다. 또 사안을 종합적으로 보는 넓은 시야, 함께 다른 사람의 말을 경청하고 설득하는 능력, 다른 사람으로부터 기꺼이 충고와 대안을 구하려는 마음가짐도 필요하다. 직무에 관한 전문성을 확보하고 동시다발적인 업무처리 능력도 길러야 한다. 인내심과 유머 감각도 HR 업무를 효율적으로 처리하는 데 도움이 된다.

HR 담당자의 경력경로 및 경력개발

HR 업무 종사자의 경력경로는 ① 기업 내 HR 부서에서의 경력경로, ② 컨설팅 회사에서의 경력경로, ③ HR 관련 아웃소싱 회사에서의 경력경로 등으로 크게 나눌 수 있으며 궁극적으로는 서로 교류가 가능하다. 그리고 대학이나 기업체 등에서 HR 분야에 대해 강의하는 것도 또 다른 경력경로가 될 수 있다.

HR 업무에 종사하거나 종사하고자 하는 사람은 경력개발에 앞서 우선 앞에서 언급한 HR 부서의 기능과 요구되는 핵심역량을 이해해야 한다. 또한 경력개발은 당사자의 의지와 열정이 우선으로 필요하며 이를 바탕으로 회사나 상급자의 도움도 필요하다. HR 업무에 도움이 되지 않는 공부란 없다. 굳이 전공을 따지면 노사관계학, 경영학, 경제학, 행정학, 사회학, 심리학, 인문학, 역사학 등의 학문 영역이 직접적인 도움이 될 수 있다. 또한 기업의 조직과 행정, 노동조합과 정부 기관, 시장의 흐름, 기획 능력, 재무관리, 정량분석과 인사정보 시스템, 국제경제와 무역, 공공정책의 입안, 입법 프로세스와 공공행정, 사회적 책임에 대한 이해와 경험 등도 HR 업무의 경력개발에 도움이 된다.

또 각각의 세부 경력경로에 따라 세부 HR 영역에 대한 이해와 지식이 필요하다. 예를 들어 채용 프로세스, 선발 도구, 교육과 인적자원개발, 조직행동, 조직심리, 보상관리, 기회균등, 인적자원계획, 건강과 안전 프로그램, 노동법, 노동의 역사, 기타 인사관리 이론과 실제, 노사관계, 단체교섭, 국제노동법 관계, HR 부서의 기능과 책임에 대한 이해, 인공지능·빅데이터·인사 정보 시스템·e-HR과 같은 디지털 기술에 대한 이해, 기업윤리 및 행동강령에 대한 이해다. 말과 글로 자신의 의사를 명료하게 표현하는 능력, 프레젠테이션 및 회의진행 능력, 협상 능력, 분석적 능력(비평, 종합), 판단하고 결정하는 능력, 창의성 등을 기르는 것도 경력개발에 커다란 도움이 될 것이다.

경력 초기에는 직업이나 직무를 정확히 알고 이를 선택하기란 쉽지 않다. HR 업무도 마찬가지다. 하지만 어떻게 HR을 시작했든 계속하기로 했다면 자신의 일에 자부심과 열정을 가져야 한다. HR 담당자는 기본적으로 누구에게 고용된 '직장인'이다. 사업이나 프리랜서 직업과 비교해 상대적인 안정성이 장점이다. 이 장점은 직장인에게 한계를 지우는 단점이 되기도 한다. 하지만 고용된 직장인으로서 스스로 도전에 뛰어들고 항상 창업주같이 생각하고 행동한다면 경력개발은 물론 어느 조직에서나 부가가치를 제공하는 전문가가 될 수 있다. HR이 조직의 성공에 기여하려면 우선 HR 담당자의 전문성과 뒷받침하는 역량을 확보해야 한다. 따라서 HR 담당자는 끊임없이 공부하는 학습 민첩성과 가장 기본이며 중요한 덕목으로서 윤리성을 갖추어야 한다. 고용주의 관점에서 자신을 바라보라. 스스로 자신을 고용할 수 있다고 판단한다면 그 일에는 전문가라고 자부할 수 있을 것이다.

2.
HR은 직업으로서
어떤 매력이 있을까

　1900년대 초 미국에서 최초로 생겨난 HR은 그동안 많은 변화를 거쳐왔다. 이와 함께 HR이라는 큰 직업군 아래에는 여러 가지 세분화된 HR 직무가 생겨났다. HR 담당자도 조직의 또 다른 구성원이다. HR 직무도 하나의 직업이다. 그러면 100년이 넘는 역사를 가진 HR은 직업으로서 얼마나 매력적일까? 우리나라에는 아직 관련 연구가 없어 외국의 자료를 살펴본다.

　미국의 경우를 보면 우선 전체 HR 직무의 수는 계속 증가하고 있고 급여 수준도 전체 직업 평균을 크게 상회한다. 미국 노동통계국의 보고에 따르면 2016~2026년 사이 미국에서는 HR 전문가가 11.5% 증가하여 3만 2,500개의 새로운 HR 직업이 생길 것으로 예상한다. 또 2019년 US 뉴스 앤드 월드 리포트가 발표한 미국의 직업평가에서 HR 직업은 '최고의 비즈니스 업무' 중 13위, '100대 최고의 직업' 중 67위로 꼽았다. 0~10점까지 5개 항목으로 평가하는 평점에서는 급여 6.1, 노동시장에서의 기회 8.0, 향후 성장 기회 6.0, 직업적 스트레스 4.0, 일과 삶의 균형 4.0으로 전체 평점은 6.2였다. 평균 급여는 25% 분위 4만 4,140달러, 중간값 6만 360달러, 75% 분위 8만 390달러로 미국 전체 근로자 평균 급여인 4만 4,000달러를 훨씬 상회한다.

HR 담당자 스스로의 직무만족도도 매우 높다. 2013년 SHRM 리포트[1]를 보면 HR 담당자의 86%가 HR 직무에 대해 혹은 83%는 회사에 대해 '아주 만족' 혹은 '만족'으로 대답했다. 특히 여성에게 HR은 좋은 직업이다. 조직 내 5개 '최고의 직업' 중 하나로 꼽힌다. 미국에서는 이미 최고인사책임자의 반 이상이 여성이다. 그리고 12개월 내 이직할 의사를 질문했을 때 61%가 '희박' 혹은 '아주 희박'으로 응답했다. HR의 직무만족도는 미국 외의 다른 나라에서도 매우 높은 경향을 보였다.

2014년 호주의 조사에서는 92%의 만족도와 함께 72%는 다시 기회가 주어져도 HR을 직업으로 선택하겠다고 했다. 같은 해 영국, 유럽, 아시아 국가들을 대상으로 한 조사에서도 90%의 HR 담당자가 HR 분야에서 일하는 것에 만족을 표시했다. HR에 종사하는 여성 구성원들의 비율이 늘어나는 것도 눈에 띈다. 여성 최고인사책임자의 비율도 미국의 『포춘』 100대 기업과 남아프리카공화국 기업의 경우는 60%에 달하고 영국은 55%, 보수적인 환경의 인도도 30%가 넘는다. HR 직무 중에서 채용과 노사관계 직무는 타 직무와 비교해 만족도가 낮은데 업무에 대한 스트레스가 상대적으로 높기 때문으로 보인다.

기술의 발달에 따른 HR의 미래는 어떠할까? 인공지능과 로보틱스 기술은 심지어 기자, 의사, 약사, 작가나 화가처럼 창의성이 필요한 일부 영역까지도 대체할 것으로 예상한다. 현재 아마존이나 구글에서는 인공지능이 일부 직무의 성과를 평가하고 코치하고 있다. 아마존의 물류창고에서는 인공지능이 현장 근로자의 성과를 측정하여 해고 여부를 결정하기도 한다. 미국의 콜마이너CallMiner는 자사의 인공지능 프로그램이 근로자의 전문성, 예의 바름, 심지어 정서적 교감 정도까지 평가할 수 있다고 주장한다. 하지만 기술이 발전해도 직업의 성격상 근본적인 대체가 힘든 직업이 있다. 다행히 HR 업무가 그중 하나다. 노사관계나 갈등 관리, 구성원 돌봄 등 비인지적이고 사람에 대한 정서적인 이해가 필요한 업무의 특성상 인공지능이나 로봇으로 대체하기가 쉽지 않은 분야로 꼽힌다. 2024년까지 로봇 대체율이 1%가 넘지 않을 것으로 본다. 그리고 사람의 감정을 헤아려 구성원의 동기를 유발하고 또 구성원의 목표를 한 방향으로 정렬하는 리더십 역량과 그때그때 직관적인 경영 판단을 내리는 역량도 로봇에게 가르치기가 쉽지 않을 것이다. 이러한 점에서 CEO를 비롯한 회사 임원도 대체가 쉽지 않을 분야에 속한다.

HR 직무에 대한 만족도를 높이는 요소로는 조직 내에 책임과 권한위임의 정도, 전문가로서의 신뢰와 존중, 조직에 미치는 영향력이 높다는 점이 꼽혔다. 이러한 요건이 갖추어지지 않은 조직에서는 HR이 경영진의 요구에 따라 단순히 실행만 하는 행정적인 역할에 그칠 수밖에 없기 때문이다. 또 이는 HR 담당자 스스로의 적극적인 노력이 필요한 부분이기도 하다. HR에 대한 직무만족도를 높이고 HR을 매력적인 직업으로 만드는 것은 결국 HR 일을 하는 사람들 자신이다.

2장

HR 부서의 역량 강화가 최우선 과제다

1. HR은 어떻게 탄생하고 발전했는가

HR의 탄생

근대 기업의 역사적 배경은 15~18세기 중반까지 중세 유럽에서 번성한 길드 제도로부터 출발한다. 소규모 공방을 운영하는 장인을 중심으로 한 엄격한 도제 시스템은 근대 기업이 탄생하는 토대를 제공했다. 그뿐만 아니라 사용자와 직원과의 관계, 직원의 훈련과 근로조건 문제, 노동조합의 생성 등 근대적 인사관리의 주요 이슈들에 대한 단초를 제공하는 역할을 했다.

신분제도가 엄격했던 당시에는 도제 수업을 받는 직원의 신분이 때론 제자로 때론 직원으로 때론 하인과 같은 역할을 할 정도로 애매했다. 또 도제과정을 수료하지 못하면 길드에 가입하는 길이 원천적으로 봉쇄되어 있었다. 그러다 보니 현대적 의미에서 인사관리라는 개념은 생각하기조차 힘들었다. 심지어 도제수업을 받는 제자가 힘들어 도망가면 화가 난 장인이 상금을 걸고 현상수배를 하기도 했다. 이 기간에 근대 기업의 태동에 커다란 영향을 끼친 또 하나의 주체는 1600년대 초 영국, 네덜란드, 프랑스 등이 각각 해외 교역을 위해서 세운 동인도회사였다. 이 중에서도 1602년 설립된 네덜란드 동인도회사는 세계 최초의 주식회사이자 최초의 다국적 기업으로 알려져 있다.

동인도회사의 운영은 주로 해외 무역선을 중심으로 이루어졌다. 선장에게는 선원의 채용과 사관 임면권, 징계권, 심지어 사법권과 외교권에 이어 전쟁 교전권까지 주어졌다. 당시의 항해 기술상 주된 교역국이 있는 아시아 지역까지 다다르는 데만 최소 수개월이 걸렸다. 그 과정에서 상당수의 선원이 열악한 근무환경과 폭풍 등의 재해로 항해 중 사망하는 일이 자주 일어났다. 그러다 보니 선장의 역할은 군대의 지휘관과 비슷했고 실제로 나중에는 국가를 대신해서 해외 식민지를 개척하는 역할도 함께 수행했다. 이러한 배경에 따라 근대 기업이 발전하는 과정에서 동인도회사가 HR의 발전이라는 측면에서 끼친 영향은 제한적이었다.

18세기 중반 영국에서 증기기관과 방직기를 발명하며 시작된 산업혁명은 산업구조를 폭발적으로 바꾸어놓았다. 농촌 인구가 급격히 도시로 유입되었고 도시가 공업화되면서 신흥 부르주아가 등장하고 근로자의 투표권 요구 운동이 일어나는 등 사회적, 정치적 변혁이 잇따랐다. 또 한편으론 근대적 기업의 전신이 되는 기업체들이 나타나기 시작했다. 하지만 인사관리 측면에서는 장시간 노동, 열악한 근무환경, 어린이 노동과 임금착취 등 공업화로 인한 본격적인 사회문제가 시작되는 시기이기도 했다. 이러한 환경에서 인사관리란 단지 감시와 통제를 의미했다.

영국에서 시작된 산업혁명은 100여 년 후인 1800년대 중반부터 1900년대 초반에는 프랑스, 독일, 미국 등의 나라도 생산력이 영국과 거의 대등할 정도로 확산되었다. 특히 이 시기 미국에서는 방직산업의 발전, 전기의 보급, 제1차 세계대전의 발발 등으로 인해 공업 생산력이 비약적으로 성장했다. 1880년에 450만 명 정도였던 공장 근로자 수가 1920년에는 840만 명으로 증가했다. 1886년에는 전미노동조합AFL도 생겨났다. 또 에디슨, 테슬라, 웨스팅하우스 등의 혁신적인 기업가의 등장과 함께 오늘날까지도 우량기업으로 평가받는 GE, IBM, 듀폰 같은 근대적인 기업이 설립되었다. 이를 계기로 근대적 기업 발전의 주도권이 미국으로 넘어가고 미국은 명실상부한 자본주의의 맹주가 된다.

이와 더불어 HR 측면에서도 1880년 미국의 테일러Frederick Winslow Taylor가 동작연구를 통한 직원의 스킬에 대한 과학적 접근과 현금 보상을 통한 동기유발을 강조하는 등 '과학적 관리법'을 제창하면서 인사관리 발전에 획기적 토대를 놓는다. 실제적인 '인사관리'의 시대가 시작된 것이다. 그리고 이후의 HR 발전도 미국이 계속 주도한다. 1905년에는 휴고 뮌스터버그Hugo Münsterberg에 의해 근로자의 인간적 요소에 대한 지식을 강조하는 산업심리학이 등장했다.

기업에 최초의 인사부가 생긴 것은 1901년이다. 1884년 설립되어 컴퓨터 회사로 발전한 사무기 회사 NCR의 창업자 존 패터슨

John H. Pattern이 처음 도입했다. 인사부가 생기기 전까지는 오늘날의 건설 현장에서 반장과 같은 역할을 하는 감독이라 불리는 일종의 도급관리자가 기업의 생산 현장에 소속되어 생산설비의 구매와 근로자의 채용, 해고, 보수의 책정 등 일체적인 인사관리권을 행사했다. 그들은 기업에 소속되었음에도 불구하고 출퇴근도 마음대로 하고 근무 중 음주를 하는 등 독자적으로 행동했다. 특히 근로자를 전근대적인 방식으로 대하고 회사나 노조와 사사건건 충돌하는 일이 많았다. 이에 따라 회사의 정책을 일관되게 적용하고 노조와 협상하는 공식 창구 역할을 하는 기능이 필요하게 되었다. 이러한 새로운 역할을 HR이 맡게 된 것이다.

초기에 인사부는 구성원 관계, 구성원 행정 등으로 불리다 나중에는 그냥 인사부로 통칭되었다. 이로 인해 감독 역할은 자연적으로 사라지게 되었다. HR의 발전은 계속되어 1930년에는 조지 메이요George Elton Mayo의 인간관계론이 소개되었다. 1930년대 중반에는 모토로라가 성과배분제라 불리는 최초의 인센티브 제도를 시행했다. 제2차 세계대전 중에는 조종사의 선발에 오늘날 적성검사나 인성검사 등에 응용되는 과학적인 도구가 사용되었다. 1950년대에 에이브러햄 매슬로Abraham H. Maslow의 욕구이론이 등장하고 전후 경기의 활황에 힘입어 노동조합이 번성하면서 HR의 협상 능력이 주요 역량의 하나로 대두되었다. 또 피터 드러커가 주장한 목표관리식 성과관리제도가 IBM, GE 등에 도입되는 등 채용, 교육, 성과관리, 보상체계에 대한 체계적인 접근이 이루어졌다. 이에 따라 HR의 역할도 부문별 전문성을 중심으로 본격화되었다.

HR의 역할 변화

　1980년대 중반이 되자 직원을 단순한 비용이 아니라 인적자원으로 인식하면서 HR의 역할에 직원의 개발 및 유지가 강조되고 그전까지 대 노조관계가 중심이던 노사관계는 더 예방적이고 적극적인 개념으로 전환되었다. 이에 따라 HR에도 카운셀링과 코칭 등의 역할이 부가적으로 요구되었다.

　인사부의 명칭도 이제까지 쓰이던 '인사Personnel' 대신 '인적자원부HR, Human Resources'가 쓰이기 시작했다. 그리고 인사관리는 인적자원관리HRM, Human Resources Management로 불리게 된다.

　1990년대 말에 닥친 세계적인 경제위기를 거쳐 2000년대가 되자 HR의 전략적 기능SHRM, Strategic HRM이 강조되고 인사담당자는 전략적 사업 파트너의 역할을 요구받게 된다. 동시에 급변하는 외부환경에 효과적으로 대응하기 위해 기업의 변화를 관리하는 '변화 관리자의 역할도 주문받는다. 더 나아가 인적자원을 인적자본으로 보는 시각도 생겨나서 인적자본의 자본회수율ROI을 인사부가 책임지라는 요구도 생겼다. 이에 따라 인사부를 인적자본부라 부르는 기업도 생겼다. 미시간대학교의 데이브 울리히Dave Ulich 교수는 인사부를 조직역량부로 부르기도 했다. 근래에는 구글처럼 HR의 명칭을 인재부로 부르는 회사도 있지만 아직도 인사부의 가장 보편적인 영문 명칭은 여전히 HR이다.

　그러나 HR의 역할 변화에 대한 획기적인 전환점은 1990년대 중반 이후 불어닥친 HR의 대규모 구조조정과 함께 시작된 전략적 사업 파트너로서의 역할 변화 요구였다. 그전까지 대부분 기업에서 HR의 기능은 행정적인 기능에 초점이 맞추어져 있었고 최고위층의 전략적 경영 의사결정에서는 배제되어 있었다. HR의 새로운 혁신에 따른 HR 부서의 기능은 크게 구성원에 대한 전통적인 인사 서비스를 제공하는 공유 서비스 센터, 보상, 채용 등의 전문화된 분야의 컨설팅 기능을 담당하는 전문기능 부서, 전략적 인적자원 계획 등 조직목표와 연계된 전략적 기능을 담당하는 사업 파트너 부서로 나뉜다.

현재 선진화된 대부분의 다국적 기업의 HR 조직의 틀은 기본적으로 이를 바탕으로 하고 있다. 이러한 변화는 인사부서 담당자에게 고통과 기회를 동시에 가져다주었다. 행정 기능이 대거 아웃소싱됨으로써 평균 30% 정도의 HR 인력이 감축되었고 HR 구성원의 70%가 구조조정된 곳도 있었다. 반면에 HR의 기능과 역할의 중요성에 대한 인식은 크게 향상되었다. 그러나 이러한 변화의 결과가 모든 조직에서 꼭 성공적인 것만은 아니어서 일부 기업은 중앙집중적인 옛날의 조직구조로 회귀하거나 아웃소싱의 비효율적인 부작용에 따라 소위 인소싱으로 돌아가는 경우도 생겼다. 다만 HR의 전략적 사업 파트너로서의 기능과 변화관리자로서의 기능에 대한 요구는 오히려 더 커지고 있다. 현업에서 비즈니스 리더와 HR의 관계는 HR이 비즈니스 리더를 돕는 사업 파트너 역할이 기본이 되어야 한다. 하지만 또 한편으로는 HR의 탄생 배경에서 보듯 HR은 회사의 경영철학이나 제도 등에 대한 일관된 운영과 기업윤리 문제 등 기강의 유지를 담당하는 기능도 갖고 있다. 이러한 역할은 때때로 파트너인 비즈니스 리더와의 사이에 긴장관계를 조성하기도 한다. 이러한 경우 HR 담당자는 역할 변화 추세와는 상관없이 '견제와 균형' 기능에 대한 분명한 철학과 이해를 하고 업무를 처리할 필요가 있다.

2. 우리나라의 HR과 세계화는 어떠한가

국내 HR의 역사

HR에 대한 세계적인 변화의 추세 속에서 국내 기업의 HR 역사 연구는 대단히 미약하여 아예 체계적인 관련 연구가 전무한 형편이다. 기업 개념이 없었던 조선 시대의 인사제도에 대한 논의는 관료사회에 국한된다. 그들의 관리는 주로 이조가 맡았다. 이조는 『경국대전』에 입각해 과거제도를 통한 관료의 채용, 도력장都歷狀이라 불리는 고과제도의 운영, 전보, 녹봉의 책정 등의 임무를 맡았다.

해방 이전의 대한민국 기업사는 유감스럽게도 대부분 일본의 근대적 기업사와 궤를 같이한다. 하지만 HR 측면에서는 제국주의 정부의 지원을 바탕으로 식민지 국가의 근로자를 징용하여 업무에 투입하는 등 우리나라에서는 특히 통제적 노무관리에 의존하는 전

근대적 형태를 유지했다. 제2차 세계대전에서 패전하여 초토화된 일본 경제는 미국 점령군 정부의 관대한 전후 지원책과 한국전쟁의 발발로 인한 전쟁특수에 힘입어 극적으로 회생한다. 경제발전이 본격화되면서는 연공주의를 기본적으로 유지하는 가운데 미국의 영향을 받아 직무분석과 직능자격제도가 도입되는 등 여러 가지 제도적인 시도가 본격적으로 HR에서 일어났다.

해방 이후에도 우리나라 기업에는 일본의 영향이 강하게 남아 있었다. 직원은 사무직원 대 공원으로 구분되고 인사제도는 연공제도가 엄격히 유지되는 등 신분자격제도의 틀을 갖고 있었다. 인사업무는 노무과나 총무과 혹은 관리과로 불리는 부서에서 직원을 통제하는 방식으로 운영되었다. 1960년대 후반부터는 대부분 기업에 정기 승급제도가 도입되고 미국의 영향을 받아 국영기업 등을 중심으로 직무분석과 직무평가 등이 도입되기도 했으나 직무급은 정착되지 않았다. 경제성장이 본격화되고 국내 기업들이 재벌을 중심으로 크게 확대되면서 1970년대에는 공채제도가 본격적으로 도입되었고 직원들의 교육도 더 체계적으로 이루어졌다. HR의 명칭도 많은 대기업에서 인사부라는 명칭을 사용하게 된다. 이 시기를 우리나라 인사제도의 성숙기로 부르는 사람도 있다. 1990년대는 직능급의 도입 등 능력주의가 도입되었고 2000년대에는 외부 노동시장과 연계되는 성과주의의 도입이 본격화되어 오늘에 이르고 있다.

하지만 성과주의가 국내 기업에서 일반화되기에는 아직 시간이 좀 더 걸릴 것으로 보인다. 일례로 공공기관의 성과주의 도입은 정권이 바뀔 때마다 아직도 오락가락하고 있다. 반면 2000년대 이후 대기업을 중심으로 HR의 기능은 더 세분화되고 전문화되는 추세가 이어지고 있다.

국내 HR의 세계화

특히 2000년대 이후에는 국내 대기업들의 사업구조가 급격히 세계화되면서 글로벌 관점에서 체계적인 HR 제도의 도입이 새로운 과제로 추가되었다. HR의 세계화는 세계 곳곳의 다양한 환경과 문화적 배경을 가진 구성원들을 한 기업의 조직목표 아래에서 체계적으로 관리하는 것이다. 이를 위해서는 해당 기업의 확고한 기업가치, 경영철학, 체계화된 제도적 뒷받침, 해외 사업장에 종사하는 구성원에 대한 사회문화적 이해가 필요하다. 사실 역사적 배경을 감안하면 국내 기업들은 HR을 세계화하는 데 있어 다른 서구 기업에 비해 태생적으로 불리한 여건을 갖고 있다.

우선 HR의 세계화에서 국내 기업들이 가장 애로를 겪고 있는 이슈 중 하나가 본사의 세계화다. 자세히 말해 세계화를 지휘하는 본사 구성원의 언어와 문화적 이해 문제다. 해외 개척 초기에는 현지 언어를 능숙하게 구사하고 문화를 이해하는 지역 전문가들을 체계적으로 육성하여 현지에 파견함으로써 세계 시장의 개척에 큰 역할을 했다. 하지만 해외사업의 규모가 증대하고 현지화에 따른 현지 경영의 필요가 커지면서 현지인들이 거꾸로 본사와 직접 교류해야 하는 데 따른 본사 인력의 세계화 문제가 대두된 것이다. 대부분의 서구 다국적 기업의 현지법인은 영어가 사업상의 공통 언어이고 현지에서도 영어를 구사하는 인력을 채용한다. 그리고 본사의 기업문화와 '인사제도'가 기본이 되기 때문에 본사가 특별히 노력할 점은 그리 많지 않다. 역사적 유산에 따른 프리미엄이다.

반면 우리나라 기업은 세계화를 위해 본사조차 거꾸로 세계 기준에 맞추어야 하는 문제가 생긴다. 그리고 제도적 측면에서의 세계화도 중요한 부분이다. 이를테면 한국적 정서를 바탕으로 하는 기업문화와 인사제도가 세계 각국의 현지 정서와는 어떻게 작용하는가 하는 문제다. 이러한 배경으로 인해 몇몇 회사의 한국 본사에 외국인 HR 임원을 영입하기도 하지만 아쉽게도 오랫동안 근무하지 못한다.

나는 다국적 기업에서 세계 여러 나라를 담당하는 HR 담당 임원의 업무를 하면서 자연스럽게 현지인들로부터 우리나라 기업의 평판을 들을 기회가 있었다. 또 우리나라 기업의 한국 본사에 근무했던 몇 안 되는 외국인 임원들과 친분이나 교류를 통해 한국 기업의 조직문화와 인사제도를 어떻게 인식하는지 알 수 있었다.

다음은 우리나라 기업에 대한 피드백을 정리한 것이다. 참고로 주52시간제의 시행이나 사회적인 환경의 변화로 인해 현재 상황과는 다소 차이가 있는 부분도 보인다.

조직문화
- 한국 기업은 일 처리가 빠르고 추진력이 강하다.

- 업무 마감에 대한 의식이 투철해 밤을 새워서라도 과업을 완수한다. 직원들이 열정적이다.
- 기술개발 속도가 빠르다. 한국 기업에선 무엇이든 가능해 보인다.
- 직원들의 회사에 대한 충성도가 높아 보인다.
- 동료들과의 관계가 끈끈하다.
- 학연, 지연, 성차별, 정실주의 인사가 공정성을 해치고 직급에 따른 권위주의가 심하다.
- 초과근무가 일상화되어 있어 일과 삶의 균형을 찾기가 힘들다. 일이 없어도 상사가 퇴근할 때까지 눈치를 보며 기다리는 것을 이해하지 못하겠다. 성과보다는 사무실에 얼마나 앉아 있는가를 따지는 것 같다. 그리고 어떨 땐 새벽 3시에도 상사가 전화해서 업무를 지시한다.
- 예정에 없는 수시 보고나 지시가 너무 많다.
- 관리자들이 직원들의 의견을 듣지 않는다. 회의에선 상사 한 사람만 말한다.
- 질문을 하는 것을 이의가 있거나 반대하는 것으로 간주한다.
- 군대처럼 명령만 한다. 상사가 부하직원에게 소리를 지르고 무례하며 폭력적이다.
- 위기를 너무 강조한다(들을 때마다 회사가 곧 망할 것 같은 생각이 든다).
- 여성인력에 대한 편견이 우수한 여성인력의 활용을 방해한다.
- 재미있게 업무를 하자는 것을 이상하게 생각한다. 같은 비용

으로 한강에서 요트를 빌려 부서 행사를 했는데 나중에 놀자 판으로 오해해 곤란을 겪었다(이 임원은 후에 퇴직하면서 회사를 상대로 소송을 제기했다).
- 자국보다 못한 나라에선 우월감이 지나쳐서 한국 직원이 현지 직원을 무시한다.
- 해외 출장 시 한 호텔방에 두 사람을 묵게 하는 것이 이해하기 힘들었다.
- 현지법인에서 미팅 시 한국 사람들끼리 한국어로 계속 이야기했다.
- 회장님의 뜻이라면 모든 것이 통하거나 무시된다.
- 현지의 문화를 이해하지 못하고 한국식으로 다그친다.
- 본인의 개인 사정에 맞춰 휴가를 활용하는 것이 힘들다.
- 회식 등 회삿돈으로 먹고 마시는 일이 많다.

인사제도
- 복리후생(특히 건강보험과 자녀 학비 지원)이 좋고 급여가 비교적 높다.
- 관심을 가져 주는 좋은 멘토가 있다.
- 종합적인 연수원 설비가 인상적이었다.
- 체계화된 글로벌 HR 조직이 없다.
- HR 부서의 존재 목적을 잘 이해하지 못하는 것 같다.
- HR이 외부 세계와 격리되어 있어 한국 밖의 물정을 잘 모른다. 특히 세계를 무대로 한 국제적인 교류가 미미하다.

- 채용절차가 복잡하고 성과관리 기준이 불확실하다.
- 글로벌 인재를 위한 경력진로가 없다.
- 한국에서 문화적으로 정착하기 위한 HR의 도움이 없었다.
- 연말 고과에 뒤이은 임원 인사이동에 따라 연초의 귀중한 시간이 비효율적으로 소비된다.
- 임원으로 채용되었는데 직무기술서, 업무목표에 대한 설명, 오리엔테이션 등이 전혀 없어 업무를 파악하는 데만 몇 개월이 걸렸다.
- 임원에 대한 해고가 특별한 기준 없이 너무 일방적으로 이루어진다. 본인에게 사전 통보도 없이 인사발령이 먼저 나는 것도 이해하기 힘들다.
- 회장님이 지시해서 만든 부서를 맡았는데 회장님께 보고하는 상사가 다른 곳으로 전보되자 지원이 끊겼다.
- 회사 내에 외국인에게는 허용되지 않는 직책이 존재하는 것 같다.
- 외국인은 역량과 전문성에도 불구하고 일단 계약직으로만 채용하는 것 같다.
- 노조활동이 너무 과격하다.

우리나라 기업에 대한 긍정적인 점과 부정적인 점이 모두 보이지만 세계화 관점에선 아무래도 개선할 점이 있어 눈에 더 띈다. 하지만 기업의 성과와 경쟁력이라는 관점에서는 일반 임직원이 보는 시야와 전문가들의 평가는 약간 다른 점도 있다. 2014년 현직 임직원들이 회사를 익명으로 평가하는 사이트인 미국의 글래스도어 평가(5점 만점)에서 우리나라 기업은 삼성전자가 2.8, LG전자가 3.2로 세계 25만 개 기업의 평점 3.3보다 낮았다. 우리나라 기업의 성과와 규모에 비해 상당히 저조한 평가를 받았다. 하지만 이에 비해 2015년 2월 발표한 미국의 해리스 평판조사에서는 삼성전자가 3위를 차지해 미국이 아닌 국적 기업으로서는 유일하게 10위에 들었다. 연이어 그다음 해 7월 미국의 기업평가 기관인 RI 조사에서는 구글, 마이크로소프트 등을 제치고 1위를 차지한 적이 있다. 2022년 8월 기준 삼성전자의 글래스도어 평점은 3.9로 상당히 높은 편이다. 조사대상 근로자를 인종별로 세분화하면 아시아계 3.8, 아프리카계 2.2, 라틴계 3.0, 백인 3.5로 인종적 배경에 따른 차이가 심한 것도 역시 문화적인 배경과 관련이 있어 보인다.

나는 글로벌 기업환경에서 다양한 국적과 문화적 배경을 지닌 구성원들과 함께 일한 경험도 있지만 우리나라 기업이 외국에 진출하여 세운 현지법인의 조직문화와 인사제도를 처음부터 직접 만들어 시행한 경험도 있다. 다음은 해외에 현지법인을 둔 우리나라 기업의 HR 세계화를 위한 몇 가지 제언이다.

첫째, 본사 HR의 조직 및 구성원의 세계화가 필요하다. 본사를 한국에 둔 글로벌 기업에 본사의 세계화는 중요한 문제다. 해외법인이 늘어남에 따라 현지 채용 구성원의 비율이 커지고 또 경영진에도 현지인을 발탁하는 단계에 이르면 현지 구성원의 관리, 더 나아가 회사 전체를 아우르는 통합적인 인사제도의 운영이 불가피해진다. 이 가운데서 우선적인 것은 HR 조직 및 구성원의 세계화다.

HR의 기능적 역할에 따른 서비스 모델의 확립과 함께 지역별, 비즈니스 단위별 인사조직을 체계화하는 과제다. 그다음은 인적 구성원의 세계화 문제다. 여기에는 언어 문제도 포함된다. 우리나라 기업이 한국어를 구사하는 외국인 인재를 해외법인마다 확보해서 직접 본사와 일하게 하는 것은 현실적으로 한계가 있고 실용적이지도 않다. 나도 인도에서 현지인을 채용하는 방식으로 아시아 지역의 HR 공유 서비스 센터를 만든 적이 있다. 영어 외의 언어는 서비스가 어려워 결국 중국, 일본, 한국은 독자적인 서비스 모델로 갈 수밖에 없었던 경험이 있다. 그리고 어차피 해외 비즈니스는 대부분 영어로 이루어진다. 이를 해결하는 유일한 방법은 본사가 해외법인과 소통할 수 있는 언어적, 문화적 역량을 가진 구성원을 확보하는 것뿐이다. 이를 위해서는 조직문화의 변화도 필요하다.

둘째, 세계화를 통해 공유할 기업가치, 정책, 제도, 규정, 프로세스를 명확히 한다. 세계화가 갖는 전략상 우위 중 하나는 프로세스나 제도의 공통화, 표준화로 인한 것이다. 하지만 아무리 현지화가 중요해도 경영철학이나 핵심가치 등 회사 차원에서 양보할 수 없거나 전략적 관점에서 공유가 필요한 것도 있다. 이를 명확히 하는 것이 세계화의 시발점이다.

셋째, 글로벌적인 인사체계의 확립이 필요하다. 아직 대부분의 우리나라 기업들은 인사체계가 국내 구성원과 해외 구성원에게 다르게 적용되거나 혹은 해외에서 나라별로 각기 다른 다원화된 인사체계를 갖고 있다. 국경을 초월한 인재의 확보와 교류가 빈번한 요즈음의 현실에서 체계화된 인사제도가 없다는 것은 인력 운영상 많은 문제를 초래한다. 인사제도 중에서도 세계화가 필요한 대표적인 영역이 성과관리제도, 보상제도, 직급체계, 영문 직위 호칭, 통합적 경력개발제도, 핵심가치 교육 등이다. 대신 급여 테이블, 근무조건, 복리후생제도, 노사관계, 역량개발 교육 등은 상당 부분 현지화가 가능한 영역이다. 일부 교육과 채용영역은 현지화와 함께 글로벌 자원을 공통적으로 이용할 수 있는 부문이다.

넷째, 구성원 관리에 다양성에 대한 포용이 필요하다. 우리와 다른 것을 받아들이고 이를 포용하는 자세와 마음도 세계화 과정에서 중요하다. 국적, 인종, 피부색, 종교, 성별, 나이, 성적 소수자, 장애 여부 등의 다양성 요소를 제도적으로 포용하는 체계적 접근이 필요하다.

다섯째, 외국 근무 주재원과 국내 체류 외국 구성원을 체계적으로 관리해야 한다. 세계화에 따라 필연적으로 확대되는 주재원과 특히 국내 체류 외국 구성원을 지원하기 위한 체계적인 제도와 정책을 수립하고 관리해야 한다.

칭기즈칸이 세계 인구의 절반이 넘는 지역을 정복할 수 있었던 것은 몽골군의 뛰어난 기동성과 군사 전략 때문이었다. 하지만 점령한 지역을 200년간이나 직접 통치할 수 있었던 것은 오로지 몽골 제국이 가진 세계화 역량 때문이었다. 우리나라 기업들이 이미 가진 여러 가지 장점과 더불어 HR까지 체계적인 세계화를 이룬다면 현재의 성과를 넘어 보다 큰 성장을 지속해 나가리라 믿는다.

HR 환경의 변화 추세

인구분포적인 배경도 HR에 영향을 미치고 있다. 이른바 MZ세대에 대해서도 글로벌적인 이해가 필요하다. 디지털 시대에 태어나고 자라 '디지털 원어민'으로 불리는 이들은 대다수가 전자기기가 없는 상황을 견디기 어려워한다. 자기중심적이며 즉각적인 요구와 반응을 선호하고 적극적으로 정보를 탐색한다. 소외와 고립에 공포증이 있으면서 트렌드에 민감하여 소셜미디어 공간을 통해 공감대를 형성하면서도 현실적이고 독립적인 성향을 갖고 있다. 이미 은퇴를 시작한 베이비붐 세대를 비롯해 X세대, Y세대를 포함하여 바야흐로 서로 이질적인 4세대가 한 직장에서 근무하는 시대가 온 것이다. HR은 이러한 세대 간 특성을 이해하고 조직문화와 인사제도에 융통성 있게 반영해야 한다. 또 빠르게 변화하는 기술과 경영환경에도 민첩하게 반응해야 한다. 다음은 HR의 미래에 영향을 미칠 주요한 변화의 추세들이다.

- 직장 내 인적자원의 다양화: 인종, 국적, 연령, 성별, 다양한 고용 형태 등 한 직장 내에서 인적 구성의 다양화가 크게 증대하고 있다.
- 인사관리의 개별화: 개인 맞춤형 인사관리에 대한 요구가 증대하고 있다.
- 인공지능이나 로봇 등 기술의 진보에 따른 HR 역할의 변화가 요구된다.

- 국적은 별 의미가 없어지고 인재관리는 국경을 초월하고 있다.
- 최근에 떠오르는 뇌 과학 기술을 인재관리에 활용하는 등 인재관리와 행동과학의 접목이 예상된다.
- 조직개발에 대한 소셜미디어 및 게임기법의 활용: 인재유치, 조직 내 의사소통, 지식공유, 조직혁신, 학습조직, 몰입증대를 위한 수단으로 소셜미디어와 게임기법이 적극적으로 활용되기 시작했다.
- 코로나로 일반화된 재택근무 등 근무장소 및 근무시간의 유연화가 빠르게 확산될 것이다. 이 와중에서도 한편으론 다시 사무실로 모여야 한다는 역설적인 추세도 동시에 일어난다. 하이브리드형 재택근무가 대세가 될 것이다.
- HR의 기밀 및 개인정보 유출에 대한 대비 요구가 증가할 것이다. 인터넷과 소셜미디어의 발달에 따른 정보 유출 위험의 증대와 이에 대한 HR의 대비 요구가 더 증대할 것이다.
- 맞춤형 인재채용을 위한 각 사업 파트너와의 협업이 증대할 것이다.
- 인재의 적시적소 배치를 위해 인사부에 대한 현업의 요구가 증대할 것이다.
- 전통적인 인사평가시스템의 효과에 대한 논의가 더욱 격화될 것이다.
- IT 기술의 활용에 따른 인사정보에 대한 현업 관리자들의 직접적인 접근이 늘어남에 따라 특히 인사고과와 채용과정에 대한 HR의 개입 정도가 대폭 줄어들 수 있다.

- 인재관리가 중요해짐에 따라 HR의 마케팅적 기능이 한층 강조될 것이다.
- 시장이나 사업의 요구에 빠르게 대응하는 HR의 민첩성과 유연성이 더욱 요구된다.

결국 HR의 미래에 대한 논의의 핵심은 기본적으로 조직에 어떠한 부가가치를 제공할 수 있느냐의 문제다. 무엇이든 가치가 없으면 도태된다.

3장

HR 부서를 효과적으로 운영해야 한다

1.
HR 부서를 어떻게 운영할 것인가

　회사라는 전체 조직으로 보면 HR은 조직의 목표를 효과적으로 달성하기 위해 기능별로 나눈 여러 부서 중 인적자원 관리를 담당하는 하나의 부서이다. 다른 부서와 마찬가지로 HR 역시 부서를 효과적으로 운영하기 위해서는 효과적인 기본구조가 갖추어져 있어야 한다. 이와 함께 가장 기본적인 요소가 'HR 서비스 전달 모델'로 불리는 HR의 조직체계다. HR의 목표는 '역량 있는 조직 구성원을 확보 개발하고 동기를 부여하여 조직의 최상위 목표를 달성하게 돕는 것'이다. 그래서 HR의 조직은 이러한 목표를 가장 효과적으로 달성할 수 있는 방향으로 설계되어야 한다.

　애초에 HR은 노사관계 관리에서 시작되었다. 그리고 시간이 지나면서 점차 기능이 복잡해지고 세부 기능별로 분화되었다. 이러한 기능은 조직의 크기 등에 따라 차이가 있고 환경에 따라 통합되거나 더 세분화되기도 한다. 물론 조직이 아주 작으면 이러한 기능

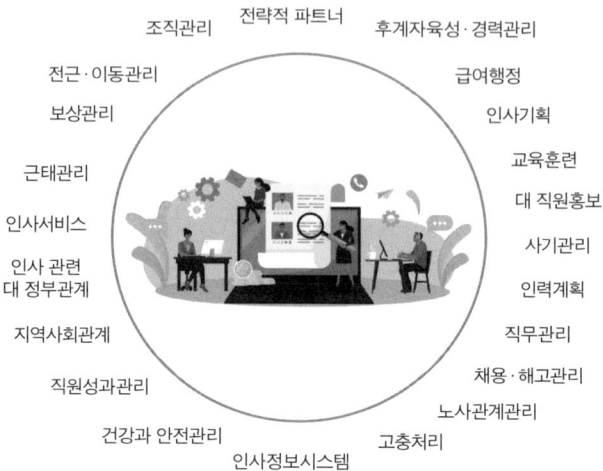

HR의 세부적인 업무 영역

들이 축소되거나 생략되어 HR 부서 없이 다른 관리부서가 수행하기도 한다.

역사적으로 보면 미국에서 처음 HR이 생겨난 1900년대 초 이래 상당 기간 HR은 내부적으로 노사관계, 급여행정, 채용, 보상 및 복리후생, 교육훈련, 성과관리 등의 분야로 분화되어 발전해왔다. 1990년대 중반 이후는 HR의 역할에 전략적 파트너의 역할이 추가되고 단순한 행정적인 역할은 아웃소싱하거나 HR 공유 서비스 센터라는 이름 아래 지역적으로 통합 관리된다. 또 전문기능 부서라는 개념이 도입되어 보상, 채용, 교육훈련 등 일부 기능을 본사 차원에서 보다 전문적, 독립적으로 관리하는 추세가 일반화되어 오늘에 이르고 있다. 위의 그림은 HR의 세부적인 업무 영역이다.

보고체계도 본사 차원에서 기업 전체의 인사를 총괄하는 최고인사책임자 아래 지역별 또는 국가별 HR 책임자가 있다. 조직구조는 지역조직과 본사의 전문기능부서CoE 조직에 동시에 보고하는 매트릭스 조직이 보편적이다. 그리고 구글이나 GE 등 일부 기업은 채용 전문기능부서CoE가 그동안 서치펌 등에 아웃소싱하던 채용 업무를 인소싱으로 돌려 자체 리쿠르터가 담당하기도 한다.

반면에 국내에서는 일부 대기업을 제외하고는 대부분 아직 최고인사책임자 아래 몇 가지 굵직한 기능별로만 팀을 나눈 중앙집중적인 조직 형태를 유지하고 있다. 어느 모델이 효과적인지는 각 기업의 경영환경, HR의 위상, 사업의 특성 등을 고려하여 다를 수도 있을 것이다. 조직성과가 높은 세계적인 기업의 HR 운영 사례를 참고할 필요도 있다. 다른 기업이 먼저 시행한 제도를 벤치마킹하면 시행착오를 줄일 수 있다.

HR은 초기에 단순한 행정적, 통제적 기능에서 시작했지만 점차 '인적자원관리'를 표방하고 더 나아가서는 '조직역량'을 강조하는 변화를 거친다. 지난 30여 년간의 글로벌 추세를 살펴보면 1980년대 후반엔 전반적으로 생산성의 향상 혹은 긴박하지 않은 혁신을 강조했다. 반면 1990년대 초반 시장경쟁이 세계적으로 격렬해지고 구조조정이 다반사가 되면서 HR이 '리엔지니어링'의 중심 역할을 맡게 된다. 또 이 시기는 HR이 부가가치를 제공하는가에 대한 엄격한 검증을 요구하는 목소리가 높아진다. '전략적 사업파트너'로서의 역할을 본격적으로 요구받는 시기이기도 하다. 이에 따라 HR 인원이 축소되고 긴축재정이 요구된다. 1990년대 중반 이후 드디어 HR의 구조조정이 시작되면서 HR 업무의 자동화, 전문화,

e-HR의 도입이 본격화된다. 이에 따라 비핵심업무에 대한 아웃소싱이 당연한 추세로 자리잡았고 HR의 규모는 더욱 축소되었다. 이때 소위 '세계 일류' 기업의 HR 직원 1인당 구성원 수는 1990년 평균 60명에서 2004년 120명으로 2배가 늘어났다.

역설적으로 HR의 규모가 전반적으로 축소되는 반면 그 역할과 중요성은 더욱 강조되었다. HR은 이제 사업 파트너를 넘어 변화주도자로의 역할이 요구된다. 최근 급격한 경영환경의 변화도 여전히 HR의 역할에 대해 변화와 도전을 요구하고 있다. HR이 사업 파트너로서 부가가치를 창조하고 변화주도자가 되기 위해서는 조직체계상 다음의 사항이 고려되어야 한다.

첫째, HR이 최고경영자에게 직접 보고하는 조직체계가 필요하다. GE의 잭 웰치 전 회장은 저서 『승자의 조건』에서 "HR 책임자가 CEO에게 직접 보고하지 않는 것은 범죄 행위이다."라고까지 이야기했다.[1] 둘째, HR은 유연함, 효과성, 경쟁력을 확보하기 위한 자체적인 모델과 프로세스를 갖추어야 한다. 셋째, HR은 가치사슬에 바탕을 둔 조직역량의 함량에 초점을 두고 사업의 성과에 대해 함께 책임을 져야 한다. 넷째, HR 담당자는 높은 수준의 정직성과 열정, 용기, 인내를 지녀야 한다. HR이 효과적으로 운영되기 위해선 이를 뒷받침하는 HR 담당자들의 역량이 확보되어야 한다.

2.
HR의 전략을 위해 무엇을 할 것인가

HR 업무 종사자들의 역할을 큰 줄기로 나누면 다음의 5가지로 요약할 수 있다.

1. 전략적 파트너로서의 역할
2. 변화관리자로서의 역할
3. 직원 옹호자 및 동기유발자로서의 역할
4. 인적자원의 투자수익률을 책임지는 최고재무책임자CFO로서의 역할
5. 행정전문가로서의 역할

HR은 회사 전체의 조직민첩성을 높이는 역할과 함께 HR 스스로도 민첩해야 한다. 조직민첩성이 높은 기업일수록 새로운 경쟁기업의 출현, 산업을 바꿀 만한 신기술의 개발, 혹은 전반적인 시장

환경의 급격한 변화에 유연하고도 성공적으로 대응할 수 있다. 조직 전체를 민첩하게 만들려면 먼저 HR이 민첩해야 하고 HR이 민첩하려면 변화의 추세에 민감해야 한다. HR에 대한 다른 구성원들의 일반적인 인식은 주로 책상에만 앉아서 현장을 모르기 때문에 HR은 변화에 그리 민감하지 않다는 것이다. HR 제도가 일관성을 잃고 갈팡질팡하는 것과 변화의 추세를 읽고 이에 적절히 대응하는 것은 의미가 다르다. 확고한 신념과 유연함을 갖고 항상 깨어 있는 것은 HR의 또 다른 중요한 역할 중의 하나다.

조직에서 전략이란 장기적으로 조직이 나아가야 할 방향과 범위를 결정하고 궁극적으로 조직의 목표를 효과적으로 달성하기 위한 일체의 개념, 사고, 통찰, 경험, 전문성, 계획과 실행 등을 말한다. 일반적으로 전략은 전술과 함께 실행된다. 전술은 전략의 실현을 돕기 위한 하부 수단이다. 이러한 의미에서 조직의 최우선 전략은 비즈니스 전략이다. 그러므로 사업전략의 관점에서 본다면 HR 전략은 재무 전략, 연구개발 전략, 마케팅 전략 등과 같은 다른 기능과 함께 비즈니스 전략의 전술 부분이 된다. 전술은 당연히 전략적 방향을 지원하기 때문에 HR 전략은 사업 전략과 서로 연계되고 정렬되어야 한다.

한마디로 전략적 HR이란 HR이 조직의 목표와 연계되어 전략적으로 운영되어야 한다는 뜻이다. 조직은 고유의 미션이 있고 이는 연간 혹은 중장기 사업목표를 통해 실행된다. 이 과정에서 HR은 구성원이 조직의 미션을 정확히 이해하고 사업목표를 효과적으로 수립하도록 돕는다. 회사의 사업목표는 여러 부문별 사업목표

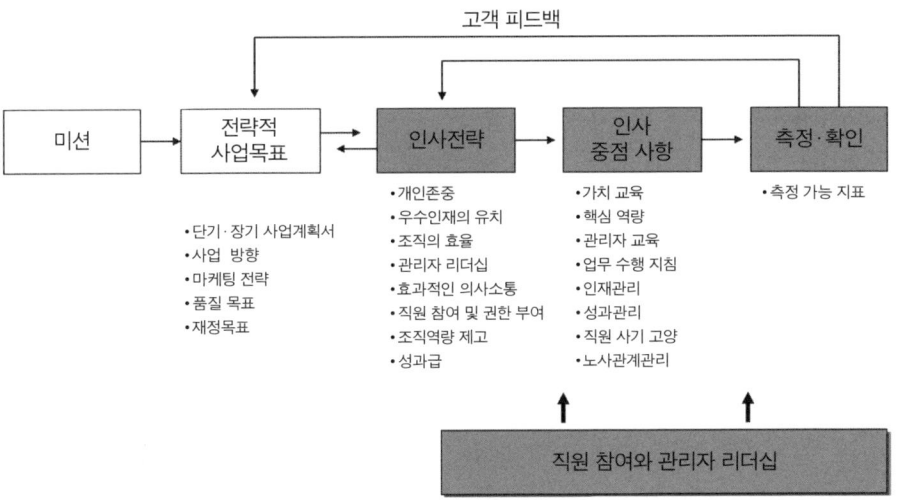

로 뒷받침되며 HR의 목표도 당연히 회사의 사업목표를 바탕으로 설정된다. 전략적 HR, 소위 전략적 사업파트너로서의 역할은 사업전략과의 이러한 상호작용을 말하는 것이다. 사업전략의 관점에서 HR 전략은 전술이 되겠지만 HR을 지휘하는 HR 리더의 입장에서 HR은 자체의 미션을 달성하기 위해 다시 전략이 된다. 이에 따라 HR은 HR 목표를 바탕으로 연간 혹은 중장기 HR 전략을 수립하며 HR의 기능별 조직을 통해 실행된다. 이러한 실행과정은 유효한 측정도구, 감사, 내외부 고객의 피드백을 통해 효과적으로 다시 HR 전략과 이의 실행과정에 반영된다. 이를 전략적 인사관리SHRM, Strategic HR Management라고 한다.

HR 전략은 일정 단위의 사업 수행 기간(보통 회계연도 단위)을 기초로 하는 인사중점사항 혹은 HR의 업무수행목표에 반영되고 다시 HR의 각 하부조직을 거쳐 구성원 개개인의 업무목표와 최종적으로 연계된다. 그래서 각 개인이 모두 업무목표를 달성한다면 HR의 업무목표가 달성된다. 그리고 고객, 즉 구성원과 현장의 목소리를 끊임없이 듣고 또 HR 업무성과를 체계적으로 측정하여 HR 업무와 HR 전략에 되풀이하여 반영한다. HR 전략은 다시 보상관리, 인재관리, 노사관계관리, 구성원 교육, 조직개발과 같은 세부 기능의 전술적 도움을 받는다. 이러한 주요 하부 기능은 모두 서로 유기적으로 얽혀 작동된다. 독립적으로 작동될 수 없다. 다만 대내외 환경의 변화, 조직발전 단계, 사업목표의 조정, 인적자원관리 시점 등에 따라 언제나 초점이 달라질 수는 있다.

HR 리더의 역할도 사업환경의 요구에 따라 변한다. 전략적 HR 사업 파트너의 역할에 더해 변화관리자의 역할, 최근에는 인적자본의 자본수익율ROI을 책임지는 일부 '인적자본 최고재무관리자'로서의 역할도 요구받고 있다. HR은 현재 많은 요구와 도전에 직면해 있다. 'HR은 책상에만 앉아 사업과 현장을 잘 모르며 매사에 규정만 들먹이고 획일적'이라는 비판도 있다. HR 리더는 이러한 요구와 비판에 항상 귀를 기울여야 한다. 그리고 전략을 한번 세웠으면 실행할 수 있도록 모든 노력을 다해야 한다. 전략이 없는 실행은 '악몽'이고 실행이 없는 전략은 '백일몽'이라는 말처럼 실행이 없는 전략은 시간 낭비다. 그리고 전략은 프로세스에 녹아들어 체화되어야 한다. "상대에게 한 방 제대로 맞기 전까지 나에게도 전략이라는 것이 있었다." 무패의 권투선수 마크 타이슨이 무명의 선수에게 지고 나서 한 말이다. 체화되지 않은 전략은 제대로 실행되기 어렵다. HR 전략이 비즈니스 전략과 연계되려면 사업을 관련 부서 못지않게 깊이 이해해야 하고 손익 개념과 함께 기본적인 재무 지식도 갖추어야 한다.

HR의 조직 내 역할과 위상도 HR 전략에 큰 영향을 미친다. 가령 조직에서 바라는 HR의 역할이 단지 행정적인 지원 정도이고 책임자의 위상도 독립적이지 않다면 전략적 파트너로서의 기능을 기대하기 어렵다. 물론 이는 회사의 조직체계상의 문제이기도 하지만 기업가치와 경영철학과도 밀접한 관계가 있다. 하지만 무엇보다 중요한 것은 HR 리더의 철학과 전문성이다. HR 리더가 철학이나 전문성 없이 무사안일하게 일상적인 관리에만 치중한다면 아무리 조직체계가 뒷받침되어도 HR의 전략적 접근은 힘들다. 이를 대신해줄 사람이 없기 때문이다.

현장의 사업책임자나 타 부서 리더들과의 의사소통과 협조도 기본적이고 필수적인 부분이다. 다만 일부 다국적 기업과 같이 매트릭스 조직하에서 HR 부서의 세부 조직이 각자 보고 채널이 다르거나 중복적인 경우에는 종종 다른 종류의 혼란이 일어나기도 한다. 하지만 이 경우에도 HR 리더의 확고한 역량과 철학만 있으면 큰 문제가 아니다. 이에 더해 HR 리더가 가져야 할 중요한 덕목이 직원을 존중하고 배려하는 태도다. '직원 대변자'로서 직원들의 애로와 고충을 경청하고 최대한 해결하도록 노력해야 한다. 해결할 수 없을 때는 그 이유를 설명하고 구성원이 이해할 수 있도록 설명해야 한다. 구성원의 요구가 타당하고 해결할 환경과 자원이 있는데도 인사규정을 들이대며 안 된다고 하는 것은 최악의 경우다. 인사

규정은 누가 만들었는가? 그게 특히 HR에서 만든 규정이라면 그냥 고치면 된다. 안 되는 이유를 찾으려면 넘치도록 많다.

간혹 구성원과 회사를 대립적인 관계로 가정하여 불필요하게 고민하거나 업무를 그르치기는 경우도 있다. 기본적으로 '구성원이 만족하고 성장하면 결국 회사도 성장한다'는 생각을 가져야 한다. 필요하다면 적극적으로 HR이 의사결정권자를 설득해야 한다. 회사를 위한다는 명분으로 명백한 문제점을 눈감으면 나중에 더 큰 문제가 되어 돌아오고 결국 회사에 더 큰 손해를 끼친다. 구성원을 존중하고 인사과정은 최대한 정직하고 투명해야 한다. 어떤 사안에 대해 말하지 않을 수는 있지만 거짓말을 해서는 안 된다. 특히 집단적 노사관계에서 한 번 잃어버린 신뢰는 회복하기가 힘들고 위기 시에 치명타로 작용한다.

이와 동시에 조직기강과 구성원의 업무윤리도 중요하다. 직원을 존중한다고 해서 직원의 비윤리적인 행동이나 기강 해이까지 용인한다는 뜻이 아니다. 특히 성과가 아무리 높아도 윤리적인 문제가 있는 직원에게는 단호한 조치를 하는 것을 주저해서는 안 된다. 구조조정 등 고통스러운 경영상의 결정이 있을 시에도 이에 대해 정교하게 준비해야 한다. 그리고 직원들에게 적극적이고도 투명하게 설명하고 최대한 직원들의 이해를 구해야 한다. HR은 이를 단지 회사 탓으로 돌려서는 안 된다. 마지막까지 직원을 배려하는 노력을 해야 한다. 전략도 이러한 기본 위에서 의미를 지닌다.

그리고 CEO와의 의사소통과 관계설정도 중요한 요소이다. CEO와의 관계 등 HR 리더가 새겨들어야 할 바람직한 역할은 미국의 인사컨설턴트인 로버트 갠도시Robert Gandossy의 말을 인용한다.

- 비즈니스 조언자인 동시에 HR 전문가로서 깊게 아는 포괄적 역량보유자가 돼라.(다른 분야를 두루두루 이해하되 직접 맡은 역할에는 전문가가 돼라)
- 잘 들어라. 그리고 행동하라.
- 항상 사업적 합리성을 추구하라.
- 정직성과 신념을 바로 세우라.
- CEO와 여타 경영진의 절친한 친구가 돼라.
- 큰 그림을 보고 풀잎에 걸려 넘어지지 말라.

HR 리더는 전문성을 확보하기 위해 끊임없이 학습해야 한다. 정직성과 용기는 HR 리더의 기본적인 덕목이다. 변화에 대한 융통성과 유연한 마음자세도 필요하다. 사람을 대하는 일이 HR의 본질인 만큼 정서적인 안정을 유지하는 것도 중요하다. 이를 위해선 육체적으로도 건강해야 한다. 자기 분야와 회사에만 한정된 좁은 시야를 벗어나 큰 그림을 보는 안목으로 폭넓은 인간관계를 맺어야 한다. 그리고 좋은 리더가 되어야 한다. HR 리더가 자기 팀원들에게 신뢰를 받지 못한다면 직무를 수행하기 힘들다. 신뢰를 확보하고 스스로에게 투자해야 한다.

3.
위기 상황에서 HR의 역할은 무엇인가

　코로나 팬데믹 상황과 러시아의 우크라이나 침공으로 인한 충격으로 우리나라뿐만 아니라 세계 곳곳의 경제가 어렵다. 이에 따른 소비위축과 수출감소 등 경제적 파장은 기업의 전반적인 비즈니스 전략과 인력정책에도 심각한 영향을 미친다. 근래 사업환경에 대한 불확실성은 더욱 커지고 있다. 경제적 환경의 변화든 내부의 원인이든 기업의 위기는 불시에 찾아온다. 사업에 위기가 발생하면 기업의 구성원들이 모두 힘들지만 사람을 관리하는 HR은 더욱 고통스럽다. 때론 근로조건의 후퇴나 정리해고 등 구성원들의 직장생활에 큰 영향을 미치는 일을 주도해야 하기 때문이다.
　나도 사업 부분이나 지사의 폐쇄가 수반되는 구조조정 작업을 직접 지휘한 경험이 여러 번 있다. 다행히 모두 원만히 마무리되었지만 힘든 과정이었다. 그러면 이러한 어려운 상황 속에서 HR은 어떻게 하는 것이 바람직할까? 사실 HR은 사업을 잘 모르고 탁상

공론만 하는데다 회사에 위기 상황이 닥쳐도 이를 남의 일처럼 둔감하게 받아들이는 경향이 있다는 비판도 있다. 아프지만 HR은 이러한 지적에 겸허히 귀를 기울여야 한다. 우선 HR은 평소에 회사의 목표와 비전, 사업의 도전과제, 전략적 목표, 중장기 사업계획 등 전반적인 경영과제를 이해하고 있어야 한다. 또 발로 뛰어 현장의 목소리를 듣고 구성원들과 고객이 처한 사업환경을 알아야 한다. 그래야 위기가 찾아올 때 현실감 있는 대책을 세울 수 있다. 닥쳐서 하면 늦다.

1980년 후반까지 세계 경기가 전반적으로 좋을 때 HR은 그저 평소대로 현상 유지에 초점을 맞추면 되었다. 혁신에 대한 요구 등의 압박도 그리 크지 않았다. 오히려 HR은 '폼' 나는 역할을 주로 했다. 하지만 1990년대 중반 이후 HR은 투자수익율, 자본회수기간, 위험평가, 서비스당 비용, 가격 경쟁력 등과 같은 예전엔 최고재무책임자가 주로 대답할 수 있는 질문을 직접 받는다. HR도 이제는 회사의 전반적인 비용구조, 특히 인력운용과 관련된 비용구조에 대한 전문적인 이해가 필수적이다.

더 나아가 위기가 닥쳐와 '불타는 갑판Burning Platform' 상황이 발생할 때는 배를 구하기 위한 비상조치가 필요하다. 하지만 그러한 비상조치, 특히 구조조정에 관한 조치는 아무렇게나 시행해서는 안 된다. 지극히 신중해야 한다. 위기 상황에서도 인력감축 조치는 가장 최후의 수단이 되어야 한다.

구조조정이란 기업이 시장점유율의 하락, 낮은 생산성이나 취약한 수익성, 조직구조의 비효율성, 자본 투자의 실패 등 경영 위기를 맞아 이를 극복하기 위한 수단으로 택하는 경영 의사결정의 하나다. 본격적인 위기를 맞기 전에 최악의 상황에 미리 대처하기 위한 선제적, 전략적 조정이나 기업의 인수합병, 일부 사업부문의 폐쇄, 분사, 아웃소싱, 사업장의 이전이나 자동화, 폐업 등도 해당한다. 어떤 경우이든 구조조정은 구성원이나 관련 협력업체 등의 직접적인 당사자는 물론 사회적으로도 힘든 결과를 가져온다. 사실 구조조정이라고 하는 것은 소유구조 및 지배구조의 조정, 사업구조의 조정, 관리구조의 조정, 재무구조의 조정, 생산시설 및 업무 프로세스의 조정 등 포괄적인 구조조정을 의미한다. 하지만 사람들은 으레 구조조정하면 인력감축을 동반하는 조직 구조조정을 떠올린다.

구성원들이 외부적 요인에 의해 어쩔 수 없이 일터를 떠나야 하는 상황은 고통스럽다. 그리고 그러한 구조조정은 싫든 좋든 HR이 직접 개입해야 하는 부분이다. 때로는 HR 자신이 대상이 되기도 한다. 이를 담당하는 HR 담당자 중 이를 즐겁게 생각할 사람은 없을 것이다. 구조조정 시 HR 담당자의 스트레스가 해당 구성원의 직속 관리자나 임원보다 높다는 연구도 있다.

기업이 구조조정에 대한 의사결정을 내리는 과정에 참여하는 부서는 기업의 조직구조에 따라 차이가 있다. 특히 직접적인 인력감축 등 민감한 조치의 경우, 보통 초기 단계에는 전략 및 기획부서, 재무부서, HR, 해당 사업부서(당사자로서의 저항 등을 고려하여 대개 1차적인 방향이 설정된 후에 참여함)가 참여한다. 사안의 성격상 의사결정 과정과 실행 과정은 공식적으로 발표가 되기 전까지 엄격히 비밀이 유지된다. 이사회에서 미리 승인을 받고 시작하는 경우도 있다. 실무적이고도 전문적인 검토를 거쳐 여러 가지 대안 중에서 구조조정이 불가피하면 그 범위와 수준을 최고경영층이 최종 승인함으로써 실행과정이 시작된다. 조직 구조조정의 경우 HR은 일차적인 실행의 책임을 진다. HR이 중점적으로 살펴야 할 부분은 실행안에 대한 법률적 검토, 노사관계에 미치는 파장과 대책, 재무적 분석, 대내외 커뮤니케이션 전략, 남아 있는 구성원의 사기관리, 리스크 분석 등이 있다. 특히 대상이 되는 구성원에 대한 배려는 당연하지만 남아 있는 구성원에 대해서도 사려 깊은 커뮤니케이션이 중요하다.

의사결정 과정에서 HR은 구성원을 최대한 존중하고 배려하는 정신을 가져야 한다. HR의 의견이나 제안이 수정될 수도 있고 기업 사정에 따라 완전히 다른 조치로 변하거나 아예 HR의 참여 없이 최고경영층으로부터 일방적으로 하달될 수도 있다. 그럼에도 불구하고 이러한 의사결정이 회사의 공식적인 최종결정이고 그러한 조치가 불법적이거나 반사회적인 행위가 아니라 정상적인 경영 의사결정의 한 부분이라면(그렇지 않을 경우라면 완전히 별개의 문제가 됨) 시행과정에서 어려움이나 고충이 있더라도 HR이 경영진의 뒤에 숨거나 혹은 회사나 경영진에게 그 책임을 전가해서는 안 된다.

이는 HR 담당자로서의 자존심과 직업윤리에 관한 문제다. 욕을 먹더라도 당당하게 맡은바 직분을 다해야 한다. 용접하는 사람이 불꽃이 옷에 튀는 것을 두려워한다면 애초 용접을 해서는 안 된다. 다만 시행과정에서 최대한 직원들의 입장을 배려하고 존중해야 한다. 사용하는 단어 하나마다 신중하고 조심스러워야 한다. 그리고 직원에 대한 약속은 신중해야 하며 모든 의사소통과정은 투명해야 한다. 애초 못 지킬 약속은 하지 말아야 한다. 불가피한 사정이 생길 경우는 직원에게 즉시 알리고 이해를 구해야 한다. 이것이 HR이 할 기본적인 일이다.

인력 구조조정의 하나로 HR이 택할 방안은 직접적인 인력감축이 없는 옵션과 인력감축이 불가피한 옵션이 있을 수 있다. 회사는 인력감축을 최후의 조치로 상정하고 그전에 가능한 모든 조치를 검토해야 한다. 이는 노동법에서 말하는 해고 회피 노력 이상의 의미를 지닌다. 모든 것을 비용적인 측면에서 보아 단순한 수량적 인원 조정으로만 접근해서는 안 된다. 다음은 상황의 전개에 따른 단계별 접근방법의 예다.

- 불필요한 과업 또는 업무의 제거
- 업무의 우선순위화
- 연장근로의 활용 혹은 제한
- 자동화 또는 아웃소싱
- 인력 재배치·임시 배치·업무 역할 변경
- 신규 채용의 중단
- 비정규직 감축
- 임원 급여 삭감 또는 인상 시기 연기
- 법정휴가·무급휴가·무급휴직 권장
- 일반 직원 급여 삭감

- 바이아웃Buy Out*
- 희망퇴직 프로그램
- 정리해고

   정규직 감축과는 별개로 파견근로자나 기간제 근로자 등 비정규직 직원의 감축에 관한 결정도 또 다른 각별한 숙고가 필요하다. '바이아웃Buy out'이란 개념은 아직 우리나라에서는 생소하지만 미국의 자동차 기업인 크라이슬러가 성공적으로 도입하여 알려졌다. 고인건비 구조를 개선하기 위해 노조의 협조를 얻어 시간당 임금이 높은 장기근속 근로자에게 대학등록금이나 일시금과 함께 자발적 퇴직 기회를 주고 그 자리에 시간당 임금이 훨씬 낮은 근로자를 대신 채용하는 개념이다. 근로자 수를 감축하지 않는다는 점에서 희망퇴직과는 다르다. 우리나라에서도 인력구조 자체의 조정이 필요한 장기근속자가 많은 기업이나 공기업 등에서 고려해볼 만한 제도라는 생각이 든다.

   인력 재배치, 아웃소싱, 무급휴가의 장려 등 인력 구조조정이 직접적인 인력감축의 단계가 아닌 경우 HR이 가장 유념해야 할 부분은 새로운 제도에 대한 명확한 지침의 전달과 대 직원 커뮤니케이션이다. 특히 구성원과 관련 부서의 이해와 협조를 확보해야 한다. 이 중에서도 특히 일선 관리자의 이해와 적극적인 협조는 매우 중요하다.

---

* 퇴직 후 전직이나 경력진로의 변경을 지원하는 퇴직촉진 프로그램의 하나

그러나 무엇보다도 중요한 것은 불가피하게 대규모 인력감축 조치를 시행하는 경우이다. 인력 구조조정은 일반적으로 정리해고와 희망퇴직제도로 요약된다. 희망퇴직제도는 2007년 경제위기 이전에는 주로 외국계 기업에서 시행되다 이제는 어느 정도 조건 차이만 있을 뿐 대부분 대기업에서 도입하고 있다. 그래서 요즈음은 구조조정이라고 하면 희망퇴직제도를 떠올리게 된다.

정리해고는 그야말로 법률적인 조치일 뿐 엄격히 말해 HR이 제도적으로 시행하는 것이 아니다. 하지만 아무리 법률적으로 허용될 수 있는 정리해고라고 하더라도 회사가 재정적으로 도저히 감당할 수 없는 경우가 아니라면 구성원들에게 희망퇴직을 통한 최소한의 재정적인 지원을 하는 것이 기업의 사회적 책임으로 보나 남아 있는 직원의 사기관리에서 바람직하다고 생각한다. 남아 있는 직원은 회사가 떠나는 직원에게 취하는 조치를 통해 미래의 자기 자신을 본다.

희망퇴직제도는 재정적인 지원을 포함한 소위 퇴직 패키지 설계, 발표, 실행 단계의 모든 과정을 전적으로 HR이 담당한다. 이 중에서도 법정퇴직금에 추가하여 특별퇴직금 명목으로 지급되는 재정지원 부분은 대상 구성원의 근속연수, 연령, 평균급여, 인력구조, 감축목표 등의 배경 요소를 자세히 검토하여 누구에게나 적용되는 보편적인 공식 형태로 설계해야 한다. 회사 입장에서는 합리적이고 공정한 선정기준만 있다면 인력 구조조정 효과를 최대화할 수 있도록 대상 직원을 선정하여 퇴직을 권유할 수도 있다. 또 직원이 자발적으로 합의하는 형태를 취하기 때문에 법률적이나 노사관계적인 리스크를 최소화할 수 있다. 이러한 재정지원은 퇴직자에게 다음 직장으로 연결되는 공백 기간에 대한 충격을 완화한다. 때때로 퇴직과 동시에 바로 전직에 성공하는 경우도 있다.

그 외에 희망퇴직제도를 통해 회사가 직원에게 추가로 제공할 수 있는 대표적인 지원이 전직지원제도다. 사전 계약을 통해 전문적인 컨설팅 회사가 직원에게 퇴직을 통보하는 절차부터 퇴직 후의 전직까지 체계적인 도움을 지원한다. 퇴직자의 재취업 혹은 창업을 위한 정보 제공, 교육, 취업 알선 등의 서비스를 제공한다. 3개월 혹은 6개월 서비스가 일반적이며 대상 직원의 규모에 따라 다르다.

규모가 클 때 컨설팅 회사가 고객 회사 내부에 전직지원센터를 설립하여 컨설턴트를 파견하고 규모가 작을 때 직원을 컨설팅 회사의 시설로 보내 서비스를 받게 할 수도 있다. 퇴직 후 여러 가지가 불안한 직원에게 심리적 안정감을 줄 수 있고 노사관계 안정에도 기여한다. 6개월 서비스의 경우 업종에 따라 80% 정도의 높은 전직 성공률을 보이기도 한다. 추가 비용 때문에 지원을 주저하는 기업들이 많지만 보다 넓은 관점에서 생각할 필요가 있다. 경영층을 설득하기 위해 HR이 적극적으로 노력해야 할 부분 중의 하나다. 이러한 지원에 더하여 HR이 추가로 구성원을 배려할 부분이 크게 작게 곳곳에 존재한다. HR은 이를 적극적으로 찾아내어 구성원을 돕는 것을 주저해서는 안 된다. 이러한 노력은 결과적으로 회사에도 도움이 된다.

제도 설계가 끝난 후 가장 중요한 일은 구성원에 대한 커뮤니케이션이다. 어떠한 경우라도 직원들이 외부로부터 먼저 소식을 듣게 해서는 안 된다. 소규모인 경우는 개별통보만으로도 가능하나 대규모인 경우는 최고경영층의 대 직원 메시지와 함께 외부에 대한 커뮤니케이션 전략이 따로 필요하다. 이 부분은 회사 홍보부의 도움을 받을 수 있다. 그러나 무엇보다도 중요한 것은 당사자에 대한 개별통보 절차인데 우선 누가 통보할 것인가를 정해야 한다. 주로 해당 구성원의 직속 관리자가 하는데 신중한 통보자 교육을 통해 원만하게 의사소통하도록 해야 한다. 개별통보는 철저히 직원을 존중하면서 전문적으로 이루어져야 한다. 이메일이나 문자에 의한 통보는 지극히 바람직하지 않다.

퇴직프로그램의 시행과 운영도 중요하지만 구조조정의 본질에 비춰 사후 변화 관리와 남아 있는 구성원에 대한 사기진작도 대단히 중요한 요소다. 구조조정이 끝나면 필연적으로 조직에 커다란 변화가 생기고 구성원들의 마음에 불안감과 상처가 생긴다. 이로 인해 구성원들의 사기가 떨어지고 인재가 이탈할 위험이 크다. 또 기강해이로 인한 보안 문제나 규정 위반 사고가 늘어나기도 한다. 구조조정에는 성공하고서도 사업성과는 오히려 떨어지는 경우는 대부분 이 때문이다. 구조조정 후 회사가 정상으로 돌아오는 데는 최소한 1년 이상이 필요하다. 회사는 이러한 후유증을 극복하기 위해 기강 해이에 단호히 대처함과 동시에 구성원의 동기를 유발하기 위한 전문적이고도 특별한 노력을 해야 한다.

조직 구조조정의 목적은 회사의 위기 극복이나 경쟁력 강화를 위한 단순한 것이다. 하지만 이러한 과정에서 그 대상은 조직 자체가 아니라 사람이다. HR 담당자는 이러한 점을 항상 명심하여 구성원들의 정서를 이해하고 존중하는 마음을 가져야 한다. 구성원을 배려하고 하는 일에는 당당해야 한다.

에필로그

HR의 원칙과 타협 사이

사람들은 누구나 세상을 살아가면서 저만의 원칙을 가지고 있다. 이러한 원칙은 대체로 두 가지로 나뉜다. 하나는 개인의 가치관이나 철학과 같이 일상의 삶을 사는 방식에서 인생을 관통하는 원칙이다. 또 하나는 특정 직업에 종사하면서 갖게 되는, 이를테면 직업윤리 등 직무 수행상의 원칙이다. 개인의 삶에 대한 원칙이 완전히 자의적인 선택에 따른 것이라면 직무에 대한 원칙은 자의적인 선택과 함께 의사나 변호사의 사례처럼 직업적 특성을 반영한 다소의 강제성을 포함하기도 한다.

그러나 우리는 원칙 그 자체나 원칙을 지키는 과정에서 종종 타협해야 하거나 포기하는 고민을 해야 하는 상황과 맞닥뜨리기도 한다. 하지만 여전히 타협할 수 없는 원칙도 있다.

1940년 5월 10일 유럽 전역을 기습 침공한 독일군은 프랑스의 마지노선을 우회한 후 공군의 대대적인 폭격과 기갑부대를 앞세워 영국군과 프랑스군이 주축인 연합군을 파죽지세로 밀어붙인다. 이른바 블리츠 작전Blitzkrieg으로 불리는 전격 기동전을 통해 연합군을 격파한 독일군은 같은 해 5월 24일에 영불해협에 접한 프랑스의 항구도시 됭케르크를 16킬로미터 전방까지 전면 포위한다. 이로 인해 포위망에 갇힌 40만 명이나 되는 연합군이 전멸의 위기에 처한다. 이때 영국 해군의 한 장교가 구조를 요청하는 전문 한 통을 본국에 보낸다. 전문의 내용은 '만일 그렇지 않더라도But if not'라는 단 세 단어였다. 구조에 나선 영국군 사령부는 5월 29일부터 6월 1일 사이의 짧은 기간에 어선과 상선까지 동원한 대대적인 수송 작전을 펼쳐 35만 명에 달하는 연합군을 영국으로 철수시킨다. '됭케르크의 기적'으로도 불리는 역사적으로 유명한 '됭케르크 철수작전'이다.

여기서 '만일 그렇지 않더라도But if not'는 『성경』의 「다니엘서」 3장 18절에 나오는 구절로 하나님께 구원을 청하지만 '만일 그렇지 않더라도' 믿음을 잃지 않을 것이란 뜻이다. 본국의 구원을 바라지만 '만일 그렇지 않더라도' 독일군에는 절대 항복하지 않을 것이라는 결의를 구조 요청과 함께 이 세 단어에 담은 것이다.

이 일화는 결코 '타협할 수 없는 원칙'의 대표적인 사례로 인용되곤 한다. 타협을 뜻하는 compromise라는 영어 단어는 어떤 것을 '훼손하다'는 뜻을 동시에 갖고 있다. 그래서 여기서 의미하는 타협할 수 없는 원칙이란 훼손할 수 없는 원칙을 뜻한다. 개인이 가진 삶의 원칙은 신앙이나 가치관과 같이 강력한 자기 믿음을 동반하는 것으로 보편적인 옳고 그름과는 꼭 일치하지 않을 수도 있다. 그리고 원칙을 지키든 타협을 하든 이는 전적으로 개인의 판단과 자유재량에 속하는 문제다. 남에게 피해를 주거나 반사회적인 것이 아닌 이상 원칙을 지키지 않는다고 비난할 수 있는 성질의 것이 아니다.

반면에 직무수행에서 원칙은 사적 영역과 공적 영역을 모두 포함하고 있다. 개인의 원칙을 직무수행에서의 원칙과 칼로 자르듯이 명료하게 구분하기는 쉽지 않다. 또 서로 충돌할 때도 있다. 하지만 개인의 원칙이 아무리 강해도 이러한 원칙이 업무수행 과정에서 요구되는 공적 원칙을 훼손하면 문제가 된다. 특히 직무 원칙으로 높은 수준의 정직성을 요구하는 HR 업무는 더욱 그렇다. 우선 HR 직무 수행 시 그 조직의 경영철학과 핵심가치가 구성원 개인의 원칙과 타협할 수 없을 정도로 심각하게 배치된다면 불평하기에 앞서 그 일을 시작하지 말거나 그만두는 것이 조직과 개인 모두를 위해 좋다고 본다.

그 정도로 심각하지는 않더라도 HR 업무를 수행하는 과정에서도 개인의 원칙과 조직의 원칙을 절충할 필요가 있는 크고 작은 일이 생길 수 있다. 일단 이런 경우는 먼저 공과 사의 구분을 명확히 하는 것이 중요하다. 공과 사를 영어로 표현하면 공은 비즈니스Business, 사는 퍼스널Personal이 된다. '업무적' 혹은 '개인적'이란 뜻이다. 업무적이란 어떤 일을 개인적 목적이 아니라 업무상 목적에 따라 처리한다는 뜻이다. HR이 업무적으로 부여받는 책임과 권한은 기본적으로 회사로부터 위임받은 것이다. 그래서 원칙에 대해 타협할 것인가를 고민할 때는 큰 맥락으로 보아 회사의 이익에 부합하는지를 판단하면 된다. 선공후사先公後私라는 뜻이다. 이에 어긋나지만 않는다면 어떤 원칙이든 타협이 가능하다고 본다.

예를 들어 선발 과정에서 꼭 채용하고 싶은 지원자가 졸업학점이 모자라 졸업이 어렵다고 하자. 그런데 입사하기 위해서는 졸업증명서를 제출해야 한다는 인사규정이 있다. 이럴 때는 어떻게 하는 것이 좋을까? 규정을 고치면 된다. 맥락으로 보아 그러한 원칙은 좋은 사람을 뽑기 위한 것이지 졸업자를 뽑기 위한 것이 아닐 것이기 때문이다. 일의 우선순위 문제, 업무수행의 신속함과 세밀함의 문제, 규정을 만들 것인가 아니면 자율로 둘 것인가의 문제, 회사와 구성원 모두에게 도움이 되는 문제, 공익적인 문제 등은 애초의 원칙이나 규정이 어떠하든 타협이 가능한 영역이다.

위험을 무릅쓰고 불길에 뛰어들었다가 순직하는 소방관이나 침몰하는 배에서 최후를 함께하는 선장과 같은 숭고한 직무원칙도 있다. 그리고 '타협할 수 없는' 직무원칙도 있다. 비윤리적이거나 정직성에 어긋나는 행위는 근본적으로 타협의 대상이 아니다. 구성원, 고객, 공공의 안전에 대한 사항도 타협할 수 있는 것이 아니다. 대부분의 다국적 기업에서는 특히 정직성을 중요한 덕목으로 삼는다. HR은 다른 어떤 직무보다도 더욱 이 부분에 민감해야 한다. 그리고 HR 담당자는 수시로 자신에게 질문을 해야 한다. 적어도 우리가 하는 일이 회사와 구성원과 사회를 위하여 옳은 일인가? HR 업무는 과학이기도 하지만 예술이기도 하다.

미주

1부

1장

1. 매출 100대기업 재택근무현황 및 신규채용계획 조사, 2021.4
2. Our WFA Future, Prithwiraj Choudhury, HBR, 2020.11
3. Enhancing service experience through understanding: Employee Experience Management, Kaveh Abhari/Saad/N.M.,& Haron/M.S. Global Human Capital Trend 2016, Deloitte US Human Capital, 2022.1
4. Family Health, Weiss, 2001
5. Closing the Employee Expectation Gap, Blue Beyond Consulting & Future Workplace, 2021
6. The Great Resignation: Everything you need to know, Amanda Helter/Sean Michael Kerner, 2023.3.1.
7. 4 Areas leaders must focus on in 2022, Tuila Hanson, Fast Company, 2021.12.
8. How to quit your job in the great post-pandemic resignation boom, Anthony Klotz, Bloomberg, 2021.5.
9. Are we witnessing a 'General Strike' in our own time?, Washington Post, 2021.11.18.
10. Black Reconstruction in America, W.E.B. Du Bois, 1935
11. Global Workforce Hopes and Fears Survey, PwC, 2022.5.
12. Work Trend Index, MicroSoft, 2021
13. The Great Resignation is no joke, Lance Lamber, Fortune, 2021.10.21.
14. 2021년 3분기 고용동향, 고용노동부, 2021.12.
15. IDC FutureScape: World Digital Transformation 2021 predictions, IDC, 2020.10.
16. 인공지능 도입현황, 정보통신정책연구원, 2021.6
17. Future of Jobs Report, WEF, 2016
18. Future of Employment, Carl Frey/ Michael A. Osborne, Oxford University, 2013
19. Global 2022 Millennial and Gen Z Survey, Deloitte Consulting, 2022.5
20. Gig Economy Market Research Report 2022, Industry Research, 2022.10

2장

1. The pioneers of modernRemote Work, Nathan Allen, workforce.com, 2020

2. Productivity gains from teleworking in the post COVID-19 era: How can public policies make it happen?, 2020. 9. 7. https://www.oecd.org/coronavirus/policy-responses/productivity-gains-from-teleworking-in-the-post-covid-19-era-a5d52e99/

3. Teleworking during the COVID-19 pandemic and beyond, 2020, https://www.ilo.org/wcmsp5/groups/public/---ed_protect/---protrav/---travail/documents/instructionalmaterial/wcms_751232.

4. CNBC Make it, 2022.3.18.

5. Returning to the office: The current preferred and future state of Remote Work, Conference board, 2022.8.

6. C-Suite outlook 2023, Conference Board, 2023.1.

7. Covid-19 and the rise of Digital Nomad, MBO partners, 2020

8. The benefits of Workation: The ultimate trend for Work Life Balance, Jap Sukchan, HOMA, 2022

9. The rise of the Workation, Simpleview, 2022.5.19.

10. 유연근무 실시 현황, 사람인, 2021.11.

11. Workplace flexibility survey, Deloitte Consulting, 2022

12. 2022 State of Remote Work, Buffer and Angelist, 2022

13. The new equation in hybrid working, PWC, 2022

14. Does WFH work? Evidence from a chinese Experiment, Nicholas A Bloom, James Liang, John Roberts, Zhichun Jenny Ying, Stanford Business School, 2013.3

15. Our Work From Anywhere Future, Prithwiraj(Raj) Choudhury, HBR, 2020

16. WFH and productivity: Evidence from Personnel&Analytics data on IT professionals, Michael Gibbs, Friederike Mengel, Christoph Siem roth, University of Chicago, 2021

17. Aussie employees say hybrid work makes them happier, but more needs to be done, Cisco systems, 2022.6.

18. 2021년 고용영향평가 결과발표, 고용노동부, 2021.12

19. BOK 이슈노트, 한국은행, 2022.1

20. Remote Work Survey, Flexjobs, 2020

21. 재택근무 활용실태 결과보고, 고용노동부/잡플래닛, 2020.10

22. 재택근무 실태조사, 한국노동연구원, 2022.5

23. Global Hybrid Work Study 2022, Cisco Systems, 2022

24. Commuting and land use in a city with bottlenecks: Theory and evidence/Fosgerau/ Morgens/Jinwon Kim, Regional Science and Urban Economics, 2019

25. It's driving her mad": Gender differences in the effects of commuting on psychological health, Jennifer Roberts/ Robert Hodgson/ Paul Dolan, Journal of Health Economics, 2011

2부

1장

1. The five Stages of Small Business Growth, Neil C. Churchill and Virginia L. Lewis, HBR, 1987

2. The money of invention: How venture capital creates new health, Paul A. Gompers/ Josh Lerner, Harvard University, 2001

2장

1. 항공안전종합대책, 건설교통부, 1997.12.

2. Culture's Consequence, Geert Hofstede, 1980

3. Organization Culture, Why does it matter?, Kenneth Desson, 2010

4. 우아한형제들 핵심가치, 인재상, 송파구에서 일을 더 잘하는 11가지 방법, 우아한형제들 홈페이지, https://www.woowahan.com

5. Culture Rules, John R. Childress, 2017

6. What is Organization Culture?, John McLaughlin, 2015

7. Zappos 10 Core Values, zapposinsights.com, https://www.zapposinsights.com/about/core-values

8. Netflix Culture-Seeking Excellence, 넷플릭스 홈페이지, https://jobs.netflix.com

9. 단절의 시대, 피터F. 드러커, 이재규 역, 한국경제신문사, 2003

10. Weird ideas that work: How to build a creative company, Robert I. Sutton, 2007

11. Speed, Simplicity, Self-Confidence: An Interview with Jack Welch, HBR, 1989.9.

12. Organization Agility, PMI, 2012

13. Organizational agility: How business can survive and thrive in turbulent times, Economist Intellegence Unit, 2009

14. World Competitive Ranking's Year Book, IMD, 2009/2014

15. The top 25 most creative cities in America, Rismedia, 2017, 5.

16. Multinational Firms, Labor Market Discrimination and the capture of outsider's advantage by exploiting the social divide, Jordan Siegel/Lynn Pyun/B.Y. Cheon

17. 여성인력 활용조사, 대한상공회의소, 2009

3장

1. Global Engagement Survey, Mercer, 2018

2. When, Quiet Quitting is worse than the real thing,, Anthony C. Klotz and Mark C. Bolino, HBR, 2022

3. 카르마 경영, 이나모리 가즈오, 2005 & 이나모리 가즈오 Official Website, https://www.Korea.kyocera.com

4. Managament and Motivation, Victor Harold Vroom/Edward L.Deci, 1983

5. Motivating Economic Achievement, D.C. McCelland/D.G. Winter, 1969

6. Trust and Power, Niklas Luhmann, 2017

7. Annual Report, IATA, 2009

8. 세종실록, 1430.8.10.

9. Hit Refresh, Satya Nadella/Greg Shaw, 2017

10. Emotional Intellegence: Why it can matter more than IQ, Daniel Goleman, 1995

11. Research in organizational behavior, H.M. Weiss/R.S. Cropanzo, 1996

12. Exploration and Exploitation in Organizational Learning, James G.March, 1991

13. 대한민국 직장인 리더십 진단, LG경영연구원, 2010

14. 여가소비문화의식 및 실태조사, 소비자보호원, 2002

15. 국민여가활동조사, 문화체육관광부, 2021

16. Vacation and Performance, Ernst & Young, 2014

17. Research on Vacation and Health, Oswego Research Center, SUNY, 2017

18. Vacation's Impact on the workplace, SHRM, 2013

19. Recovery, health and job performance: Effects of weekend experiences, Charlotte Fritz/S. Sonnentag, 2005

20. Improvement of metabolic syndrome markers through altitude specific hiking vacations, S. Greie/J.Endocrino, 2006

21. Productivity statistics, OECD, 2020

22. Working time and Work-Life Balance around the world, ILO, 2008

23. Employment charateristics of families, Bureau of Labor Statistics, US Government, 2015

24. Fact Sheets, Childcare Aware, 2018

25. 가족친화인증제도가 기업 생산성에 미치는 영향 분석, 김동수/조성택/심순형, 2020

3부

1장

1. The HR Scorecard, Brian Becker/Mark Huselid/Dave Ulrich, 2001
2. The differentiated workforce: Transforming talent into strategic impact, Brian Becker/Dick W. Beatty/Mark Huselid, 2009
3. The employer brand: Bringing the best of brand management to people at work, Simon Barrow/Tim Ambler, 2006
4. Soft Skills, Paul G. Whitmore, 1974
5. When high-powered people fail: Working memory and "Chocking under pressure" in math, Sian L.Beilock/Thomas H Carr, 2016
6. Is the Blind Hiring the best hiring?, NY Times, 2016.2.25.
7. 블라인드 채용에 대한 의견조사, 인크루트, 2017.7

2장

1. 기업의 핵심인재 현황, 대한상공회의소, 2011.3
2. Outliers: The story of success, Malcolm Gladwell, 2011
3. The dip, Seth Godin, 2007
4. Creating Minds, Howard Gardner, 2011
5. 4 tips for Efficient Succession Planning, Marshall Goldsmith, HBR, 2009

3장

1. 대한민국 직장인 리더십 진단, LG경영연구원, 2010
2. Compliance Theory, Amitai Etzioni, 1965

4장

1. 인사평가결과 만족도 조사, 잡코리아, 2022.2
2. Measure what matters: OKRs, the simple idea that drives 10X growth, John Doerr, 2017
3. The trouble with performance reviews, Jeffrey Pfeffer, 2009
4. Management, Peter Drucker, 1954
5. A model of appraisal process, Kevin R. Murphy/DeNisi, 2008
6. How context impacts the management of performance, , Elizabeth Houldsworth/Chris Brewster, 2011

7. Organizational Context factors influencing Employee Performance Appraisal, Gabriela Rusu/Silvia Avasilcai/Carmen-Aida Hutu, 2016

8. Performance Appraisal and Management, Kevin R. Murphy/Jeanette N. Cleveland & Madison, 2019

9. 1년 이내 조기퇴사자 현황, 사람인, 2021.6

10. Straight from the gut, Jack Welch, 2001

11. Feedforward, Marshall Goldsmith, 2002

12. Moving from feedback to feedforward, Jennifer Gonzalez, 2018

13. Why we all need performance ratings on a regular basis?, Bryan Hancock/Bill Schaninger, McKinsey, 2019

14. What is 360 degree feedback?, Susan M. Heathfield, 2022

15. Getting 360 degree feedback right, Maury Peiperl, HBR, 2001

16. 360 degree feedback, Economic Times, 2023

17. The engineer as an economist, Henry R. Towne, 1886

18. 관리자-직원간 기업내 저성과자 제도에 관한 인식차 조사, 전경련국제경영원, 2015.9

19. 대법원 2021. 2. 25 선고, 2018다253680 판결

20. 2015 우리나라 기업의 저성과자관리 실태조사, 한국경영자총협회, 2015.9

21. Business Ethics, Today and Tomorrow, 2019

22. 위대한 승리Winning, 잭웰치, 김주현 역, 청림출판, 2005

4부

1장
1. Employee Job Satisfaction and Engagement, SHRM, 2013

3장
1. 승자의 조건Winning: The answers, 잭웰치/수잔웰치, 윤여필 역, 청림출판, 2007

The HR: 성장하는 기업에는 성공하는 HR이 있다

초판 1쇄 발행 2023년 4월 27일
초판 5쇄 발행 2024년 7월 16일

지은이 변연배
펴낸이 안현주

기획 류재운 **편집** 안선영 김재열 **브랜드마케팅** 이승민 이민규 **영업** 안현영
디자인 표지 정태성 본문 장덕종

펴낸 곳 클라우드나인 **출판등록** 2013년 12월 12일(제2013-101호)
주소 우) 03993 서울시 마포구 월드컵북로 4길 82(동교동) 신흥빌딩 3층
전화 02-332-8939 **팩스** 02-6008-8938
이메일 c9book@naver.com

값 23,000원
ISBN 979-11-92966-13-7 03320

* 잘못 만들어진 책은 구입하신 곳에서 교환해드립니다.
* 이 책의 전부 또는 일부 내용을 재사용하려면 사전에 저작권자와 클라우드나인의 동의를 받아야 합니다.

* 클라우드나인에서는 독자 여러분의 원고를 기다리고 있습니다.
  출간을 원하시는 분은 원고를 bookmuseum@naver.com으로 보내주세요.

* 클라우드나인은 구름 중 가장 높은 구름인 9번 구름을 뜻합니다. 새들이 깃털로 하늘을 나는 것처럼 인간은 깃펜으로 쓴 글자에 의해 천상에 오를 것입니다.